法制と社会の古代史

三田古代史研究会 編

慶應義塾大学出版会

序

本書は、三田古代史研究会の創設二十五周年を期して作成した論文集である。十年ほど前に、創設十五周年ということで三田古代史研究会編『政治と宗教の古代史』（慶應義塾大学出版会、二〇〇四年）を刊行しているので、本研究会としては、本書で二冊目の論文集刊行になる。まずは本書に寄せられた執筆者諸氏の論稿の概要を紹介することから始めたい。

第一部　法と秩序

山下紘嗣「律令条文に規定される皇太子の権限とその実態」

大宝・養老令文中の皇太子関係の規定から、皇太子の法制上の権限と実態について論じている。即ち、令制以前では有力王族には国政関与の伝統があり、それが大宝令においても皇太子奏という形で認められていた。しかし、それは養老令で削除され、実態としても養老六年以降みられなくなる。一方、皇太子監国制は、母法の唐制と異なる指揮系統による実施を想定する規定が、大宝・養老令を通じて削除・改変されておらず、ここに皇太子の役割は天皇不在時に天皇の代行を行うことに収斂したと述べる。

十川陽一「地方における律令官人制の展開と受容―勲位を中心に―」

勲位の検討を通じて、地方における律令官人制について検討する。勲位は、八世紀前半には帯勲者の続労を可能とするなど、官人制・位階制と直結するものであったこと、また、勲位の獲得は地方豪族にとって在地での権勢確立にもつながる場合のあったことを指摘する。しかしながら、勲位の特典が本人に限定されることなどもあって、勲位制は九世紀にはその意義を次第に低下させていったとする。その一方で位階は、官職の獲得へも繋がるなど、官職と関わりながら地方での需要が継続したものと見通す。

長谷山彰「異質令集解の成立をめぐる一考察」

異質令集解について、性格、編纂目的、『令集解』との関係を論じている。即ち、異質令集解とは長保元年（九九九）の令宗（惟宗）允亮主催の律令講書を機に著された律令講書記としての性格を持つ書であること、『令義解』『令集解』の諸註釈に対して解釈の当否を論ずるものであること、先行令私記の類聚自体を目的とした『令集解』とは性格が異なることを明らかにする。その上で、異質令集解が允亮ら惟宗家に『令集解』とともに伝来していたことが平安末期に異質令集解と『令集解』との取り合わせを容易にしたと推測している。

藤森健太郎「元日朝賀儀礼の変質と小朝拝の成立」

律令国家の秩序を体現する元日朝賀儀礼は、十世紀前半には臣下が朝庭に参列して天皇を拝礼する本来の形から、一部有役者を除き、天皇の大極殿出御を周囲で見物する儀礼に転じていった。その段階で、天皇に近侍する公卿・殿上人の多くは、天皇が内裏から朝堂院に行幸するのに供奉し、儀礼の間も大極殿周辺で近侍・見物することを介して天皇との関係を確認するようになっていくが、かかる元日朝賀儀礼の変質を踏まえて、元日節会の前に、公卿・殿上人の天皇への表敬儀礼として、清涼殿での小朝拝が成立したとみる。

中野高行「継体天皇と琵琶湖・淀川水系」

継体天皇を倭の五王以来の「軍事王」とみる説に対して、継体の墳墓という今城塚古墳やその周辺の太田茶臼山古墳・摂津三島古墳群を中心に、継体関連の遺跡・遺物を検討すると、琵琶湖・淀川ルートを軸に形成された継体の勢力基盤には、瀬戸内海や日本海諸地域からさらには新羅・加耶に及ぶ、幅広いネットワークが復原できると指摘する。ここに継体には「軍事王」としての面よりも、むしろ即位前からの「交易王」としての特質が評価されるとする。

川﨑晃「藤原不比等―その前半生について―」

藤原不比等の前半生を検討している。三十歳までの前半生は雌伏していたのではなく、草壁皇子にも親しく、田辺史大隅のもとで養育されて海外知識を吸収していたらしい。持統三年（六八九）に判事に任命されたのも法令に精通していたからであり、浄御原令の編纂にも参画していたとみられる。その経験は大宝律令編纂の主導者になったことにもつながる。もとより、かかる背景に父鎌足が二人の娘を大海人皇子に嫁がせたり、鎌足没後も大嶋が不比等を支えたことなどがあり、後半生の活躍の前段を明らかにする。

湯浅吉美「五紀暦併用と宣明暦採用とに関する一考察―その実態と意義について―」

日本では貞観四年（八六二）から大衍暦に代って宣明暦が施行されているが、大衍暦行用期間の末期、天安二年（八五八）から貞観三年までの四年間は、五紀暦が併用されたという。二つの暦法の併用という異例の事態と、続く宣明暦採用との背景に、文徳・清和擁立をめぐる藤原良房の強硬な意思と、それに反発する暦家大春日真野麻呂の頑なまでの抵抗とを見る。とりわけ、史上初の人為的変更による朔旦冬至実現（貞観二年十一月一日）の経緯を検証し、それが両者の応酬のクライマックスであったさまを描いている。

加藤順一「大江匡衡と藤原実資―『小右記』長和元年の記事に見る―」

長和元年（一〇一二）における大江匡衡と藤原実資との交流を『小右記』から読み解く。五月、病気の匡衡は実資が上卿を務める娍子立后の除目の場に出現した蜈蚣を実資が近く大臣に昇進する兆しと予言する。六月に藤原道長が重病に陥ると実資も予言に関心を懐いて書信が往復する。予言は実現するかにみえ、匡衡は家族の後事を実資に託した。しかし、七月に道長の病が回復して予言は外れ、匡衡は死去する。かかる摂関期の一局面から、匡衡のような文人官僚も中級官人の行動様式を出るものではなかったと指摘する。

第三部　生活と信仰

松田浩「須佐之男命の啼泣と「悪神の音」―『古事記』における秩序／無秩序をめぐって―」

須佐之男命がいつまでも「啼きいさち」続けたため、悪神の「音」が五月の蝿のように騒がしく満ち溢れ、「万の物」の妖が発生したという『古事記』上巻の神話を、『古事記』の文脈、用字法に即して読み解いている。即ち、「啼」は「哭」「泣」と区別されて、言語以前の意であり、「音」は「声」と異なり、言葉としての機能をもたない音響の意であるとして、当該神話は、言葉の秩序から逸脱した須佐之男命の啼泣が人間の秩序を崩壊させるという意味であったとする。

三宅和朗「古代の声の風景―ナクとサヘヅル―」

古代の人々が周囲の声をどのように聴き、意味づけていたかをナクとサヘヅルの語を手がかりに論じている。その結果、神や鳥のナキ声は異界からの声であり、人のナキ声も異界へ届くと観念されていたこと、唐・百済・蝦夷・畿外の人々がサヘヅル（訳のわからぬ言葉でしゃべる意）という例があり、それは律令国家の支配者層の意識に由来すること、『日本霊異記』では人や地域とは関係なく、仏教を信仰したか否かという基準で声を意味付けした説話が展開することを指摘する。

藤本誠「古代村落の仏教受容とその背景」

八世紀後半から九世紀における村落では内部に貧富の差が生じていたが、『東大寺諷誦文稿』を手がかりに、古代村落の「堂」を建立した檀越氏が伝統的な村落首長の系譜を引く富裕層とみられるとする。そして、かかる「堂」の法会では、檀越氏の村落支配を正当化する言説が語られていた一方で、貧窮者に対しては一銭の布施など易行を示すことで現世の貧富を相対化する内容もあった。即ち、当該期に村落に及んだ仏教のあり様として、檀越氏の村落支配の立場を強化するものであったと結論付けている。

久米舞子「平安京都市民の存在形態―道々細工を中心に―」

平安京に居住する道々細工という木工・金工の技術職人は内匠寮や作物所の工房や行事所に出仕し、調度の製作に当たった。また、貴族も内匠寮や作物所を介して、あるいは直接に依頼して、道々細工を召し寄せ、調度の製作を依頼していた。しかし、十世紀末以降になると、道々細工は七条や西七条に集住するようになり、技能ばかりでなく、保刀禰・刀禰を輩出し、京内の田作人となり、稲荷祭・松尾祭をも主催するようになっていく。そして、彼らは平安京内の都市民として存在したと指摘する。

以上で本書収載の諸論文の紹介を終えるが、何よりも各論考をご覧いただき、忌憚のないご意見を頂ければ幸いである。

本書の母胎となった三田古代史研究会については、前著の序に記したので、繰り返すことはしない。今振り返ると、前著からはやくも十年余が経ってしまったというのが何よりの感慨である。この十年間は、東日本大震災直後の例会だけは延期したが、それ以外は定期的に年三回（毎回二人の報告者）という原則を守って例会を開催してきた。前著の序には、研究会の十五年として、第一回からの例会は四十五回、研究報告は合計七十二本という「実績」が記されている。それにならえば、第四十六回以後、本書の刊行までは三十三回の例会開催、報告は合計六十五本に及ぶということになる（二〇一五年三月末現在）。今回の論文集が生まれたのも、何よりもかかる例会における地道な研究活動にあることはいうまでもない。慶應義塾大学の大学院で日本古代史を学ぶ院生数はけっして多くはないが、OBも含めて関係各位の支えもあって、本研究会も今日まで続けられたものと思う。報告者をはじめ、各報告に対して様々な意見を寄せられた出席者各氏に謝意を表したい。また、六十五本の研究報告の中には他大学の研究者のものも含まれている。いちいちお名前を記すことはしないが、貴重な研究成果を本研究会の場で披露して頂いたことを改めて御礼申し上げたいと思う。

前著を上梓した際、名誉教授の志水正司・村山光一両先生にも論文を執筆して頂いた。それが本書の準備中になるが、二〇一四年二月に志水先生が、三月には村山先生が相次いで他界された。本書が両先生を追悼する場になろうとは思いもよらぬことであったが、この場を借りて、謹んで両先生の御冥福をお祈りしたいと思う。

最後になったが、近年の出版事情の悪い中、本書の刊行をお引き受け頂いた慶應義塾大学出版会、編集に当たって下さった編集部の佐藤聖氏に篤く御礼申し上げたい。

二〇一五年五月

三宅和朗

法制と社会の古代史　目次

序

第三部　生活と信仰

第一部　法と秩序

律令条文に規定される皇太子の権限とその実態

山下紘嗣

一、はじめに

本稿は大宝・養老令の中の皇太子に関する条文に検討を加えることで、皇太子に法制上与えられた権限とその実態を解明することを目的とする。

荒木敏夫氏によって提唱された、日本における皇太子制の始まりは飛鳥浄御原令の制定にあるとの説は、近年通説的理解となりつつある。(1) 天皇(大王)の後継者が実質一人の人物に絞られるということは、それ以前にもあったかもしれないが、制度的な地位として天皇(大王)の後継者が定められるようになったのは、飛鳥浄御原令における「皇太子」の成立以後であると考えてよいであろう。(2) このように、皇太子が律令制に基づく地位であるなら、その本質的な性格を理解するためには、皇太子が律令条文においてどのように規定されているのか知る必要があるであろう。

尚、律令条文から皇太子について論じた研究は、すでにいくつも見られるが、その多くは皇太子と東宮機構の関係や東宮機構自体、皇太子監国といった個々のテーマについて論じられたものである。(3) その中で、皇太子自身の権限に

ついて検討を加えたものとして注目される林紀昭氏の論考にふれておきたい。(4)

林氏は、「大宝・養老両令に於ける皇太子の権限に関係する条文間に異同が存しないか検討し」「大宝令制下、皇太子は①他の皇族・臣下等と同様、上表により意見を述べうる、②天皇巡幸の折には平常事態では小事の国務を掌り、緊急事態等には大事に属する発兵の権限をもつ、③天皇に直接対面して奏上しうることによる輔弼の権限をもつことが認められていた」と述べ、「③は皇太子が単に皇位継承者として「非政治的な存在」に置かれていたという通説的見解に疑問をなげかけるもので」あり、「そこには皇太子摂政の伝統が窺われる」と論じる。更に、「養老令では③の権限が皇太子からはずされ、皇太子は平常時には春宮坊からの上啓に対し、政治的影響力を伴わない令旨を下す地位に留まるに」いたり、「皇太子は「単なる皇嗣」に法制上置かれるにいたった」と議論を展開する。(5)

この林氏の説に対して、荒木敏夫氏は、林説の③の根拠となっている東宮職員令2春宮坊条の大宝令文の復原については「妥当と思われる」と評価しつつも、「林氏が、「天皇に直接対面して奏上しうることによる輔弼の権限」を大宝令制下の皇太子がもつことを指摘し、この点に「皇太子摂政の伝統が窺われる」とされるが、先に検討したように、かかる「伝統」は存在しないのであり、指摘の修正が必要となることだけは明瞭であろう」と批判している。(6)(7)

このように、荒木氏は林説を評価及び批判しているが、その言及するところは説の一部についてのみであり、また、その後の皇太子研究において林説が厳密に検証されてきたとは言い難い。しかし、大宝・養老両令の条文の異同から皇太子の権限について論じた林氏の研究は、皇太子の性格を明らかにする上で依然として重要性を失っていない。そこで以下、林説の再検討を通して、皇太子に法制上与えられた権限とその実態について明らかにしていきたい。

二、東宮職員令2春宮坊条の大宝令文の検討

まずは林氏が、大宝令では「③天皇に直接対面して奏上しうることによる輔弼の権限をもつことが認められていた」が「養老令では③の権限が皇太子からはずされ」た、と論じた根拠となっている、東宮職員令2春宮坊条の大宝令の復原について検討を加えたい。同条の条文及び『令集解』の古記は以下の通りである。

【史料一】養老東宮職員令2春宮坊条

春宮坊。〈管二監三。署六一。〉大夫一人〈掌下吐二納啓令一。宮人名帳。考叙。宿直事上。〉亮一人。大進一人。少進二人。大属一人。少属二人。使部卅人。直丁三人。

【史料一－一】「春宮坊。」の『令集解』古記

古記云。問。東宮。春宮。其別若為。答。東宮職員之内官之名。春宮坊云耳。

【史料一－二】「吐二納啓令一。」の『令集解』古記

古記云。大夫通レ傅。啓二春坊政一。申二太子一。謂二之啓一也。他人啓事。兼為レ通レ傅耳。通レ傅之字。或教二進止一也。或請レ傅也。随二事状一耳。以二東宮政事一申二天皇一。謂二之奏一也。以二奏書応レ縁二納言一也。即請二返命一啓耳。但東宮[8]耳奏二天皇一事者。自親対奉耳。

【史料一－三】「考叙。」の『令集解』古記

古記云。考選。坊内諸司。考選校定送二式部一。不レ得三直申二太政官一。但学士考。傅合レ定。傅大夫等第。不レ定申送耳。傅以下。皆約二坊文一載耳。

林氏は、史料一－一より「春宮坊」、史料一－二より「大夫」・「啓」・「通傅」・「奏」、史料一－三より「考選」、東宮職員令1東宮傅条の古記に「問。傅知二坊事一以否。答。不レ合。但大夫管二諸司事一耳。」とあることより「管」・「大夫」、『大日本古文書』天平十七年（七四五）四月二十一日春宮坊移[9]及び『続日本紀』（以下『続紀』と記す）天平十五年六月丁酉（三十日）条から「亮」・「大進」・「少属」・「直丁」の語句を復原し、また、「皇太子の令旨の下達の職務も規定されていたと推定される」と述べ、養老令の同条条文や『唐六典』巻二十六太子右春坊を参考にして「宣伝令旨」の語句も存在したと推定する。そして、その復原案を、

春宮坊〈管監三署六〉。

大夫一人。〈掌通傅啓奏宣伝令旨。宮人名帳。考選。宿直事。〉

亮一人、大進一人、少進二人、大属一人。少属二人。使部卅人。直丁三人。

と、提示している。

この林説とは異なった大宝令文の復原案を提示するのが『唐令拾遺補』[10]であり、そこでは、「大夫一人。〈掌、通傅、啓奏坊政、宣伝令旨、宮人名帳、考選、宿直事。〉」との復原がなされている。この『唐令拾遺補』の復原案と、林説の「掌通傅啓奏宣伝令旨」との復原案とは、一見すると「奏」の字の下に「坊政」の字を復原するか否かのみの違いであるように見える。しかし、『唐令拾遺補』の復原案は、新訂増補国史大系本『令集解』が史料一－二「啓二春坊政一」の「春」の字に「春、恐当レ作レ奏」と頭注で記していることを採用し、当該個所を「大夫通レ傅。啓二奏坊政一。」と読んだことに基づくと推定され、林氏が「奏」の語句の復原の根拠を、史料一－二の「以二東宮政事一申二天皇一。謂二之奏一也。」に求めているのとは、古記の読み方が大きく異なっていると考えられる。

では、このように二説ある復原案のいずれが妥当なのか、あるいは両説とも妥当ではないのか考えたい。まずは

「啓春坊政」の「春」が、「奏」であるか否かについてであるが、『令集解』や六国史には他に「春坊」の用例が見られないことから、日本において春宮坊を示す言葉として「春坊」の語が一般的に使用されていたとも言い難い。しかし、唐には左春坊・右春坊という官司が存在し、『唐六典』巻第二十六には「太子右春坊、（中略）凡皇太子監国、於二宮内一下二令書一、太子親画レ日至二春坊一、則宣二伝之一。」と「春坊」の語が見られる。唐において、「春坊」の語が使用されていたのであれば、古記にそれが使われた可能性は十分考えられる。また、管見の限り「春」の字を「奏」とした『令集解』の写本は存在せず[11]、「啓春坊政」のままでも文の意は通じるので、「春」の字のまま読むべきであり、「春、恐当レ作レ奏」との新訂増補国史大系本『令集解』頭注の説、及び「掌、通傅、啓奏坊政」との『唐令拾遺補』の復原案は首肯しがたい[12]。

次に、林説復原案の是非について検討を加えたい。史料一－二の文の構造を見てみると、

古記云。大夫、

i　通レ傅啓二春坊政一申二太子一、謂二之啓一也。他人啓事、兼為レ通レ傅耳。通レ傅之字、或教二進止一也。或請レ傅也。随二事状一耳。

ii　以二東宮政事一申二天皇一、謂二之奏一也。以二奏書応レ縁二納言一也。即請二返命一啓耳。但東宮自奏二天皇一事者、自親対奉耳。

と、「傅を通じて春坊政を太子に申す、之を啓と謂ふ也。」・「東宮政事を天皇に申す、之を奏と謂ふ也。」という対となる表現が見られ、二つの段落から成っている。そのことをふまえると、この古記が、大夫の職掌として「啓」・「奏」を並べて掲げ、「他人啓事、兼為レ通レ傅耳。」・「以二奏書応レ縁二納言一也。」以下において、「啓」・「奏」それぞれの具体的な運営方法について説明している文であることが分かる。

尚、「大夫」の次の「通傅」の語句が、啓のみにかかるのか、啓だけでなく奏にまでかかるか、二通りの読み方ができるが、啓の後にのみ「通傅」についての説明があることから、啓のみにかかっている語句であると考えるべきであろう。そのように考えると、「通傅」の語句を大宝令文として復原することには疑問を覚える。[13] よって、史料一－二から復原される大宝令文の語句は、「大夫」・「啓」・「奏」のみである。

後述するように、大宝公式令には令旨に関する条文が存在したと考えられることから、東宮職員令2春宮坊条の大宝令条文にも「皇太子の令旨の下達の職務も規定されていたと推定される」[14]。また、唐東宮王府職員令復旧13太子右春坊条では、日本の春宮大夫に対応する官職の一つである右庶子の職掌を、「掌、侍㆑従左右㆒・献㆑納啓奏㆒・宣㆑伝令言㆒。」と規定しており、[15] それを参考にすると、大宝令文として「宣伝令旨」の字句を復原することができる。更に、養老令で「吐納啓令」と「啓・令」に「吐納」という動詞が付されていることを考えると、古記から復原された「啓・奏」に、「献納」という動詞が付されていると推測される。

以上の考察の結果をふまえて、大宝東宮職員令2春宮坊条の復原を行うと、

春宮坊。〈管㆓監三・署六㆒。〉

大夫一人。〈掌㆘献㆑納啓奏㆒・宣㆑伝令旨㆒・宮人名帳・考選・宿直事㆖。〉

亮一人、大進一人、少進二人、大属一人。少属二人。使部卅人。直丁三人。

となる。古記の読み方には一部異論があったものの、細かな字句の違いを除けば、林説復原案との違いは、「通傅」の語句の有無のみで、その内容は春宮大夫が東宮政事について天皇に奏する際に東宮傅を通すか否かの違いのみであり、それ以外については林説を認めることができる。

以上のように復原した大宝東宮職員令2春宮坊条と古記の内容は以下のAからCにまとめられる。

A　春宮坊は監三・署六を管べる。

B　春宮大夫一人。その職掌は啓・奏を献納し、令旨を宣伝し、宮人名帳・考選・宿直のことを掌る。

B-1　春宮大夫は東宮傅を通じて、春宮坊の政及び他人啓事を皇太子に啓す。

B-2　春宮大夫は納言を通じて、東宮政事を天皇に奏す。但し、皇太子が自ら天皇に奏する際には、天皇に直接対面して奉じる。

C　亮一人、大進一人、少進二人、大属一人。少属二人。使部卅人。直丁三人。

これらAからCのうち、本稿で検討課題としたいのは、B・B-1・B-2である。Bについては、養老令で「奏」字が削除されたことの意味を考える必要があろう。B-1は東宮傅の性格及び啓について考える上で重要な史料である。東宮傅については今回は考察の対象としないが、啓については後述したい。B-2については、「但東宮自奏㆓天皇㆒事者、自親対奉耳」をどう解釈し、またそれをどう意義づけるかは、皇太子の性格を考える上で重要な問題となる。ここで一旦節を区切り、次節においてB及びB-2に関わる奏について考察したい。

三、皇太子の奏について

林氏は、先述のB・B-2について、春宮大夫が「納言を経由して奏書を以て天皇に東宮の政事を申上することと共に、(イ)東宮、即ち皇太子が自ら天皇に対面して奏を奉上することが、この春宮坊大夫の職掌に「奏」の語が規定されていることによって、可能となるのである」と述べ、「皇太子のみは恐らく太政官上層部を経由せずして、直接天皇に対面して奏上しえたのであり、それによって天皇に意見を述べて、奏上内容の実現を請うことも可能であり、(ロ)

大宝令制下では唯一皇太子のみに認められた権限である」と論じる。そして、それは（ハ）「輔弼の権限」であり「そこには皇太子摂政の伝統が窺われる」と意義づける。また、（ニ）養老令ではそのような「権限が皇太子からはずされ、（ホ）皇太子は平常時には春宮坊からの上啓に対し、政治的影響力を伴わない令旨を下す地位に留まるに」いたり、「皇太子は「単なる皇嗣」に法制上置かれるにいたった」と議論を展開する。林説の重要な論点である（イ）～（ホ）について検討を加えたい。

まずは（イ）についてであるが、その根拠となっている「但東宮自奏㆓天皇㆒事者、自親対奉耳。」は、あくまで古記の解釈にすぎず、大宝令に明文は存在しないので、現実に皇太子がそのような権限を有していたのか否かを確認する必要がある。

これについては、『続紀』養老六年（七二二）正月壬戌（二十日）条に、

正四位上多治比真人三宅麻呂坐㆘誣㆑告謀反㆖、正五位上穂積朝臣老指㆗斥乗輿㆖、並処㆓斬刑㆒。而依㆓皇太子奏㆒、降㆓死一等㆒、配㆓流三宅麻呂於伊豆嶋、老於佐渡嶋㆒。

と、「皇太子奏」の語が見られるとの荒木敏夫氏による指摘がある。(16)「春宮大夫奏」・「春宮坊奏」ではなく、また内容も多治比三宅麻呂と穂積老の死が配流に変更されたというもので、「東宮政事」ではないことから、この史料は、春宮大夫が納言を通じて東宮政事を天皇に奏した例ではなく、皇太子が自らの意見を奏し、それが現実の政治に反映された例であると考えられる。この実例と、「実際的」「常識的」「当時の慣習・俗語等が豊富」「日本の俗語・史実などをあげて日本的」と言われる古記の性格から、(17)「但東宮自奏㆓天皇㆒事者、自親対奉耳。」との古記の記述は、大宝令制下の実態を表していると認めてよいと考えられる。大宝令制下、皇太子は天皇に対面して自らの意見を奏することができ、それが実際に政治に反映されることがあったのである。

次に、（ロ）の、直接天皇に対面しての奏が、皇太子のみに認められた権限か否かについて考えたい。

令文における奏を見ていくと、太政官奏について、公式令3論奏式条に論奏（大祭祀・国用の支度・官員の増減・流罪以上および除名の断決・その他の大事について議政官組織が議して奏）、公式令4奏事式条に奏事（論奏によるもの以外の中事について、議政官組織が奏）、公式令5便奏式条に便奏（日常的な政務すなわち小事について、少納言が奏）の各規定があり、諸司奏について、公式令8奏弾式条に弾奏（弾正台が官人の非違の罪条を奏）、公式令10飛駅上式条に諸国司が緊急を要する事柄について奏すること、儀制令7太陽虧条に陰陽寮が日食の発生を奏すること、喪葬令3京官三位以上条に京官三位以上が祖父母・父母・妻の喪、四位以上が父母の喪に遭い、五位以上が喪したら奏聞することなどが規定されている。しかし、個人が自らの意見を奏することについては規定がなく、令文は基本的にそのような奏を想定していないと考えられる。

大宝令制下の個人からの奏の実例を見てみると、『続紀』文武四年（七〇〇）三月己未（十日）条に、都を平城に遷す時、道昭の弟及び弟子の奏聞により、禅院を新京に徙し建てている例、『続紀』養老六年（七二二）二月甲午（二十三日）条に、兵部卿従四位上阿倍朝臣首名等の奏言により、衛士・仕丁の役年を減じている例、『続紀』天平十三年（七四一）十一月戊辰（二十一日）条に、右大臣橘宿禰諸兄が奏して朝廷の名号を問い、天皇が勅して「大養徳恭仁大宮」としている例が見られる。しかし、第一の例は何らかの官司を経ての奏上、第二の例は左衛士府督大伴牛飼・右衛士府督卑部老等の解に基づく兵部卿の職務に基づく奏、第三の例は太政官の首班としての奏といったように、いずれも官司を通した奏や奏上者の官職の職掌に基づいたものであり、個人が自らの意見を天皇に伝えるための奏ではない。よって、皇太子以外の個人が天皇に直接対面して自らの意見を述べるための奏は、令文の規定と実例のいずれにおいても見られないものであり、大宝令制下、それは皇太子のみに認められた権限であったと言うことができる。

（八）の「輔弼の権限」・「皇太子摂政の伝統」についてであるが、律令制以前に制度上皇太子が存在していなかったとの見解によれば、「皇太子摂政の伝統」が存在するのは不可能であり、荒木氏の批判は一応妥当である。しかし、制度的な皇太子の存在を否定するとしても、『日本書紀』（以下『書紀』と記す）が「皇太子」と記す大兄クラスの有力王族の国政への関与の伝統が存在していたことは、一概に否定できない。

実例を見てみると、『書紀』継体八年（五一四）正月条には、「太子」の勾大兄皇子の奏により、匝布屯倉を賜い皇太子妃春日皇女の名を万代に表せとの詔を下している記事が見られる。この記事が完全に史実であるとは言えないであろうが、ここで「太子」が「天皇」に意見を奏上していることは、令制以前の有力王族の国政への関与のあり方を反映していると推測することはできる。

更に有名な皇太子奏の例として、『書紀』大化二年（六四六）三月壬午（二十日）条に見える、中大兄皇子の奏が挙げられる。これは、孝徳天皇に「子代入部」「皇子等私有御名入部」「皇祖大兄御名入部」とその屯倉の存廃を問われたのに答えて、中大兄皇子が御名入部を献上するという内容で、[18] 部民制廃止の中で重要な役割を果したものである。この皇太子奏は、「皇太子使レ々奏請曰」とあるように、天皇と直接対面しての奏ではないが、有力王族が奏によって国政に関与した事例とすることができる。

また、『書紀』白雉四年（六五三）是歳条には、中大兄皇子が倭京に遷ることを奏によって求めている。この奏は、孝徳天皇に拒絶され、その内容の実現はならなかったが、有力王族が奏によって遷都という国政の大事について天皇に建言しえたことを示す事例である。

これらの実例や、「倭王の意志として実現される倭王権の意志は、それを形成するのが群臣会議だけではなく、群臣会議を媒介としない「大王による個別の諮問」と「大王への個別の奏言」を考慮しておかねばならないと思える。

諮問され、また、奏言できる者は、なお、仔細な検討を要する」、「群臣会議に王族がみえないことは、別に王族の個別の意志を奏言する途があったから」との荒木敏夫氏の説[19]を参考にすると、令制以前の有力王族は直接天皇に対面して個別の奏言を行うことで、政事に関与し国政に参画していたことが推測される。

以上のことから、「東宮自奏㆓天皇㆒事者、自親対奉耳。」との皇太子の権限は、有力王族による国政への関与の伝統に基づくものであったと考えられる。また、先述の中大兄皇子の奏のように、その内容は国政の大事に関わるものであった可能性もあり、その権限が実際に行使される、あるいはその内容が天皇に受け入れられるか否かは別として、大宝令制下の皇太子は「輔弼の権限」を有していたと言うことができよう。

（ニ）の養老東宮職員令2春宮坊条で「奏」の字が削除されたことの意義についてであるが、まず確認しておきたいのは、削除されたのが、唐令を継承した規定である「春宮大夫の職掌としての奏」だということである。それが削除されたということは、春宮大夫が納言を経由して東宮政事を天皇に奏上する道が閉ざされたということであり、大宝令制下、皇太子が直接天皇に対面して政事に関する自らの意見を奏上していたことは別に考える必要がある。

そこで実例を見てみると、先に挙げた『続紀』養老六年正月壬戌（二十日）条以降、皇太子からの奏は見られない。平安時代以降、個人からの奏上が登場する中で皇太子の奏が見られなくなることは、そのような実態がなくなり、皇太子の国政への関与の機会が減少したことを表している。

（ホ）については、奏以外の皇太子の権限について考えなければならない。再び節を改めて考察を続けたい。

四、表・啓・令旨

大宝・養老令では、奏の外に、皇太子が天皇やその他の者と関わる手段として、表・啓・令旨が規定されている。

養老儀制令3皇后条

凡皇后・皇太子以下、率土之内、於㆓天皇・太上天皇㆒上表、同称㆓臣妾名㆒。〈対揚称㆑名。〉皇后・皇太子、於㆓太皇太后・皇太后㆒、率土之内、於㆓三后・皇太子㆒上啓、称㆓殿下㆒、自㆓称皆臣妾㆒。〈対揚称㆑名。〉

これは、上表・上啓の場合の呼称に関する規定であるが、皇后・皇太子以下、率土之内が天皇・太上天皇に上表する際には「臣妾名」を称し、皇后・皇太子が太皇太后・皇太后に、率土之内が三后・皇太子に上啓する場合には「殿下」と称し、自称は「臣妾」とする。いずれも、対面して称揚する際には「名」を称する、ということを規定している。ここで注目したいのは、ⅰ皇太子から天皇への上表が想定されていることと、ⅱ率土之内から皇太子への上啓が想定されていることである。

古記を参考に、この条文の大宝令文の皇太子に関係がある部分を復原すると、

皇太子以下率土之内、於㆓天皇・太上天皇㆒上表同称㆓臣妾名㆒。〈対揚称㆑名。〉

百官及宮官、於㆓皇太子㆒、皆称㆓殿下㆒、〈上啓表同、〉百官自㆓称名㆒、宮官自㆓称臣㆒。

となるが、養老令のⅰ・ⅱと対応させると、ⅰ皇太子から天皇への上表が想定されており、ⅱ百官・宮官から皇太子への上啓が想定されていることが注目される。

では、ここで規定されている皇太子から天皇への表と、率土之内と百官・宮官からの啓とは、皇太子のどのような

権限を表しているのか、そして養老令の「率土之内」と大宝令の「百官・宮官」の違いにはどのような意味が込められているであろうか。後者の疑問については次の節で検討を加えるので、ここでは前者について明らかにしたい。

表とは、律令格式の条文に不便のことがあり改正すべき場合[20]、五位以上の者が年七十以上となり致仕を願う場合[21]、祥瑞のうち大瑞に当たる者が出現した場合[22]、訴訟において太政官に至ってなお確定判決を得られない場合[23]に天皇に提出されるもので、国政の得失に関わる意見の上陳とはいちおう区別されるものであった[24]。しかし、藤原広嗣の上表などにみられるように[25]、上表の形で天皇に国政に関する意見を述べることもありえた[26]。

この表が天皇に上られる際、太政官を経由するか否かについては、職員令3中務省条の『令集解』諸説に両説あるように、はっきりとしないが、中野渡俊治氏が、諸史料や諸学説を整理して論じているように[27]、手続き上は太政官を経由したが、その内容に太政官が介入することは無かったと考えるのが妥当であろう。即ち、皇太子は表によって国政に関する意見を直接天皇に伝えることができたと考えられる。しかし、これは「率土之内」の皆ができたことであり、それができることをもって皇太子の権限を過大に評価することはできない。

啓の書式と作成手続きについては、養老公式令7啓式条に、

啓式。〈三后亦准二此式一。〉
春宮坊啓。
其事云々。謹啓。
年　月　日
大　夫　位　姓　名
亮　位　姓　名

奉レ令、依レ啓。若不レ依レ啓者、即云、令処分、云々。

亮　位　姓

右春宮坊啓式。奉レ令後、注二啓官位姓一。

との規定が存在し、『律令』の同条頭注では、「春宮坊（あるいは中宮職）の発議した案件について、皇太子（三后）の承認を得る場合に用いられる公文書の書式と作成手続きに関する規定」と説明される。

春宮坊以外の官司や個人からの上啓については、儀制令3皇后条の集解に「師云。公式令啓式者、為二職坊一生レ文。但此者不レ依二彼令一。造二表様之啓一耳。」とあることから、啓式条が適応されず、表の書式をとったと考えられる。しかし、公式令7啓式条の朱記に「未レ知、所管坊官并余他司、皆同可レ啓事者、送二春宮坊一令レ啓不。答。他人私啓、必経二春宮坊一可レ啓。只越不レ可レ啓。」とあり、書式は違えども、春宮坊以外からの上啓も春宮坊を経由していたと考えられる。(28)

尚、公式令7啓式条には古記が存在しないが、先に行った東宮職員令2春宮坊条の大宝令文の復原により、大宝令制下の春宮大夫は東宮傅を通じて、春宮坊の政及び他人啓事を皇太子に啓していたと考えられるので、大宝儀制令3皇后条にある百官・宮官からの啓は春宮大夫を経由したと考えられる。以上のことから、

「率土之内」（大宝令では「百官・宮官」）→　春宮坊　→　皇太子「依レ啓」あるいは「不レ啓レ依者、即云、令処分、云々。」→　春宮坊

という、啓の政務手続きの流れが想定される。春宮坊に達した後の過程において、どのように手続きがなされ施行に至るのかについては、後で令旨の施行を参考にして述べる。

では、啓の扱う案件についてであるが、春宮坊内の案件について皇太子に上啓がなされるのは理解できるが、他の

者はなぜ皇太子に上啓することがあったのであろうか。

僧尼令8有事可論条に「凡僧尼、有レ事須レ論、不レ縁二所司一、輙上二表・啓一、并擾二乱官家一、妄相嘱請者、五十日苦使。」とあるが、これは所司に縁れずして上表・啓した僧尼の処罰に関する規定である。この様な処罰規定が存することから、その規定を犯す僧が存在した、あるいは存在する可能性があったと考えられる。また、合法的に所司に縁れて上啓する僧もいたであろう。このことから、皇太子に上啓することによって、僧尼が何らかの利益を得る可能性があったことが推測される。これについても、次の令旨といっしょに考察したい。

令旨とは、皇太子・三后らの意思・意向・命令を他者に伝達するために用いられる文書であり、公式令6令旨式条にその規定がみられる。その作成手続きから施行までの手順については、同条に、「右受レ令人、宣二送春宮坊一。春宮坊覆啓。訖留二画日一為レ案、更写二一通一施行。」とあり、

作成[29] → 春宮坊審査 → 皇太子に覆啓し、皇太子は画日 → 春宮坊、案として留め、一通を写して「施行」

という流れであったと考えられる。

その施行について、荒木敏夫氏は、その際に太政官への送申を春宮坊に義務づけた、との見解を示しているが[30]、公式令6令旨式条の『令集解』諸説をみると、太政官に送る、あるいは被管諸司に下すとの令義解・令釈の説、太政官に送るとの一云の説、太政官には令を謄した謄令解、自余の諸司には謄令移・牒を送るとの跡記の説、所管諸司に下す場合は、太政官に送らないとの朱記の説、諸司に出す場合は謄令解移を送るとの穴記の説、尋常時は諸司に至る場合は必ず謄出するとの師云の説、などが見られる。

これらの諸説により、①春宮坊所管の諸司には直接下し施行する、②春宮坊が謄令解を作成し、太政官に送り、太

政官が奏聞し、官符により施行する、③春宮坊が謄令移牒を作成し、自余諸司に送り、自余諸司が施行する、という、三通りの令旨の伝達から施行までの過程が復元できる。即ち、全ての令旨について太政官に送る必要があったのではなく、春宮坊から所管の諸司や自余諸司に、直接送られることもあったのである。

では、皇太子はどの様な案件に対して、令旨を下すことができたのであろうか。『類聚三代格』に載る寛平八年(八九六)三月二日太政官符は、中宮のものではあるが、令旨がどのような案件に及び得たかを示す史料である。

太政官符

応レ置二浄福寺年分度者二人一事

(中略)

右得二中宮職解一称、謹奉二　令旨一如レ聞、(中略)今此浄福寺学徒有レ数成業無レ聞。思下欲被レ准二安祥寺年分度者二人一、永以為レ例、建二天台法相両宗一各令中レ読二経論三部上。凡其複試竪義等之業、一同二安祥寺之例一。然則道在二人之弘一。人頼レ道而達、縁二此願力一誓二護　聖朝一者。仍録二事由一謹請二　官裁一者。中納言兼右近衛大将従三位行春宮大夫藤原朝臣時平宣。奉　レ勅、依レ請。

寛平八年三月二日

ここでは、浄福寺に年分度者二人を置くことが、中宮の令旨を受けた中宮職解が太政官に送られ、天皇の裁可を経たのち、太政官符の形式で発布され施行されている。中宮は、令旨を下すことによって、自身や中宮職に直接関係のない仏教に関する国家の政策に意見を述べていたのである。この中宮令旨の伝達・施行の過程は先述の②の伝達・施行の過程と一致しており、同令旨は公式令6令旨式条に基づいて伝達・施行されたものであると考えられる。これと同じく公式令6令旨式条に規定される皇太子の令旨も、中宮の令旨と同様、皇太子自身や春宮坊外の案件についても言及することができたと推測される。

林説では「皇太子は平常時には春宮坊からの上啓に対し、政治的影響力を伴わない令旨を下す地位に留ま」ったと論じられているが、令旨が春宮坊外の案件についても言及できるものである以上、皇太子が令旨によって意見を述べ、国政に関与することも不可能ではなかったのではなかろうか。

また、啓についても、春宮坊以外の「他人」からの啓の中には、皇太子・東宮機構とは関わらない内容のものも存在し得たし、その啓に対して皇太子が「依レ啓」あるいは「不レ依レ啓者、即云、令処分、云々。」との判断を下し、政策を施行に移すことによって、国政に関与することが可能であったと推測される。であるからこそ、「不レ縁二所司一、輙上二表・啓一、并擾二乱官家一、妄相嘱請」する僧が存在したのであろう。

尚、先述①・③の太政官を経ない令旨の伝達・施行の過程については、送付先が被管諸司であること、あるいは移・解の形式で送付されることから、物品の移送など、春宮坊をはじめとする東宮機構の運営に関わる案件を扱うものであったと考えられる。また、これを参考にすると、啓の春宮坊から先の施行にいたる手順は、

東宮機構の運営に関わる案件：春宮坊→所管諸司・諸司施行

国政・その他に関わる案件：春宮坊→太政官→天皇→太政官施行

となっていたと推測される。

ここで注意しなければならないのは、令旨あるいは依レ啓・令処分などによって示される皇太子の決定が国政に関与する内容を持つ場合、施行に至るまでの流れの中で、太政官を経るとされたことである。令旨や啓に応じる形で国政に関与する際には、皇太子は太政官の統制を受けたのである。天皇に直接対面しての奏と比べ、その権限は限定されたものであったと評価できる。また、大宝令制下の令旨・啓についても、養老令と同様に規定されていたことが指

摘されており、(31) その実態についても養老令制下と同様であったと考えられる。

五、皇太子監国

令文には、皇太子の権限として、行幸時に皇太子が留守官の長官にあてられる皇太子監国というものも規定されている。これについて、林説ではあまり詳しい考察がなされていないが、この権限は皇太子の本質を考える上で非常に重要なものである。本稿では行幸に関する研究なども参考にしながら、詳細な検討を加えたい。

皇太子監国については、公式令2勅旨式条に、

勅旨式

勅旨云々。

（中略）

奉二　勅旨一如レ右。符到奉行。

（中略）

右受レ勅人、宣二送中務省一。中務覆奏。訖依レ式取レ署。留為レ案。更写二一通一、送二太政官一。少弁以上、依レ式連署。留為レ案。更写二一通一施行。其勅処二分五衛及兵庫事一者、本司覆奏。皇太子監国、亦准二此式一、以レ令代レ勅。

とあり、公式令5便奏式条に、

便奏式

太政官奏
其司所レ申其事云々。謹奏。
年　月　日
奉レ勅、依レ奏。若不レ依レ奏者、即云、勅処分云々。
少　納　言　位　姓　名
右請二進鈴印一、及賜二衣服・塩・酒・菓・食一、并給二医薬一、如レ此小事之類、並為二便奏一。其口奏者、並准二此例一。奉勅後、注二奏官位姓名一。其皇太子監国、亦准二此式一、以二奏・勅一代二啓・令一。

とあるように、その際には勅・奏の代わりに令旨・啓が用いられると規定されていた。その権限については、公式令1詔書式条義解に「謂。詔書・勅旨、同是綸言。但臨時大事為レ詔、尋常小事為レ勅。」とあり、皇太子監国は「請二進鈴印一、及賜二衣服・塩・酒・菓・食一、并給二医薬一」などの尋常小事について、天皇の代行をすることができるとされていた。また、公式令集解44車駕巡幸条の義解に、「此拠二尋常之時一。不レ由二非常之変一。若有二軍機急速応レ処二分兵馬一者、不レ拘二恒法一、亦得二兼行一。」とあり、「非常之変」には兵馬を動かす権限が与えられていたと考えられる。(32)そして、公式令5便奏式条の令集解古記に「古記云。問。皇太子監国亦准レ此。未レ知、注二不奏一。（後略）」とあることから、大宝令にも同様の規定があったことが想定される。

皇太子監国の具体的な運営に関しては、公式令2勅旨式条の「皇太子監国、亦准二此式一、以レ令代レ勅。」、同5便奏式条の「其皇太子監国、亦准二此式一、以二奏・勅一代二啓・令一。」の意味を考えることで明らかになるが、これについては、坂上康俊氏の詳細な研究がある。(33)

坂上氏は、まず唐の皇太子監国について、文書の書式は詔書や奏抄を准用し、語句を「詔」・「奏」・「可」から

「令」・「啓」・「諸」とし、その文書作成を春宮坊の官人が担い、署名も彼らが行うものとされていた、と述べる。一方の日本の皇太子監国については、東宮機構に中務省・弁官・少納言に相当するような官職が設けられておらず、春宮坊官人が位置するとは思えず、『令集解』諸説がその運営については沈黙していることから、一部の語句は変更するが、勅の書式を准用し、中務・弁官が署名したであろうと論じる。そして、「日本では皇太子監国時には皇太子のみが、春宮坊以下の官人とは切離されて、天皇の権限の一部を代行して百官に臨むということが令文作成者には想定されていた」と述べ、皇太子を警戒した日本令が、皇太子に権力基盤を与えないために、皇太子と東宮機構を疎遠な関係に置いたことを示す事例の一つとしている。

この坂上説への疑問を投げかける史料として、儀制令3皇后条の大宝令条文が挙げられる。その内容を理解するために、唐令・大宝令・養老令の条文の比較を行いたいが、この条文の養老令と大宝令の復原条文については前節で掲げたので、ここでは唐令の復原条文(34)のうち、皇太子に関わる部分を抜き出す。

皇太子已下、率土之内、於㆓皇帝㆒、皆称㆑臣。
百官及東宮官、於㆓皇太子㆒、皆称㆓殿下㆒。〈上啓表同、〉百官自㆓称名㆒、宮官自㆓称臣㆒。

この復原唐令・復原大宝令・養老令を比較した際に注目されるのは、唐令・大宝令では「百官」から皇太子への自称が「名」、「宮官」から皇太子への自称が「臣」と区別されるのに対し、養老令では「率土之内」から皇太子への自称が「臣」となっていることである。

大隅清陽氏は、唐令の同条文は、東宮官のみが皇太子の臣下にあたり、それ以外の百官が皇太子と君臣関係を結ばないことを意味しているが、養老令の同条文は、君臣関係を定めた規定ではなく、天皇・太上天皇、太皇太后・皇太后、皇后・皇太子、率土之内という四つの身分階層とその上下関係を定めたものであると論じている(35)。この大隅氏の説を参考にすると、唐令の条文と表現が類似している大宝令の条文は、大宝令制下、皇太子と東宮官が君臣関係を結んでいたことを表していると言えよう。春名宏昭氏によって説明されるように、唐令から大宝令に継受された東宮官の陪臣制が、養老令で削除されたのである。(36)

以上によると、大宝令制下において、皇太子と東宮官は君臣関係にあるとされており、少なくとも同時代において両者が疎遠な関係に置かれたとは言い難い。よって日本の皇太子監国制において皇太子が春宮坊以下の官人と切離された理由は、皇太子に権力基盤を与えないためとは言えないのではないか。むしろ、監国時に皇太子の令旨に中務・弁官が署名するということは、皇太子が天皇と全く同じように権限を発揮するということにもなり、それだけ皇太子に大きな権限を与えたということもできよう。仁藤智子氏は、日本の留守についての律令条文が規定として不十分なものであったと論じる中で、皇太子監国について、制限されたとはいっても皇太子が天皇と同一の指揮系統を共有することになり、それは避けなければならないことで、皇太子が「監国」する機会を努めて作り出さないようにしていたと考えざるを得ないと述べている。(37)ではなぜ、唐令から継受された皇太子監国の制が、日本ではその機会を避けなければならないほどの権限を皇太子に与えるものに改変され、更に養老令でも削除・改変されなかったのであろうか。(38)

それは、皇太子監国の規定が、天皇・太上天皇が存在しない時期に、皇太子が令旨によって天皇を代行した「皇太子臨時執政」の法的根拠となったからではなかろうか。(39)中大兄皇子の称制にその例が見られるように、古代日本においては、律令制以前から有力王族には、天皇(大王)・太上天皇不在時にその代行をつとめることが求められていたと考えられる。(40)律令制下の皇太子臨時執政も、その伝統を受け継ぐものであろう。(41)荒木敏夫氏が論じているように、皇太子臨時執政は、古代国家が皇太子制を必須の制度として国政の中枢に構造的に組み入れた本源的な理由であったのである。(42)そのため、その法的根拠となった皇太子監国制が、皇太子が天皇と同一の指揮系統によって権限を発揮するものとされたのではないか。

また、日唐で皇太子に本質的に求められた役割が異なったことを窺わせる史料に、皇帝・天皇の服薬を調進する際の監視と毒味に関する規定である医疾令合和御薬条がある。その復原唐令と復原養老令を見ると、(43)

復原唐令

諸合㆓和御薬㆒、在内諸省、省別長官一人、並当上大将軍・将軍衛別一人、与㆓殿中監・尚薬奉御等㆒監視。薬成、医佐以上先嘗。然後封印、写㆓本方㆒、方後、具注㆓年月日㆒、監薬者徧署㆑名、倶奏。餌薬之日、尚薬奉御先嘗、次殿中監嘗、次皇太子嘗。然後、進㆑御。〈太子准㆑此。〉

復原養老令

凡合㆓和御薬㆒、中務少輔以上一人、与㆓内薬正等㆒監視。薬成、侍医嘗㆑之。然後封㆑之、写㆓本方㆒之後、具注㆓年月日・監薬者姓名㆒、倶奏。餌薬之日、侍医先嘗、次内薬正嘗、次中務卿嘗。然後、進㆑御。〈其中宮及東宮准㆑此。〉

とある。両者を見比べると、唐令には「太子准㆑此」、養老令には「其中宮及東宮准㆑此」との本注が存在し、同条文では唐日共通して、皇帝・天皇と共に皇太子の身の安全が図られている。(44)しかし毒味を行う者について、唐令では尚薬・殿中監・皇太子が皇帝のために、養老令では侍医・内薬正・中務卿が天皇のために行うと規定されており、皇太子の置かれた立場が、唐日の規定で決定的に異なっている。唐の規定では、皇太子は皇帝のために毒味をする、つまり自らの身を呈して皇帝に不測の事態が起こるのを防ぐ存在であるとされたのに対し、日本の皇太子にはそのような役割が与えられていないのである。

先に述べたように、皇太子が天皇・太上天皇不在時にその代行をつとめることは、律令制以前の有力王族に求められた役割に基づくもので、皇太子の存在の本源的な理由であった。唐の皇太子には、皇帝に不測の事態が起こることを防ぐことが期待されていたが、日本の皇太子は、あくまで天皇と同様にその身の安全が図られる存在であり、天皇に不測の事態が起こった際に、その代行をつとめることが期待されていた。日本の皇太子監国制が唐制そのままでないことは、このような皇太子に本質的に求められた役割が違うことによるであろう。また、その様な皇太子の役割が不変のものであったので、養老令でも皇太子監国制が、削除・改変されなかったと考えられる。

六、おわりに

律令の条文が規定する皇太子の権限、そして大宝・養老令制下におけるその実態について考察を加えてきた。結論をまとめると以下の通りである。

一　大宝令では、春宮大夫が納言を通じて東宮政事を天皇に奏ずることが規定されていた。また、大宝令制下の実態として、皇太子は天皇に直接対面して、自らの意見を奏して国政に反映させることができた。このような皇太子の権限は、令制以前の有力王族の政治への関与の伝統に基づくものであり、その内容は国政の大事にまで及ぶ可能性のあるものであったと考えられる。養老令では、春宮大夫の職掌から天皇への奏が削除され、また実態としても、皇太子奏が見られなくなる。

二　大宝・養老令制下を通じて、皇太子は、表・啓・令旨によって、国政に関与する権限を有していた。しかし、表については皇太子以外の率土之内の皆にも与えられていた権限であり、それをもって皇太子の権限を重く見ることはできない。また、啓・令旨は、いずれも太政官を経由するものであり、それによって発揮される権限は、太政官の統制を受ける限定的なものであったと考えられる。

三　同じく大宝・養老令制を通じて、皇太子は皇太子監国という、天皇の行幸時に留守としてその代行をつとめる権限を有していた。日本の皇太子監国制は、母法の唐制とは違い、皇太子が天皇と同じ指揮系統によって権限を発揮するものであったが、それは、皇太子の本質的な役割として、天皇不在時にその代行を行うことが期待されたためであると考えられる。そして、このような皇太子の役割は、令制以前の有力王族の役割に基づくものであり、唐とは違った日本の皇太子制の特徴である。

大宝令制下の皇太子の権限は、令制以前の有力王族の権限の伝統を色濃く残すもので、それを制度化したものであったと考えられる。養老令制下になると、皇太子が自らの意思を天皇やその他の者に伝えることによって発揮される権限については、率土之内の皆と同じものや太政官の統制を受けるものに限定されたが、天皇を代行する権限については変更されなかった。大宝令成立以後、皇太子に本質的に求められる役割は、天皇を代行することに限定されていったのであろう。

筆者は以前、皇太子の帯剣に関する考察を行い、平安前期に制度的に皇太子の権威がより高められたことを明らかにした。(45)また、釈奠や正月受賀儀礼において、皇太子と群臣との隔絶性が示されたことが指摘されている。(46)このように、皇太子の権威が高められ、またその権威が可視的に表現されたことは、皇太子が天皇を代行した際に、その権威を皆が認め、より円滑に権限を発揮することに役立ったであろう。飛鳥浄御原令によって成立した日本の皇太子制は、皇太子に求められる本質的な役割が限定されていくことに対応して、皇太子の権限・権威の両面について改変・整備されていったのである。

注

（1）荒木敏夫「皇太子制の成立」（『日本古代の皇太子』吉川弘文館、一九八五年）。

（2）義江明子氏は、その初例は軽皇子であると論じている（義江明子「元明天皇と奈良初期の皇位継承」、『高岡市萬葉歴史館叢書21　万葉の女性歌人』二〇〇九年、同『県犬養橘三千代』吉川弘文館、二〇〇九年）。

（3）荒木敏夫「東宮機構の原理と構造」（『日本古代の皇太子』吉川弘文館、一九八五年）、坂上康俊「東宮機構と皇太子」（九州大学国史学研究室編『古代中世史論集』吉川弘文館、一九九〇年）、瀧川政次郎「複都制と太子監国の制」（瀧川政次郎『法制史論叢　第2冊　京制並に都城制の研究』角川書店、一九六七年）、保母崇「律令制下における春宮坊の構造とその特質について」（『待兼山論叢』第三四号、二〇〇〇年）など。

（4）林紀昭「律令皇太子制の一考察」（『難波宮址の研究　第七　論考篇』一九八一年）。以下、林氏の見解は同論文による。

（5）井上光貞「古代の皇太子」（井上光貞『日本古代国家の研究』岩波書店、一九六五年、のち井上光貞著・吉村武彦編『天皇と古代王権』岩波書店、二〇〇〇年などに所収）。

（6）荒木敏夫、前掲注（3）論文。

（7）以下、日本令の条文番号・条文名は、井上光貞・関晃・土田直鎮・青木和夫校注『律令』（岩波書店、一九七六年）による。

（8）新訂増補国史大系本の頭注に「耳、或当作自」とある。「耳」では意味が通らないので、頭注に従い、「但し東宮自ら天皇に奏する事は、」と読むべきであろう。

（9）『大日本古文書』第二巻、四二一頁。

（10）仁井田陞著・池田温編集代表『唐令拾遺補—附唐日両令対照一覧—』東京大学出版会、一九九七年。

（11）田中本・舟橋本（清家本）・榊原本（国立国会図書館本）・内閣文庫本では、すべて「春」となっている。

（12）また、管見の限り、日本の他の史料に「坊政」の語は見られない。

（13）林氏は、「「大夫」の語句の存在が推定されるほか、引用形式から「啓」「通傳」「奏」の語句の存在を推定せざるをえない」と論じており、「通傳」の語の復原の根拠を、古記の「通レ傳之字、或教二進止一也。或請レ傳也。随二事状一耳。」との記述に求めていると思われる。しかし、これを根拠に「通傳」の語句を復原すると、古記において「通傳・啓・奏」ではなく「啓・通傳・奏」の順に語句の注釈がなされている理由が不明である。この文章は、古記の記述の「通傳」の語句を説明した文であると考えられ、これを根拠として大宝令文に「通傳」の語句を復原することはできない。

(14) 林紀昭、前掲注(4)論文。

(15) 復原条文・条文番号は『唐令拾遺補』、前掲注(10)による。『唐六典』を根拠に復原された復原条文に問題はないと考える。

(16) 荒木敏夫、前掲注(3)論文。

(17) 瀧川政次郎「大宝令の注釈書「古記」について」(『日本法制史研究』有斐閣、一九四一年)。

(18) 鎌田元一「七世紀の日本列島—古代国家の形成」(『岩波講座 日本通史 第3巻 古代2』岩波書店、一九九四年)。

(19) 荒木敏夫『日本古代王権の研究』吉川弘文館、二〇〇六年。

(20) 職制律59称律令条。条文名・条文番号は律令研究会編『譯註日本律令 二』(東京堂出版、一九七五年)による。

(21) 選叙令21官人致仕条。

(22) 儀制令8祥瑞条。

(23) 公式令63訴訟条。

(24) 『律令』、前掲注(7)、公式令65陳意見条補注。

(25) 『続紀』天平十二年(七四〇)八月癸未(二十九日)条。

(26) 唐には、上表による皇太子から天皇への意見の具申の例が見られる。貞観十八年(六四四)に、皇太子から皇帝への上表によって左春坊下に司議郎四員が設置されている(『唐会要』巻十七左春坊。『通典』巻第三十職官十二には貞観五年とある)。

(27) 中野渡俊治「古代日本における公卿上表と皇位」(『史学』第八〇巻第一号、二〇一一年)。

(28) 朱記以外の解釈は、『令集解』に記されていない。

(29) 同条朱記に「謂持レ書送也。不レ在二以レ言宣送一也。」とあり、文書の形式で春宮坊に皇太子の意思・意向・命令が伝達されたことが分かる。但し、「受レ令人」、即ち文書の作成者は不明である。

(30) 荒木敏夫、前掲注(3)論文。

(31) 林紀昭、前掲注(4)論文。

(32) 以上、瀧川政次郎「複都制と太子監国の制」(瀧川政次郎『法制史論叢 第2冊 京制並に都城制の研究』角川書店、一九六七年)による。

(33) 坂上康俊、前掲注(3)論文。

(34) 仁井田陞著・池田温編集代表、前掲注（10）。

(35) 大隅清陽「儀制令と律令国家—古代国家の支配秩序—」（『律令官制と礼秩序の研究』吉川弘文館、二〇一一年、初出は一九九二年）。

(36) 春名宏昭「太上天皇制の成立」（『史学雑誌』九十九編二号、一九九〇年）。

(37) 日本の律令条文における行幸に関する規定は当初から空文化しており（仁藤敦史「古代王権と行幸」〈『古代王権と官僚制』臨川書店、二〇〇〇年、初出は一九九〇年〉）、留守官についても、実際の行幸では皇太子ではなく臣下と王族の有力者各一名ずつが任命されるのが一般的であった（荒木敏夫「皇太子監国と留守官」〈『日本古代の皇太子』吉川弘文館、一九八五年〉）ことが指摘されている。

(38) 仁藤智子「行幸時における留守形態と王権」（『平安初期の王権と官僚制』吉川弘文館、二〇〇〇年、初出は一九九一年）。

(39) 荒木敏夫「皇太子臨時執政」（『日本古代の皇太子』吉川弘文館、一九八五年）。

(40) 林紀昭、前掲注（4）論文。関根淳氏は、『続紀』宝亀元年（七七〇）八月丙午条に見られる白壁王の「留守」も皇太子監国の事例であるとする。（関根淳「皇太子監国と藤原種継暗殺事件」〈『ヒストリア』第二四〇号、二〇一三年〉）。当該期は称徳死後の天皇・太上天皇不在の時期であり、「留守」も含め、白壁王による国政への関与の全ては、皇太子監国制に基づくものであったと考えられる。

(41) 仁藤智子氏は、「明確な論証はできない」と述べつつも、「「大王のミユキ」が存在し、留守に関する規定が必要であったことや、「皇太子」がキサキと共に大王を補佐するという王権の在り方が、皇太子が天皇の不在時その権能を代行しうる皇太子監国の継受に大きく関わっていただろう」と論じている（前掲注（38）論文）。本稿では、「皇太子」が天皇の不在時にその権限を代行すること自体が、王権の本来的なありかたであったと考える。

(42) 荒木敏夫、前掲注（39）論文。

(43) 条文の復原は、丸山裕美子「天皇の薬」（『日本古代の医療制度』名著刊行会、一九九八年、初出は一九八六年）による。

(44) 養老雑令30犯罪被戮条には「凡犯レ罪被レ戮、其父子応二配没一、不レ得レ配二禁内供奉、及東宮所駈使一」とあり、死刑に処せられた人の父子として配没された人を、宮中ないし東宮機構で使役することが禁止されている。天聖雑令及びそれによって復原される唐雑令にも同内容の条文が存在し（天聖雑令宋36、『天一閣蔵明鈔本天聖令校証　附唐令復原研究』中華書局、二〇〇六年）、皇太子は、日唐で共通して皇帝・天皇と共に安全が図られる存在であったことが注目される。

(45) 山下紘嗣「日本古代の皇太子と帯剣」（『史学』第七八巻第一・二号、二〇〇九年）。

（46）彌永貞三「古代の釈奠について」（『日本古代の政治と史料』高科書店、一九八八年、初出は一九七二年）、藤森健太郎「『儀式』『延喜式』における皇太子の正月受儀礼について」（『古代天皇の即位儀礼』吉川弘文館、二〇〇〇年、初出は一九九二年）。

地方における律令官人制の展開と受容——勲位を中心に——

十川陽一

はじめに

律令国家の地方支配や、地方における律令官人制については、これまでにも多くの研究が蓄積されており、古代の地方で位階・官職が重視されたことが明らかにされてきた。例えば中村順昭氏は、地方では国府を拠点とした支配が展開する一方、位階や官職の獲得などにおいて地方の諸勢力が中央と直接の関係を持つ場合があったことを指摘されている。(1)すなわち、国家が官人制度を地方で推進する一方で、地方の人間も自ら位階や官職を獲得すべく活動を展開していたものと理解できる。また梅村喬氏は近年、平安中期以降の地方社会においても、朝廷内の座次に連なる官人の地位として、散位が別格の扱いがなされていたと指摘されている。(2)

さて律令官人制に関して、筆者は以前、地方有位者が中央官人を中心とする序列に組み込まれてゆく過程で、外散位の身分が地方有位者を把握するために機能したことなどを論じた。(3)またこのような、散位・外散位も含む全ての官人を把握しようとする構造は大宝令で確立し、その後も九～十世紀にかけて太政官による直接的把握が展開するなど、基本的には平安時代へも継承されてゆくものと考える。(4) ただし地方社会において、八世紀では官職としての郡司が重視されたが、九世紀を通じた有位者の増加を経て、十世紀には位階がより重視されるようになったとの中村順昭氏の指摘もある。(5) すなわち国家から見れば官人制の拡大~定着という一連の流れではあるが、受容する地方の側ではその位置付けが変化している様子も窺える。

本稿では、こうした律令官人制の地方における受容について、特に勲位を中心として検討したい。勲位は大宝令で制定された武位であり、(6) 基本的には軍事行動と密接にかかわるものである。ただ、八世紀初頭では蝦夷・隼人などの征討と関わって、特に東国や西海道を中心に展開し、九世紀以降は東北で比較的遅くまで残ってゆくことから、(7) 地方における律令官人制の在り方を検討する上での有効な素材となるものと考える。

なお引用史料について、『続日本紀』については史料名を付さず年月日のみとし、『大日本古文書』編年文書の出典は通例に従って略記する。

一、勲位制度の概観

勲位については、秋山侃氏の整理(8)を嚆矢としていくつかの研究がある。ここではまず、勲位に関する制度的理解の基本となる野村忠夫氏と渡辺直彦氏の成果を中心として、勲位制度について概観したい。(9)

勲位は一等~十二等まで設定され、原則としてそれぞれ正三位~従八位に比当する傍系標識と理解されている(表1)。(10) 軍功によって与えられることも含め、通常の位階とは異なる系統として位置づけられていることが一つの特徴である。

官人制との関係について野村氏は、従八位への比当を下限としているのは、初位が官人の末端でありながら白丁に類する処遇を持つことに対応すると指摘されている。また渡辺氏は、軍防令33応加転条において、勲七等以下は一転で一等上昇するが、五位比当の勲六等では二転、三位比当の勲二等では三転と規定されていることから、位階における五位・三位と同様に溝が設けられていたことを指摘された。加えて選叙令2内外五位条義解に「六等以上為二勅授一、十二等以上為二奏授一」とあることなど、授与の手続も比当位階に対応している。このように勲位は、傍系であるとしても位階と対応する構造を持った、官人制の一部であることをおさえておく必要があろう。[11]

つづいて勲位の特典については、秋山侃氏が「特に利益を得ることはあまりな」く、「大半はアクセサリ的な働きしか果たさなかった」と述べられるように、基本的に位階とは大きな差があったと考えられる[12]。野村氏の論から結論のみ列記すれば、以下の通りである（以下の番号は野村氏論文に対応する）。

①朝服や列立は、無位と同じ黄袍のまま末席に列立する（慶雲三年（七〇六）正月壬辰条）。②蔭位は、大宝令では五位以上で勲位の方が高い場合、すなわち従四位で勲一等、正五位で勲一・二等、従五位で勲一～三等をそれぞれ帯びる者、また六～八位で勲一・二等を帯びる者への適用であり、さらに養老令では対象が四位の勲一・二等、五位の一～四等へと改訂されるなど、基本的に対象範囲が狭い（選叙令38五位以上子条）[13]。③律蔭は、一等～四等（正三位～従四位比当）は四・五位と同等、五・六等（五位比当）は六・七位、七～十二等（正六位～従八位比当）は八位と同等というように、比当位階よりも低い適用であり、また一・二等は議の適用を受けないなどの差異があった（名例律9請条・10減条・11贖条など）。④課役免除は、本人については勲八等以上が課役、九等以下は徭役が免除された。有位者の場合は、八位以上で免課役となるため、比当さ

表1　勲位と位階の比当

勲位	位階
一等	正三位
二等	従三位
三等	正四位
四等	従四位
五等	正五位
六等	従五位
七等	正六位
八等	従六位
九等	正七位
十等	従七位
十一等	正八位
十二等	従八位

れる位階よりも適用が低かったと位置づけられる。[14] また、親族への適用は皆無であった（賦役令19舎人史生条など）。⑤考選法について、勲位は本来得考ではなく考叙の対象外であった。のちに無位帯勲者の続労が成立しても、成選には散位の一・五倍の年数が必要であった（慶雲元年六月己未条）。⑥任用については、勲六等以上は、五位相当官より下に遷任することが可能であるが（選叙令38五位以上子条集解所引起請）、七等以下は、庶人任用を原則とする牧長・牧帳および烽長（厩牧令4牧馬帳条、軍防令69烽長条）、主政・帳、大・少毅などの地方末端に属するもの（軍防令13軍団大毅条、賦役令19舎人史生条古記所引神亀四年（七二七）格）に限られた。[15] ⑦位封・位田・位禄・資人はその形跡が認められず、功封も、勲位単独で存在していたとは考えにくい。以上のように、勲位の特典は全体的に薄いものであった。

ただ渡辺氏は①について、仲麻呂の乱後という特殊な状況下ながらも、神護景雲元年（七六七）三月丙寅条で、比当位階の朝服を着用し、七位でも勲六等を帯していれば五位と同じ牙笏の使用が認められたこと、さらにこれが同三年正月辛未条の「勲六等已上、身有㆓七位㆒而帯㆓職事㆒者、始着㆓当階之色㆒、列㆓於六位之上㆒」という措置へと展開してゆくことなどを指摘され、待遇の差は逐次改正・改善されていったと位置付けられている。

列立に関しては、慶雲三年正月壬辰条に「定㆓大射禄法㆒。（中略）但勲位者不㆑着㆓朝服㆒、立㆓其当位次㆒。」とある。野村説では勲位の待遇の低さを示すものとされるが、この時点で朝服は着用しないものの、無位帯勲者も位階の中での列立が可能とされた点を重視すべきと考える。別稿でも述べたように、日本令における官人列立の在り方は位階中心であり、唐と異なり職事の有無などは関わりない。[16] すなわち、一段低いながら勲位も位階の中で列立するよう定められたことは、明確に律令官人の序列内に位置づけられたことを示す。加えて⑥の任用面では軍事関連が多いものの、地方官人として郡の主政・主帳などへの任官も可能であり、制度上、官人として位置づけられていたとみてよい。

またこうした勲位の特典に関しては、春名宏昭氏が、主に初位・無位の帯勲者の任用に有利に働くものであったことを指摘され、大宝令における勲位が、広い範囲の人間を官人制に取り込む意味を有したと位置付けられている。(17)加えて近年、鞠智城における官衙的建物の成立と叙勲とが連動しつつ、叙勲によって在地社会の人々に天皇からの恩恵を届け、在地社会の秩序構造を変化させたとする古川順大氏の指摘がある。(18)勲位が、律令国家の地方支配の進展と軌を一にして展開するものであったことが窺えよう。

いささか紙数を費やして、先学の成果を中心に勲位制度について概観してきた。先述のように、勲位は武功に基づく特殊な位階である。また野村氏によれば、日本における勲位は唐制による外皮的な整備の一環であり、特典も位階に比して著しく低く置かれたことなどから、九世紀以降にはその姿を消してゆくことになるとされる。しかしそのような中にあっても、八世紀における勲位が地方支配の展開とも対応し、広い範囲の人々を官人制の枠組みに取り込む機能を果たした側面が窺えることは注意される。そこで以下、八世紀の地方における勲位について、官人制における意義を改めて検討したい。

二、地方支配の展開と勲位

勲位に関する初期の史料として、大宝三年（七〇三）八月甲子条が、地方支配と勲位について考える上で注目される。

大宰府請、有㆓勲位㆒者作㆑番直㆓軍団㆒、考満之日、送㆓於式部㆒、一同㆓散位㆒、永預㆓選叙㆒。許㆑之。

ここでは大宰府の申請によって、西海道諸国の帯勲者が軍団に上番して続労し、散位と同様に選に預ることが認められている。勲位は武功に伴うものであり、大宝二年八月丙申条にみえる薩摩・多褹征討など、この時期に軍事行動の

行われた西海道を中心に展開したことが窺える。ただ、本条の後、慶雲元年（七〇四）六月己未条には、

令下諸国勲七等以下身無二官位一者、聴中直二軍団一続労上。上経二三年一、折二当両考一、満之年送二式部一、選同二散位之例一。
其身材強幹、須レ堪二時務一者、国司商量充使之。年限・考第、一准二所任之例一。

とあるように、無位帯勲者の続労が全国的に制度化される契機となってゆく。[19]これ以後地方では、養老六年（七二二）四月丙戌条に蝦夷・隼人の征討による叙勲や、同年閏四月乙丑条には百万町歩開墾計画に伴う叙勲など、叙勲の機会が増加したことが窺える。さらに養老五年の下総国に勲十一等の孔王部猪がみえるなど（一―二一九）、八世紀初頭には東国においても勲位が展開していたとみられる。こうした中、神亀元年（七二四）二月甲午条では聖武の即位に際して、「内外文武職事及五位已上為二父後一者、授二勲一級一。」と、内外職事官全てに対して勲一級が授けられ、この時に郡司であった者も全て帯勲者となったとみられる。[20]郡領は選叙令13郡司条の初叙規定により外八位の位を与えられる存在であったが、それ以外の主政・主帳にとっては、この神亀元年の時点で勲位を得たことにより、初めて郡司退任後も軍毅や烽長、また牧長・帳（軍防令13軍団大毅条、同69烽長条、厩牧令4牧馬長帳条）といった次のポストを目指すことが可能となった。この以前の養老二年四月癸酉条では、「凡主政・主帳（中略）雖レ解二見任一、猶上二国府一、令レ続二其労一。」と、解任後の主政・主帳の続労が定められていたが、勲位という指標を媒介としてより多くの地方豪族を律令官人制の中に取り込んでいったものと評価できる。[21]

その後、天平七年（七三五）五月乙亥条には、

畿内及七道諸国外散位及勲位、始作二定額一、国別有レ差。自余聴二准レ格納レ資続一レ労。

とあるように、諸国での定額員数が定められてゆく。この場合の勲位とは、基本的に無位帯勲者を指すと考えられるが、[22]ここで注意すべきは、地方における無位帯勲者もまた、定額と納資続労が定められている点である。定額の制定

からは、諸国における帯勲者が増加してその員数を制限する必要が生じたことが窺える。また続労も定められていることからは、無位帯勲者が散位と同様に続労する事例が一般的となっていたことが読み取られる。すなわち慶雲元年以来、勲位は地方において労を続ぎ次のポストを目指すという、官人そのものとなっていったものと位置づけられる。

さて勲位の任用について、中央官人化のルートについても確認しておきたい。神亀三年十一月己丑条には「勲九等以下、任二長上官一者免二課役一。」とあり(23)、勲九等以下の者も長上官に任ぜられる可能性があったとみられる。また養老三年十二月庚寅条には、

始以二外六位・内外初位及勲七等子年廿以上一、為二位分資人一、八年一替。又五位已上家、補二事業・防閤・仗身一、自レ是始矣。

と、外位や外位の子、さらに勲七等の子も位分資人に採用される可能性が生まれた。軍防令48帳内条に、「凡帳内、取二六位以下子及庶人一為之。其資人、不レ得レ取二内八位以上子一。唯充二職分一者聴。」とあるように、位分資人は内八位未満の子と庶人からの採用であったが、ここで勲七等の子へも資人となる資格を付与したことは、全面的ではないものの、勲位の子が官人資格を得るためのルートが成立する画期とみられる。なお本条について、勲六等の子の出仕条件は悪化しており、勲位全体としては必ずしも待遇の向上ではないとの指摘もある(24)。しかし勲位の任用は、神亀五年三月甲子条には、「補二事業・位分資人者、（中略）並任二主情願一、通二取散位・勲位・位子及庶人一、簡試後請。」と、事業・位分資人へも拡大している。別稿で論じたように帳内・資人は、貢挙によって内位の獲得も可能な、官人予備軍であると考えられ、神亀五年の措置は帳内・資人を経た、地方帯勲者の中央官人化の拡大と評価できる(25)。すなわち全体的に勲位は、官人制の中で把握・活用するよう企図されているとみてよいと考える。

以上、勲位が律令官人制と直結し、広い範囲の人間を官人制に取り込むために展開したことを確認した。特に、八

世紀前半に行われた勲位制度の一連の改革により、勲位が散位と同様に続労・成選し、また帳内・資人を経て中央官人となることも可能な存在となっていったことが明らかとなった。

三、地方豪族と勲位

渡辺直彦氏によれば、仲麻呂の乱後に行われた叙勲が、内乱・政変と関わる初の叙勲例である。(26) この時には神階勲位も史上初めて行われるなど、(27) 勲位制度の一つの画期であったとみられる。本節ではこの仲麻呂の乱後の叙勲を素材として、地方豪族と律令国家との関係について検討を加えたい。

この時に叙勲に与った地方出身の男性官人のうち、在地とのつながりが窺える人物として、以下を例にみてゆきたい。なお参考に、近い時期の叙位についても示した。

牡鹿嶋足（陸奥）　天平宝字八年（七六四）九月乙巳、従七位上→従四位下
　　　　　　　　　天平神護元年（七六五）正月己亥、授勲二等
漆部伊波（相模）　天平宝字八年十月庚午、外従五位下→従五位下
　　　　　　　　　天平神護元年正月己亥、授勲六等
金刺舎人八麻呂（信濃）　天平神護元年正月己亥、正六位上→外従五位下、授勲六等
藤野別清麻呂（備前）　天平神護元年正月己亥、勲六等（時に従六位上）

まず注意されるのは、この後にそれぞれの国造に任命された者がみえる点である。漆部伊波は神護景雲二年（七六八）二月戊寅に相模宿禰を賜姓されて相模国造に任ぜられている。また同年十二月甲申には牡鹿宿禰から改賜姓され

た道嶋嶋足も陸奥大国造に任ぜられている。この時期の国造については、いずれも実質的には遥任であったとみられ[28]、特異な論功行賞による名誉職的なものであった可能性が高く、国造田が賜与されたか否かも不明である[29]。このように、この時の国造が実質的な地方支配に当たっていた可能性は低いが、ここでこれらの人物について考えてみたい。

漆部伊波は、難波に家地を保有していたことが知られ[30]、京と難波に拠点を持つ遠距離交易者として活動していたとみられる[31]。さらに、伊波地の隣に所在した庄地の買得にあたった鬼室虫麻呂はその後相模大目となってゆくが、この背景にも漆部氏の人脈があった可能性が指摘されているように[32]、中央と相模とを結ぶ活動を展開した相模の豪族であると理解される。

牡鹿嶋足は、神護景雲三年三月辛巳に陸奥国人の改賜姓を願い出ているように、ある程度在地とも接点を持ち続けていた[33]。この時に改賜姓の対象となった陸奥国人は、丈部・春日部・宗何部・靫大伴部・大伴部・吉弥侯部など、律令国家の積極的な蝦夷政策によって叙位された新興階層と考えられる[34]。またこの牡鹿宿禰は、嶋足の出仕によって官人として勢力を拡大した氏族であり、律令国家との接点によって在地の権力が形成される事情の一端を示す事例ともされる[35]。すなわち牡鹿嶋足は、中央官人となることで在地における権威をも確立し、地方と中央とのパイプ役を担ったものと理解できよう。

類例として、叙勲には与っていないが、天平宝字八年十月庚午に正六位上から外従五位下に叙された、丈部不破麻呂を挙げたい。不破麻呂は、神護景雲元年十二月壬午に武蔵宿禰を賜姓され、同月甲申に武蔵国造に任ぜられた。この氏族では、武蔵国足立郡の采女である武蔵宿禰家刀自（宝亀元年（七七〇）十月己丑条）、同郡大領兼武蔵国造の武蔵宿禰弟総（『類聚国史』巻十九、国造、延暦十四年（七九五）十二月戊寅条）などの、不破麻呂の近親者とみられる人物が散見し、不破麻呂の国造任命を契機として勢力を伸ばした新興の豪族であると推察される[36]。

なお国造ではないが、金刺舎人八麻呂は『類聚三代格』巻十八、国飼并牧馬牛事、弘仁三年（八一二）十二月八日太政官符所引、神護景雲二年正月二十八日格に、「信濃国牧主当伊那郡大領外従五位下勲六等金刺舎人八麿」とみえ、地方支配の現場にある人間であった。またここでは、八麻呂の解を受けた内厩寮解が太政官に提出されたことがみえるが、内厩寮は天平神護元年二月に設置された、天皇周辺の武備・儀容整備の充実を目指した令外官司である。(37) 八麻呂が、天皇と直結した郡領・牧主当として、在地の支配を請け負っている側面が指摘できよう。また、藤野別清麻呂が、備前国藤野郡人として同郡大領である藤野別子麻呂ら十二名とともに吉備藤野和気真人を賜姓されていることも、(38) この時の叙勲が地方の勢力と無関係でないことを示していよう。

このように称徳朝における地方豪族の、中央での位階・勲位の獲得や国造への補任が在地での権勢確立につながり、さらには地方への利益還元にも繋がる場合があったことが指摘できる。この時の国造任命について長谷部将司氏は、天皇による国土の支配理念を律令とは異なる形で象徴するため、名目的でも「一国之内長」である国造たちを、称徳が自らの下に近侍させたものと指摘されている。(39) 称徳の近臣であったと目される藤野清麻呂の存在などに鑑みても、この時の叙位や叙勲が称徳との君臣関係に基づくものである可能性は高いが、それらがあくまで地方支配とも同期して展開していることが指摘できる。

ただしその一方、渡辺直彦氏の整理によって、称徳朝の叙勲は恪勤の者や女官も対象となっていること、(40) 武功顕著な者を除いて勲三等以上は公卿で占められていることが明らかにされている。(41) 軍功以外によっても勲位が与えられていることは、勲位が本来の在り方から逸脱しつつあったことを示し、公卿への高勲の偏りがあることは、中央の官人にとっては勲位の特典はほぼ意味を有さず、位階の付属品程度の意義しか持たなくなっていったことを推測させる。前述の地方豪族に対しても、勲位だけではなく位階も与えられており、勲位単独では大きな意味を持たなかったことを示そう。すなわち称徳朝の勲位は、称徳との君臣関係を表すものとしての権威は有した一方、官人制の中で本来有した意義や機能は失われつつあったといえよう。

このように仲麻呂の乱後の勲位が、称徳との君臣関係の下で意味を持ったものとみた場合、そもそも地方における勲位とはどのような存在だったのであろうか。八世紀の帯勲郡司を手がかりに考えたい。特に、郡司の構成が比較的明らかな地域の多い、天平年間（七二九―七四九）の前半からみてゆくこととする。

表2に整理したように、当該期の帯勲郡司の多くが帯びている勲位が最低位の十二等である。これは森公章氏も指摘されているように、前述の神亀元年（七二四）の叙勲によって勲位を獲得したためとみられる。(42) 裏を返せば、その以前に郡司が勲位を帯びていた事例は少ないと考えられる。また、「同時期の他の郡司」欄にはその他の郡司の状況を記したが、和泉国日根郡、伊賀国名張郡、尾張国中嶋・海部・春部郡、加賀国江沼・加賀郡、出雲国意宇・嶋根・秋鹿・楯縫・神門・飯石・大原郡、隠岐国隠地郡、薩摩国出水・薩摩・阿多郡といった地域では帯勲者と非帯勲者が混在している様子を見て取ることができる。尾張や出雲について須原祥二氏が検討されているように、帯勲と非帯勲の混在は郡司の短期間での交代によるものであるとみられ、(43) 神亀元年の叙勲以降に新たに郡司となった者に対する叙勲が、積極的には行われなかったことが窺える。その他の地域でも同様の状況が散見することからすれば、かかる傾向はおよそ全国的なものとみることができる。

また尾張国では、譜第の郡領である尾張宿禰の帯勲者はみえず、(44) 出雲国嶋根郡では、非帯勲者はこの地域の有力氏族である社部臣・社部石臣・出雲臣である。(45) 郡司の任用に国造や譜第が優先されることは改めて述べるまでもないが、そこには勲位の有無は関わらない。前節でも触れたように、勲位は郡司退任後に軍毅などのポストに就くために必要な要件ではあったが、郡司そのものに就任するための要件ではなかった点が改めて指摘できよう。すなわち叙勲など

表２　天平年間の帯勲郡司

国	郡	和暦年月	官職	名	位階	勲位	出典	同時期の他の郡司
和泉	大鳥	天平２・９	大領	日下部首名麻呂	従七位下	勲十二等	和泉監知識経	天平９年の主政は無勲
	日根	天平９	大領	日根造玉纏	外正七位上	勲十二等	大 2-93～96	少領・擬主帳は無勲
伊賀	名張	天平３・２	主帳	夏身金村	外少初位上	勲十二等	大 1-428	領は無勲
尾張	中嶋	天平６	少領	甚目多希麻呂	□八位上	勲十二等	大 1-614	大領は無勲
			主政	中島連東人	外大初位上	勲十二等	大 1-614	〃
			主帳	国造族（向京）	外大初位上	勲十二等	大 1-614	〃
			主帳	□□正月	外大初位上	勲十二等	大 1-614	〃
			主帳	他田弓張	外少初位下	勲十二等	大 1-614	〃
	海部	天平６	主帳	額田部（病）	外大初位上	勲十二等	大 1-613	他に無勲の主帳１名あり
			主帳	爪工連（病）	外少初位上	勲十二等	大 1-613	〃
	春部	天平２・９	主政	尾張連石弓	外大初位上	勲十二等	大 1-415	大領・少領は無勲
			主帳	三宅連	外大初位上	勲十二等	大 1-415	〃
			主帳	語部有島	外少初位下	勲十二等	大 1-415	〃
	智多	天平６	少領	和邇部臣若麻呂	外従八位上	勲十二等	大 1-619	大領不明
			主帳	伊福部大麻呂	外少初位上	勲十二等	大 1-619	〃
越前	敦賀	天平３	少領	角鹿直綱手	外従八位上	勲十二等	大 1-430	不明
		天平５	少領	角鹿直綱手	外従八位上	勲十二等	大 1-468	不明
	丹生	天平３	少領	佐味君浪麻呂	外正八位下	勲十二等	大 1-432	大領不明
			主政	矢原連与佐弥	外従八位上	勲十二等	大 1-432	〃
			主政	生江臣積多	外大初位下	勲十二等	大 1-432	〃
			主帳	坂本連宿奈麻呂	外少初位上	勲十二等	大 1-432	〃
		天平５	大領	佐味君浪麻呂	外従七位下	勲十二等	大 1-469	不明
	大野	天平３	大領	生江臣金弓	外従七位上	勲十二等	大 1-433	不明
			少領	阿須波臣真虫	外正八位下	勲十二等	大 1-433	〃
			主帳	山君大父	外少初位上	勲十二等	大 1-433	〃
	坂井	天平３	少領	海直大食	外正八位下	勲十二等	大 1-435	大領は無勲
		天平５	少領	海直大食	外正八位下	勲十二等	大 1-471	大領不明、主政は無勲
			擬主帳	宍人臣	外大初位上	勲十一等	大 6-603	〃
加賀	江沼	天平３	主政	膳長屋	外従八位上	勲十二等	大 1-437	大・少領不明、主帳無勲
			主政	江沼臣大海	外大初位下	勲十二等	大 1-437	〃
			主政	江沼臣入鹿	外少初位上	勲十二等	大 1-437	〃
		天平５	大領	江沼臣武良士	正八位下	勲十二等	大 1-472	不明
	加賀	天平３	大領	道君	外正八位下	勲十二等	大 1-438	無勲の主政・主帳各１名あり
			主政	大私造上麻呂	外従八位下	勲十二等	大 1-439	〃
			主帳	道君安麻呂	外少初位上	勲十二等	大 1-439	〃
出雲	意宇	天平５・２	大領	出雲臣広島	外正六位上	勲十二等	風土記	無勲の主帳あり
			少領	出雲臣	従七位上	勲十二等	風土記	〃
		天平５・８	大領	出雲臣広島	外正六位上	勲十二等	大 1-593	不明
	嶋根	天平５・２	主政	蝮朝臣	従六位下	勲十二等	風土記	大・少領、主帳は無勲
	秋鹿	天平５・２	大領	刑部臣	外正八位下	勲十二等	風土記	権任少領は無勲
			主帳	日下部臣	外従八位下	勲十二等	風土記	〃
	楯縫	天平５・２	大領	出雲臣大田	外従七位下	勲十二等	風土記	主帳は無勲
			少領	高善史	外正六位下	勲十二等	風土記	〃
	神門	天平５・２	大領	神門臣	外従七位上	勲十二等	風土記	主帳は無勲
			擬少領	刑部臣	外初位下	勲十二等	風土記	〃
			主政	吉備部臣	外従八位下	勲十二等	風土記	〃
	飯石	天平５・２	大領	大私造	外正八位下	勲十二等	風土記	少領・主帳は無勲
	大原	天平５・２	大領	勝部臣虫麻呂	正六位上	勲十二等	風土記	少領・主政は無勲

隠岐	知夫	天平５	大領	海部諸石	外従八位上	勲十二等	大 1-455	不明
			主帳	服部在馬	外大初位上	勲十二等	大 1-455	〃
	海部	天平１	少領	海部直大伴	外従八位上	勲十二等	大 1-389	不明
			主帳	日下部保智萬侶	外少初位上	勲十二等	大 1-389	〃
	周知	天平５	大領	大私直真継	外正八位上	勲十二等	大 1-458	不明
	隠地	天平５	少領	磯部直萬得	外従八位下	勲十二等	大 1-460	大領は無勲
備中	賀夜	天平６	大領	下道朝臣人主	従六位上	勲十二等	風土記逸文	不明
			少領	薗臣五百国	従七位下	勲十二等	風土記逸文	〃
	下道	天平６	大領	下道朝臣人主	従六位上	勲十二等	風土記逸文	不明
			少領	薗臣五百国	従七位下	勲十二等	風土記逸文	〃
豊後	日高	天平９	大領	日下部連吉島	外正七位上	勲十二等	大 2-40	不明
			少領	日下部君大国	外従七位上	勲十二等	大 2-40	〃
			主政	日下部君（死）	外少初位上	勲十二等	大 2-40	〃
	球珠	天平９	領	国前臣龍麿	外従八位下	勲九等	大 2-46	不明
			主帳	生部宮立	外少初位下	勲十等	大 2-46	〃
肥後	飽田	天平３	主政	建部君馬都	大初位下	勲十二等	平城宮 1-300	不明
大隅	始羅	天平１・７	少領	加志君和多利	外従七位下	勲七等	続紀	不明
薩摩	出水	天平８	大領	肥君（病）	外正六位下	勲七等	大 2-20	無勲の主帳あり
			少領	五百木部（死）	外従八位下	勲七等	大 2-20	〃
			主政	大伴部足床	外少初位上	勲十等	大 2-20	〃
	薩摩	天平８	少領	前君乎佐	外正七位下	勲八等	大 2-18	大領・主政は無勲
			主帳	肥君広龍	外少初位上	勲十二等	大 2-18	〃
			主帳	曽県主麻多	外少初位下	勲十等	大 2-19	〃
	阿多	天平８	少領	薩麻君鷹白	外従八位下	勲十等	大 2-20	大領不明、主政２名無勲
			主政	加士伎県主都麻理	外少初位上	勲十等	大 2-20	〃

注１）出典表記は以下の略称を用いたものがある。「大」…大日本古文書、「平城宮」…平城宮木簡

注２）和泉監知識経は、堺市博物館『没 1250 年記念特別展　行基―生涯・事跡と菩薩信仰―』（1998 年）の写真版によった。なお原本は天理図書館所蔵。

注３）本表作成にあたっては、本文註 43 森氏報告書を参照した。

を契機として地方での権勢を確立する称徳朝のような事例もみられるものの、一般的には勲位は、地方社会の構造に根本的な変革を迫るような影響を与えたものではなかったと考えられる。(46)

ただし郡司への任用という点からすれば、選叙令13郡司条に「大領外従八位上、少領外従八位下叙之」と、郡司に任用されてからの初叙が規定されているように、位階もまた任用の要件ではない。そこで次節では、位階との対比から勲位衰退の事情について検討し、地方における官人制のあり方について考えてみたい。

四、地方における勲位の衰退と位階

第二節でみたように、勲位は地方の人間を律令官人制に取り込む機能を有した。しかし九世紀以降には、勲位は次第に姿を消してゆくこととなる。蝦夷との交戦の続いた東北では、十世紀頃まで勲位が残るが、『類聚国史』巻百九十、俘囚、承和五年（八三八）十一月丁卯条では、

又外従六位下宇漢米公毛志外□五位下。以㆘曽経㆓征戦㆒有㆗勲功㆖也。

と、歴戦の勲功に対して、叙勲ではなく叙位が行われているように、勲位の存在は九世紀初頭には薄れつつあった。

勲位衰退の理由について野村忠夫氏は、外皮的な制度整備や特典の薄さという問題のほか、叙勲が在地の新勢力成長に結びつかなかったために、次第に農民の帯勲が姿を消すことになったと述べられている。また春名宏昭氏は、勲位の蔭の適用範囲が大宝～養老令の間に著しく狭められることについて、大宝令で構築された、勲位によって末端の官人まで把握するシステムを、養老令では放棄して特権階級を限定したものと評価される。(47)氏は、勲位の意義は上級官人には積極的に認められないが、下級官人には大きな意味を持ったとされるが、現実の下級官人にとって勲位がど

の程度の意味を有したかについては検討の余地も残る。そこで以下、勲位に対する需要という視点について検討してみたい。

後宮職員令16朝参行立次第条には、

凡内親王女王及内命婦、朝参行立次第者、各従二本位一。其外命婦、准二夫位次一。若諸王以上、娶二臣家一為レ妻者、不レ在二此例一。

と、女官らの朝参時の列立順が規定されている。この「外命婦」は五位以上官人の妻が該当するが、義解は、「謂、其勲位妻者、不レ預二此色一。凡令内、称二五位以上一者、勲位者非也。」と、五位に比当する勲六等の妻は外命婦になる資格は与えられていないと述べている。第一節でみた勲位の特典のうち、②蔭位や③律蔭については位階よりも適用範囲が狭く、また④課役免除については親族への適用は皆無であることも踏まえれば、勲位の特典は著しく帯勲者本人に限定されたものであったと指摘できよう。

なお軍防令33応加転条には、「如父子身亡、毎二一転一賜二田両町一。其六位以下及勲位、加三至一等一外、有二余勲一者、聴二廻授一。不レ在二賜レ田之限一。」とあり、軍防令34得勲条でも「凡勲人得レ勲、後身亡者、其勲依レ例加授。若戸絶無二人承レ貫者停。」と戸が続く範囲では勲を加え授けることが規定されている。このことからすれば、勲位の特典も必ずしも個人に限定されたものではない。ただし六位以下と無位の帯勲者については「不レ在二賜レ田之限一。」とあるように、勲が廻授されても賜田などは伝えられず、基本的には周囲への特典は薄いものと評価できる。

これに対し、位階はどのように受容されたのか確認したい。延暦四年（七八五）十二月辛未条には、

近江国人従七位下勝首益麿、起二去二月一迄二十月一、所レ進役夫惣三万六千余人、以二私粮一給レ之。以レ労授二外従五位下一。而譲二其父真公一。有レ勅許レ之。

と、近江国人である勝益麿が、長岡京造営における役夫供出・扶養の労によって得た外従五位下の位を即座に父親に譲ったとの記事がみえる。このことは、役夫などの供出による位階獲得が、個人の指向ではなく一族や直系親族などの中央官制における昇進をめざしたものと位置付けられる。(48) そもそも位階制と氏族秩序は密接な関係を有するが、(49) このことに鑑みれば、位階獲得のメリットは、有位者本人のみならずその周辺にも恩恵が広く行き渡ることにあったとみられる。このような在り方は、『日本三代実録』元慶七年（八八三）十二月二十五日丁巳条に、「頃年多有二譲レ職之輩一。父子之間、下二宣旨一以裁許。自余親疎、待二国解一而処分。貞観十七年格、雖レ云二父子一自レ非二国解一、不レ聴二相譲一。自レ尓以来、依二託此格一、毎年相譲。本欲レ遏二巧偽之濫一、還為二申請之媒一。遂使下二調徭役民一、頓昇二八位之級一、外散位輩、多満中諸国之中上」と、郡司職の譲与とそれに伴う位階の獲得が問題視されているように、九世紀末においても同様であったとみられる。

　こうした点を踏まえれば、勲位は官人化して官職や位階を得る契機となるものではあるが、原則的には軍功を有功者本人の一身に対して表彰するものであり、この点が位階との大きな違いであると位置づけられる。そしてこうした中、『類聚三代格』巻十八、健児事、延暦十六年十一月二十九日官符において、勲位の扱いに大きな変化がみられる。

　太政官符

　　応三勲位人差二健児一事〈除二大宰陸奥出羽佐渡等府国一也〉

　右、得二美濃国解一偁、被二太政官去六月十一日符一偁、外散位者、便令レ直レ国、駈二使雑事一、量二事閑繁一、令レ申二其数一。余令三贖労物送二京庫一者。而有二勲位一人者、身雖二強壮一、或乏二家資一、無レ由二贖労一。望請、停レ差二白丁一、差二勲位人一、結番上下、以預二考帳一。謹請二官裁一者。被二大納言従三位神王宣一偁、奉レ勅、依レ請。諸国亦准レ此行レ之。

　　延暦十六年十一月廿九日

ここでは白丁に代えて勲位人を健児に充て、「結番上下、以預二考帳一。」とある。すなわち上番して考に与る[50]という点で、官人としての把握が継続していたものとみられる。しかしここで注意したいのは、本官符において外散位が「令レ直レ国、駈二使雑事一」という雑任に相当する存在[51]であるのと対照的に、勲位人は「身雖二強壮一、或乏二家資一、無レ由二贖労一。」と、納資続労できない場合には健児に充てる、とみえる点である。第二節でみたように、八世紀前半の段階では、地方における勲位は散位と同様に、官人の一端として位置づけられた存在であったが、この延暦十六年の官符をみる限り、勲位人は外散位とは明らかに異質な存在となっていた様子が窺える。

ところで陸奥国では、弘仁六年（八一五）八月二十三日に帯勲者を健士として活用することが制されており（『類聚三代格』巻十八、軍毅兵士鎮兵事）、その後、承和十年（八四三）に「健士元勲位人也。既脱二調庸一亦無二課役一（中略）而勲位悉尽、無レ人二充行一」（『続日本後紀』同年四月丁丑条）と、勲位人の不足が問題視されている。このように、軍事行動が契機的に行われた東北では、九世紀前半でも比較的勲位人の存在が重視されていたことが指摘できる。また、こうした戦乱と関わって、延暦九年十月辛亥条にみえる四八四〇余人に及ぶ叙勲など、八世紀末から九世紀初頭における帯勲者の増加があったとみられる[52]。本質的に武勲に基づく武位という、勲位の性格とも対応しよう。ただし弘仁六年格では、勲位は「唯屡経二戦場一、被レ霑二勲叙一。若同二白丁一、何以励レ後」とされるように、官人としての性格はすでに希薄である。そこで九世紀初頭の陸奥国以外における、勲位の動向についてみてみたい。この時期には東国における帯勲者の増加が顕著であったとみられ、『日本後紀』延暦二十四年二月乙巳条では、

相摸国言、頃年差二鎮兵三百五十人一、戍二陸奥出羽両国一。而今徭丁乏少、勲位多レ数。伏請、中二分鎮兵一、一分差二勲位一、一分差二白丁一。許レ之。

と、相模から陸奥・出羽へ派遣する鎮兵に充てる徭丁の数が不足しているため、多数いる「勲位」を一部差発するこ

とが要求されている。この上申は、当時の相模国において、勲位人が相当数存在したことを示すが、注意されるのは勲位人を徭丁に代えて差発しようとしている点である。徭丁は、近い時期の事例では『類聚三代格』巻六、公粮事、弘仁十三年閏九月二十日官符にみえるように、雑徭によって差発される労働力である[53]。同官符から徭丁の種類をみると、

（国）四度使雑掌廝丁、大帳税帳所書手、造国料紙丁、造筆丁、造函并札丁、造年料器仗長、国駈使、収納穀類正倉官舎院守、採黒葛丁、事力。

（郡）郡書生、案主、鎰取、税長、徴税丁、調長、服長、庸長、庸米長、駈使、厨長、駈使、器作、造紙丁、採松丁、炭焼、採藁丁、蒭丁、駅伝使舗設丁、伝馬長。

など[54]、「造年料器仗長」や「郡書生」などの雑任クラスも一部みられるが、多くは「丁」として生産や造営・物品調達に関わる労働力である。すなわちこの時期の地方における無位帯勲者は、官人としてよりもむしろ白丁労働力に近い存在として差発されるものであった[55]。

このように九世紀以降の勲位は、徭丁の代わりに差発されるような、官人とは遠い存在へと転換していったと考えられる[56]。その一方で位階を有する外散位は、勲位とは対照的に、九世紀以降も雑任など、官人としての把握・活用が継続してゆくことが、改めて確認できる。

おわりに

地方における勲位は、主政・主帳や軍毅、烽長などへ任用されるための要件の一つでもあった。また、八世紀初頭

には続労も可能とされ、さらに神亀元年（七二四）には内外職事官への一斉叙勲が行われたことにより、全国規模で地方豪族を律令官人制に取り込む機能を果たした。律令国家は、位階を中心として中央・地方の豪族を官人として序列化してゆくが、勲位もこれと同様の意義をもって展開したと考えられる。加えて称徳朝では、勲位の獲得が地方豪族にとって在地での権勢確立にもつながる場合があったともみられる。ただし称徳朝には官人制における勲位本来の機能は失われつつあり、また特典が本人に限定される側面が強いことなどから、地方における勲位の需要は、次第にその存在意義を低下させていったとみられる。こうした背景により、九世紀には官人としての性格は薄れていったと考えられる。これに対して位階は、その恩恵が一族にも厚く及ぶなどのメリットがあった。このような中で八世紀以来、勲位よりも位階に対する需要が高く存在したとみられる。

ただその後、『類聚三代格』巻十七、募賞事、貞観十七年（八七五）八月二十二日官符には少し異なった様子がみえる。ここでは、承和十一年（八四四）三月一日官符によって隠田・絶戸田を申告した人への褒賞として叙位・給物を定めたものの、「民求二眼前之利一、忘二位階之貴一」という事態を迎え、褒賞を地子の減免へ切り替えたとある。当該格は右京職解を得てのもので、延喜京職格に収められたものであるが、このことからすれば、九世紀後半の京周辺において、位階獲得の需要は低くなっていた可能性が高い。すなわち九世紀後半には、位階も国・郡の雑任や郡司など、特に何らかの形で官職に連なる人々にとってのみメリットを有する存在になっていったと推定される。

位階の獲得は官職の獲得へ繋がり、官職の獲得もまた位階へと繋がる。地方社会における官人制の展開にはかかるサイクルが大きな意味を有していたとみられるが、本来的に軍功に伴い、叙勲の機会も少ない勲位は、かかるサイクルからは遠い位置にあった。こうした背景の中で勲位は衰退し、その後の地方社会においては、官職と結びつきながら位階が残ってゆくものと見通すことができよう。

注

（1）中村順昭「序章」（『律令官人制と地域社会』吉川弘文館、二〇〇八年）。

（2）梅村喬「古代官職制と「職」」（『「職」成立過程の研究—官職制の外縁』（校倉書房、二〇一一年）。なお、同「日本古代・中世史上の画期について—「職」から見た—」（『歴史の理論と教育』一四〇・一四一、二〇一三年）も参照されたい。

（3）拙稿「大宝令制下の外散位について」（『ヒストリア』二三四、二〇一二年）。

（4）拙稿「平安初期の散位—『延喜式』における位置づけを中心として—」（『延喜式研究』二九、二〇一三年）。

（5）中村順昭「地方社会における位階」（中村氏前掲注（1）書。初出二〇〇二年）。

（6）大宝元（七〇一）年三月甲午条に「始依二新令一、改二制官名・位号一、（中略）勲位始二正冠正三位一、終二追冠従八位下階一、合十二等。」とみえる。なお『日本書紀』天武元年（六七三）十二月辛酉条には「選下諸有二功勲一者上、増二加冠位一。仍賜二小山位以上一各有レ差」と、壬申の乱での有功者には冠位が与えられている。

（7）陸奥国では、『日本三代実録』貞観七年（八六五）五月十六日丙申条に「授二陸奥国俘囚外従八位下伴部建麻呂外従五位下勲五等一」とあるように、九世紀後半でも勲位が与えられた例が見える。

（8）秋山侃「奈良時代における「勲位」の実態について」（『続日本紀研究』八—七、一九六一年）。

（9）野村忠夫「律令勲位制の基本問題—その性格と機能とを中心に—」（『律令官人制の研究』増訂版、吉川弘文館、一九七八年。初出一九六六年。以下、野村氏の論はこれによる）、渡辺直彦「律令官人勲位制の研究」（『日本古代官位制度の基礎的考察』吉川弘文館、一九七二年）。渡辺氏には「上代勲位小考」（『歴史教育』九—六・七、一九六一年）もあるが、以下特に記さない限りは、渡辺氏の論は「律令官人勲位制の研究」によるものとする。

（10）比当とは、野村氏や渡辺氏によれば、位階を基本系列とする官人序列に勲位を対応させた、相対的な関係であるとされる。

（11）転は、叙勲の基準となる勲功の単位で、軍防令33応加転条義解によれば「謂、転是不定之意也。仮令、元年行軍、十級為二一転一、二年行軍、五級為二一転一之類、依三其無二定例一故、云レ之為レ転也。」とある。

（12）秋山氏前掲注（8）論文。

（13）春名宏昭氏は、『令集解』選叙令38条古記から、一～三位の官人にとっては表1のように、四・五位では勲一等が正四位相当、六～八位では正五位相当、初位・無位では正六位相当となっていたと整理される（「勲位の蔭について」、『日本歴史』

五六四、一九九五年）。この他、勲位の蔭の適用については、鎌田元一「帯勲者に対する蔭位適用法について」（『律令国家史の研究』塙書房、二〇〇八年。初出一九八六年）もある。

(14) ただし、賦役令19舎人史生条古記所引の神亀四年（七二七）正月二十六日格により、勲九等以下も主政・主帳・軍毅となれば免課役となるよう制された。

(15) なお官職とはやや異なるが、戸令4置坊令条穴記によれば、「牧長烽長等、取二郡内散位勲位一。然則坊令亦取二勲位一無レ妨。但勲六等以上、与二七位一同、不レ可二任用一也。」とあり、七等以下を坊令に充てることも可能であったらしい。

(16) 拙稿「日唐における「散位」と「散官」」（『東方学』一二一、二〇一一年）。

(17) 春名氏前掲注（13）論文。

(18) 古川順大「鞠智城が肥後在地社会に与えた影響」（『鞠智城と古代社会』一、二〇一三年）。

(19) なお本条で勲六等以上が除外されているのは、官位令での比当位が五位以上のためとみられ、无位の勲六等以上は内散位として続労したことになる（青木和夫・稲岡耕二・笹山晴生・白藤禮幸校注『新日本古典文学大系　続日本紀　一』岩波書店、一九八九年。七九頁の注一八）。ただ、宝亀二年（七七一）五月戊申条に「近衛勲六等薬師寺奴百足、賜二姓三嶋部一」といった例はあるものの、无位で勲六等以上を帯する事例は稀であったとみられ、勲七等以下で无位の者の扱いを定めるのが現実的な課題だったと考える。

(20) 須原祥二「八世紀の郡司制度と在地―その運用実態をめぐって―」（『古代地方制度形成過程の研究』吉川弘文館、二〇一一年。初出一九九六年）。他田日奉神護解（三―一五〇）にみえる、歴代の郡司に任用された海上国造の中で、神護の兄で「奈良朝庭」の大領であった国足のみが勲十二等を帯びていることなどが、具体例として挙げられよう。

(21) 前掲注（3）拙稿。

(22) 時代は下るが、『続日本後紀』承和七年（八四〇）十二月己巳条に「武蔵国加美郡人散位正七位上勲七等檜前舎人直由加麿」とあって、有位者は原則として散位として把握されたとみられる。

(23) 『令集解』賦役令19舎人史生条古記にもみえる。

(24) 春名氏前掲注（13）論文。

(25) 選叙令16帳内資人条に、「凡帳内・資人等、才堪二文武貢人一者、亦聴二貢挙一。得レ第者於二内位一叙、不レ第者、各還二本主一。」とある。これについては拙稿「奈良時代の下級官人把握―散位を通じて―」（『国史学』二一三、二〇一四年）。また、平城京二条大路濠状遺構（北）ＳＤ五三〇〇出土の、藤原麻呂の資人として勤務した中宮職舎人を列挙した木簡の中に、大宰府部内出身とみられる「豊国広虫」がみえ（『平城京木簡』三―四五一三）、西海道における叙勲が官途の道を開いたとの指摘もある（新川登亀男「豊国氏の歴史と文化」、同編『西海と南島の生活・文化』名著出版、一九九五年）。

（26）長屋王の変時に動員された百姓は免雑徭が、密告者には叙位がそれぞれ褒賞として行われ（天平元年二月壬午条）、広嗣の乱では加階（天平十三年閏三月乙卯条）、奈良麻呂の乱でも位階の授与がなされている（天平宝字元年七月辛亥条）。

（27）渡辺直彦「神階勲位の研究」（渡辺氏前掲注（9）書。初出一九六八年）。

（28）植松考穆「大化改新以後の国造に就て」（早稲田大学史学会編『浮田和民博士紀念史学論文集』六甲書房、一九四三年）、高嶋弘志「律令新国造についての一試論」（佐伯有清編『日本古代史論考』吉川弘文館、一九八〇年）。

（29）篠川賢「律令制下の国造」（『日本古代国造制の研究』吉川弘文館、一九九六年。初出一九八五年）。

（30）「摂津国家地売買公験案」（『大日本古文書』家わけ第十八、東南院文書之三、一四頁）。

（31）栄原永遠男「日本古代の遠距離交易について」（『奈良時代流通経済史の研究』塙書房、一九九二年。初出一九七六年）。

（32）大谷治孝「「摂津国家地売買公験案」の基礎的研究」（『ヒストリア』八二、一九七九年）。

（33）植松氏前掲注（28）論文など。

（34）熊谷公男「古代東北の豪族」（須藤隆・坪井清足・今泉隆雄編『新版古代の日本9　東北・北海道』角川書店、一九九二年）。

（35）井上光貞「陸奥の族長、道嶋宿禰について」（『井上光貞著作集第一巻　日本古代国家の研究』岩波書店、一九八五年。初出一九五六年）。伊藤玄三「道嶋宿禰一族についての一考察」（高橋富雄編『東北古代史の研究』吉川弘文館、一九八六年）。

（36）森田悌「武蔵国足立郡と丈部直」（『地方史研究』三九―五、一九八九年）。

（37）内厩寮については、亀田隆之「内厩寮」（『日本古代制度史論』吉川弘文館、一九八〇年。初出一九五八年）、吉川敏子「古代国家における馬の利用と牧の変遷」（『史林』七四―四、一九九一年）、山口英男「八・九世紀の牧について」（『史学雑誌』九五―一、一九八六年）などがある。

（38）天平神護元年正月三月甲辰条。

（39）長谷部将司「地方出身氏族と「国造」」（『日本古代の地方出身氏族』岩田書院、二〇〇四年）。

（40）恪勤については、中臣清麻呂が「恪勤功」により、仲麻呂の乱翌日に従四位上より正四位下に叙され、延暦七年（七八八）七月癸酉条の薨伝に「歴居二顕要一、見称二勤恪《ママ》一」神護元年、仲満平後、加勲四等」とあることなどから、恪勤によって叙勲されたものとされる。女官についても、乱勃発直後から計十五名の叙勲がみられ、女帝への近侍供奉・恪勤の功によるものとされている。

(41) たとえば天平神護元年正月己亥条で勲二等を授けられた十一名のうち、武功によるものは坂上苅田麻呂と牡鹿嶋足の二名ばかりであり、それ以外は正三位白壁王、従三位和気王・山村王、正三位藤原永手・藤原真楯、従三位吉備真備・藤原蔵下麻呂、従四位上日下部子麻呂、従四位下佐伯伊多智である。また同日の勲三等は、従四位下藤原縄麻呂・粟田道麻呂・弓削浄人に授けられている。

(42) 森公章「郡司表(稿)〔第二版〕」(『平安・鎌倉時代の国衙機構と武士の成立に関する基礎的研究』(平成二十一年度～平成二十三年度科学研究費補助金(基盤研究C)研究成果報告書、二〇一二年)。

(43) 須原祥二「八世紀の郡司制度と在地―その運用実態をめぐって―」(『古代地方制度形成過程の研究』吉川弘文館、二〇一一年。初出一九九六年)。

(44) 春部郡主政の尾張連石弓が勲十二等を帯びているのが、尾張国造に連なる一族とみられる唯一の例であるが、神亀元年の叙勲とみられる。

(45) なお、このうちの「社部石臣」について、「神掃石臣」と校訂すべきとの指摘もある(内田律雄『『出雲国風土記』島根郡条の「社部石臣」について」、『古代文化研究』五、一九九七年)。

(46) 野村忠夫氏も、『類聚三代格』巻十八、軍毅兵士鎮兵事、弘仁六年(八一五)八月二十三日官符において、課丁三三二九〇人と勲七等以下五〇六四人のうちから「丁壮家業稍可者」を簡点して兵士とするよう制されていることから、勲位の中に「家業可ならざるもの」が存在したことを想定され、叙勲が在地の新勢力成長には結びつかなかったとされている。

(47) 春名氏前掲注(13)論文。

(48) 拙稿「日本古代の宮都造営の特質」(『日本古代の国家と造営事業』吉川弘文館、二〇一三年)も参照。

(49) 野村忠夫「日本律令の官人法」(『律令政治と官人制』吉川弘文館、一九九三年。初出一九八二年)、前掲註(16)拙稿など。

(50) 考帳については、田原光泰「「考帳」について」(『学習院史学』五二、二〇一四年)も参照されたい。

(51) 九世紀の外散位が雑任に編成されたことについては、中村氏前掲注(5)論文、前掲注(4)拙稿などを参照されたい。

(52) この他、天応元年(七八一)十月辛丑条に、「又軍功人、殊等授二勲六等一等一、勲八等二等、勲九等三等、勲十等四等」といった記事もある。

(53) 吉野秋二「雑徭制の構造と展開」(『日本古代社会編成の研究』塙書房、二〇一〇年。初出二〇〇三年)。

(54) またこの他、臨事に役するものもある。

(55) 『日本後紀』弘仁二年四月甲戌条では、河内国の堤防修理に際して、「散位々子留省之徒」で本司に出仕しないものを雑任として編成する方策が採られているように、位階を基準とする官人予備軍は、原則として雑任としての活用が志向された。

(56) 『日本後紀』延暦二十三年九月癸巳条には「丹波国言、依レ格、差二勲位一衛二護府庫一。而白丁之徭、唯卅日、勲位所レ直、百卌日。有位・白丁、労逸不レ均者。制、宜下以二白丁一為中健児上。」と、九世紀初頭でも丹波では勲位はまだ白丁と区別されている。『延喜式』式部式上242在京勲位条に、「凡在京勲位者、上二下於一レ省、考選・叙法並同二散位之例一。」とあるように、在京帯勲者の官人化の可能性も一応残されていることから、京や畿内周辺ではやや遅くまで勲位が官人に準じる存在として生きていた可能性も考えられる。

異質令集解の成立をめぐる一考察

長谷山　彰

はじめに

現存する『令集解』三十五巻のうちで、巻一（官位令）・巻二十（考課令第三）・巻三十五（公式令第五）の三巻は、他の三十二巻と異なる記載形式をとっており、異質令集解と称されている。

これらについては早くから、『令集解』が欠巻となったため後人が追補したもの、あるいは、本来の『令集解』を取意・節略したものと評価されてきたが、その後、異質令集解は明法家個人の令私記であるとする説や、『令集解』とは別本の令注釈書であったとする新しい見解も示されている。

これらの先行学説をうけて、あらためて異質令集解三巻を読解してみると、異質令集解は『令集解』の欠巻を補完するために作成されたものではなく、むしろ、通常の『令集解』とは別の意図をもって編述された書であることがわかり、異質令集解の内容に検討を加え、その性格を明らかにすることによって、翻って『令集解』編纂の目的や成立の事情を明らかにすることも可能になると気づいた。

以下、異質令集解の性格、編纂の目的、『令集解』との関係について若干の考察を試みたい。

一、異質令集解の特徴について

現存する『令集解』の中で、異質令集解と称される巻一（官位令）・巻二十（考課令第三）・巻三十五（公式令第五）の三巻には、他の三十二巻と異なる記載形式の特徴がある（以下、現存する『令集解』全体に触れる際は、二重カギ括弧をつける。異質令集解及び異質令集解以外の『令集解』各巻に触れる際はその旨を明記するか、巻二十などの巻数で示す。『令集解』の巻数、ページ数は国史大系本による）。

まず第一に、通常の『令集解』が義解説を引用する場合、ほとんどが「謂」と掲記するのに対して、異質令集解では「義云」として掲記すること。

第二に、通常の『令集解』では先行する私記を引用する場合、「釈云」「古記云」「跡云」「穴云」「讃云」などと固有名詞をあげて引用するのが常であるのに対して、異質令集解では「或云」「或説」として固有名詞を示さず掲記していること。

第三に、通常の『令集解』が基本的に義解の体裁に手をつけず、義解の解釈も尊重しているのに対し、異質令集解は必要に応じて義解の文を分断し、時に義解の解釈の当否を論じていることなどである。

また、それ以外では、「師説」の引用や「私案」として注釈を施す例が多くみられることも特徴である。

一例を挙げると、巻二十考課令兵衛条の令文「凡兵衛。立三等考第。恭勤謹慎。宿衛如法。便習弓馬者為上」の次に左の注記が見える（太字は筆者による。以下同様）。

義云。弓馬相須。即得為上。**問**。**或云**。恭勤謹慎。与上条小心謹卓。義同者何。**師同**。**問**。恭勤謹慎。便習弓馬。而宿衛之処。頗有失者。不為上等哉。**師説然也**。**問**。便習弓馬。未知。便字之意何。**或云**。考中好習弓馬。**私案**。便弓馬之意耳。**問**。便習弓馬者。至考時可試哉。又毎年試哉。**師説**。不可然。官司自然検知耳。

ここでは令文の次に「義云」として義解の説を掲げ、次に、問答体の中で、或説（「或云」）を掲げ、「師同」で答える。また問答を続け、「問」に対して、「師説」によって答え、さらに問答体で、「問」に対して或説（「或云」）を掲げ、それに対する「私案」を提示した上で、「師説」をもって答えている。

異質令集解について、つとに瀧川政次郎氏は『令集解』が欠巻となったため、後人が追補したものと想定され[1]、土田直鎮氏は本来の『令集解』の煩雑に堪えず、諸説の一々の名を省き、文章も多少取意・節略してなったものとされた[2]。

その後、早川庄八氏は　異質令集解は、現存する『令集解』とは異なり、令文に義解説と明法家の注釈、そして編者自らの問答などを付記したある明法家個人の令私記であり、おそらく養老令全三十篇を網羅する大部の書であったと推定された[3]。

また、早川氏とほぼ同じ時期に、利光三津夫・斎川眞氏は、異質令集解は平安初期に編纂された『令集解』とは別本の『令』注釈書であり、明法家諸説を類聚した編纂書であるという、新しい見解を提起された[4]。

異質令集解の成立については、瀧川政次郎氏は、後人が後補した時期は、巻一は平安末期、巻二十及び巻三十五はおそらく鎌倉期であろうとされた。したがって、それぞれは別人の手になるものということになる。

これに対して、早川庄八氏は、巻一と巻二十には「師説」の引用があり、また「私案」にしても自説を明確に表現することが多いのに対して、巻三十五には「師説」の引用がなく、「私案」も自説を断定的に述べることは少ないなど、むしろ巻一と巻二十に共通するところがあり、巻三十五が異なっているとされたが、形式上の差異よりも三巻を通じての共通点を重視する立場から、三巻いずれも一人の著した令私記とみなしている。

また、水本浩典氏は、異質令集解に含まれる巻三十五公式令文武職事条文を『政事要略』巻六十九に載せる令集解当該条逸文との比較によって復原すると、その形式は、二行下げで細字双行の部分と、太字一行の部分とを書き分けてあることから、巻一は、太字一行を基本とする異質令集解巻一や他の集解と基本的に書写形式が変わらない異質令集解巻二十と一つに括ることはできないと指摘されている。(5)

結局、記載形式の上から見れば異質令集解三巻にはそれぞれの特徴があり、一括して論じることが難しいということになろう。筆者も三巻がそれぞれ別人によって作成されたと断定することには躊躇を覚えるが、少なくとも巻二十についていえば、先学が指摘する点に加えて、いくつかの点で巻一、巻三十五と異なる形式や内容をもっており、異質令集解三巻のなかでもさらに特異な巻と感じている。いいかえれば、巻二十こそが異質令集解の成立事情をよく物語る史料であるといえるのではないだろうか。

巻二十には、他の二巻との形態上の違いだけではなく、ほかにも注目すべき点がある。それは同巻に引かれる「師説」及び「師」の説の多さである。『令集解』にみえる「師説」については、すでに虎尾俊哉氏が詳細な考証を加えられている。それによれば現行の『令集解』には約六十ほどの「師説」が見えるが、それは、各明法家が自己の師匠を指す意味で「師云」「師同」などとする場合とは異なり、基本的に「令釈」が引用する一つの成書としての明法家私記であり、かつ、その内容は大宝令に関する注釈であるとされる。(6)

ところで、虎尾氏は、異質令集解にみえる「師説」は考察の対象から除外していると思われる。なぜなら、氏は『令集解』には約六十ほどの「師説」が存在するとされるが、管見の限りでは、通常の『令集解』諸巻には七十二例の「師説」を数えることができるし、他方で、異質令集解だけに限定しても、四十四例の「師説」を数えることができるからである。(7) 虎尾氏が異質令集解にみえる「師説」を除外されたのは、これら三巻の体裁が通常の『令集解』のそれと異なっており、注釈書の固有名詞が示されていないために、「師説」がどの私記に引用されているのか、またいずれの時代に著されたものかを明らかにしえないと判断されたからであろう。

しかし、異質令集解にみえる「師説」は異質令集解の成立に関わる重要な特徴を備えている。まず、異質令集解全体では四十四例の「師説」がみられるが、細分すれば、巻一にはわずか九例、巻三十五には一例もみられず、巻二十に三十五例とほとんどが集中していることに注目したい。(8) また、巻二十に「師云」「師同」など、編者ないし各明法家の師匠を指す「師」があり、「師説」はこれらと明らかに区別されているので、異質令集解にみえる「師説」もある明法家による一書をなす私記であるとみなすことができる。

問題は、これが令釈が引用する「師説」とは別のものであった可能性が高いことである。早川庄八氏は異質令集解の特徴をあげるなかで、引用関係の類型からみて、問答形式の注記は三巻の編者自らが為した問答を注記したものであり、そこに引かれる「師説」も「問」を発した人物の師の説であったと考えられている。通常の『令集解』にみえる「師説」は令釈が引用する注釈書であるから、仮にこれを異質令集解が再引用するとしたら、令釈を指すとみられる或説（或云）に引用される形で記載されているはずである。しかし、異質令集解にみえる実例では、引用関係からみて明らかに編者の発した問いに答える形で「師説」が引用されている例がほとんどである。先に掲げた巻二十考課令兵衛条の注釈はその典型である。

さらに早川氏の指摘で重要なのは、質問者もその師も、ともに令義解成立以後の人物であったとみなされていることである。「師説」が義解を引用しているとすれば、その「師説」は令釈、古記以前に成立した大宝令の注釈書である「師説」とは別物といわなければならない。早川氏は特に具体的な根拠を示されていないのでこの二点について、以下に確認しておきたい。

巻二十考課令分番条の令文中、「凡分番者。毎年本司量其行能功過。立三等考第。」とする部分の注記には次のようにみえる。

義云。本司。謂当司次官以上也。所以知者。昇降必当。為次官以上最故也。**或云**。分番者。舎人。史生。伴部。使部。及散位。貢人得第未任職事之類皆是。但兵衛。門部及帳内資人等。下有条也。**問**。上条義云。善悪為行。才芸為能。職事修理為功。公務廃闕為過者。此条亦同哉。**師説**。然也。**問**。分番人徳義有聞等何。或云。分番人不可有善最。**師説**。不可无善。但不付考文耳。

文中の二ヶ所に「師説」がみえるが、ここではまず義解説の後に或説を掲げ、次いで問答体で、まず上条の義解を引き、この条でも同様に考えてよいかどうかを問い、それに対して、「師説」が「然也」と肯定している。発問者と「師説」が共に義解を知っていることにも注意しておきたい。二番目の「師説」の引用では、「分番の人に徳義の聞こえがあった場合はどうするか」と、まず問いを発した上で、或説と「師説」を掲げているが、或説が「分番の人は善最の評価はあるべからず」としているのに対して、「師説」は「善無かるべからず」、則ち、考課令による「善」の評価は行なうとしているので、ここでは、異質令集解巻二十の編者が或説を批判するために「師説」を引用しているとみなすことができる。[9]

また当該条文の「対定。訖具記送省」とする部分ついては、次のような記載が見える。

義云。送式兵二省也。**問**。上条云。京官畿内十月一日。考文申送太政官。外国十一月一日。付朝集使申送者。而此条送省者何。**或云**。先申官。乃送省。**或云**。直送省。何者依本令。本府考訖。録申尚書省案記者〈在軍防令〉。

此令初条。改尚書省未校以前。為省未校以前。又改此条送尚書省者。而改為省。然則本司考訖。主典以上送官。番上送省者何。**師同後説**。**問**。送省日限。同主典以上考文哉。**或云**。然也。何者於造考文日限。无別之故。**問**。下兵衛門部条。亦送考文。放此条耳歟。**師説然也**。

まず義解を引き、続けて「問」を設定し、それに対する答えの形で「或云」「或云」と二つの或説を掲げた上で「師」(「師説」ではない)は後説と同様であるとする。次にまた「問」を発し、或説で「然也」と答え、最後に改めて「問」を発し、それに対して直接「師説然也」と師説を引用する形で答えている。ここでは師説の引用形態と共に「師説」と「師」が区別されていることにも注目しておきたい。

次の例は、編者が二つの学説を併記した上で、師説を以て断案を下している例である。

巻二十考課令増益条の令文「犯罪配流以上」の部分に付された注釈に次のようにみえる。

義云。謂已殺已配者。其縁坐家口。及没官并蠱毒同居等皆是。問。義云。謂已殺已配者。未知。諸国流人断訖言上。未報之間。何処分。(中略)**或云**。流人妻妾入損口之例。但父祖等願従者不可入。何者官判聴故。**或云**。妻妾亦不為損口者。**両説依誰為長**。**師説**。為首流人随其妻妾。是則有司治国乖方之所致也。然則可入損口之例。

ここでは、「問」の形で、流人の妻妾を損口に算入するとみなす「或云」と算入しないとする「或云」の二説を掲げ、「両説依誰為長」と問い、損口に算入するとする「師説」を掲げている。

最後の例は、「私案」と「師説」が対立している例である。

巻二十考課令増益条の「凡国郡以戸口増益。応須進考者」の例としてあげる「走還者」の場合についての注記に次のようにみえる。

義云。謂逃走之人。悔過還帰。(中略)**問**。戸令云。没落外蕃得還。及化外之人帰化者。所在国郡給衣粮。具状発飛駅申奏。化外之人於寛国付貫安置。没落之人依旧貫。无旧貫任於近親付貫者。未知。此等亦為功哉。**或云**。没落之人為功。**或云**。不可為功。此両説誰是誰非。**私案**。没之日不在人力所制。即不為過。落亦不可為過。然則。得還之日亦不可為功。其化外之人寛国付貫亦不可為功。抑何。**師説**。並皆可為功。何者。依此人徳如此可進考之色。自然出来之故。

ここでは戸令に規定する外蕃に没落した人が帰還した場合や、化外の人が帰化した場合に、当該の増益条でいう国郡の戸口増益の功になるのかどうかを問い、第一の「或云」は没落の人の帰還は功になるとし、第二の「或云」は功とならないとしているのに対し、「此両説誰是誰非」かと問い、「私案」は没落は人力の制するところではなく、本人の「過」とするところではないから、それが帰還したからといって戸口増益の功にはならず、化外の人の帰化も同様であると解釈しているのに対し、「師説」は「皆功と為すべし」と「私案」とは反対の解釈を示している。

以上の例によって、異質令集解にみえる「師説」がある明法家の注釈書（「或云」）に引かれる注釈書ではなく、異質令集解編者自身が引用する注釈書であることが確認できたと思う。

次に、異質令集解にみえる「師説」や「私案」が、令義解成立以降のものであることを確認したい。特に「師説」が令義解成立以降の注釈書であるとすれば、令義解成立以前の注釈書である令釈が引用する「師説」とは決定的に異なるわけで、その意味するところは重要である。この点については先に引いた考課令分番条の例で指摘したように、発問者も師説も義解を知っていることをまずあげたい。「私案」が義解を知っていることは次の史料からも確かめられる。

巻二十考課令犯罪付殿条の令文中、「若当年労劇。有異於常者。聴減一殿」の部分について次の注記がある。

義云。謂得中上以上考者。何者。中上以上考。非常人之所得故。是以。唐令加一季禄。即常得中々之人。特得中上。常得中上之人。特得上下之類。故云有異於常也。或云。若去年中上。而今年中々。此不在称労劇之例。**私案。見義解**。問。或云。考中邂逅罪犯既成負殿。念悔勤倍増。異於常之類。此是上条罪。雖成殿情状可矜也。但有別功者。以常法准折耳。而何。**私案。就義解論之**。此説既破也。仍為不用。問。別有可嘉尚者。亦為異於常者何。**私案。乖義解**。又用。

ここには三ヶ所の「私案」がみえるが、最初の「私案」は或説を引用した上で、「私案。見義解。」として、義解によって或説を検討したことを示している。次の「私案」は、問答体のなかで、或説を引き、「私案。就義解論之。此説既破也。仍為不用。」と、義解に照らして或説が成り立たないとの結論を下している。最後の「私案」は問いに直接答える形で、「私案。乖義解。又用」としている。ここでは引用形式からみて「私案」が編者の私案であるとみなしうることと共に、「私案」が義解の説を尊重せず、むしろ義解に反対する説を採用していることが注目される。『令集解』全体では基本的に義解を尊重し、義解の文を解釈したり、義解説の当否を論ずることはまずない(10)。しかし、集解の中でも、令義解成立以後の注釈書では義解の文を解釈し、あるいはこれを批判する傾向が生じていることが指摘されている(11)。

ほかにも、先に掲げた巻二十考課令増益条の「犯罪配流以上」に付された注記の冒頭部分を再度抜き出すと、

義云。謂已殺已配者。其縁坐家口。及没官并蠱毒同居等皆是。問。義云。謂已殺已配者。未知。諸国流人断訖言上。未報之間。何処分。

とあり、ここでも義解の文を掲げた上で、文中の「已殺已配」の意味について設問しているので、義解の解釈を試みていることが知られる。

以上によって、異質令集解における「師説」は、問いを発した編者の師説であり、『令集解』において令釈が引用

する「師説」とは別の註釈書であること、「私案」や「師説」が令義解成立以後の注釈であることが確認できたと考える。

さらに、令釈が引く「師説」が大宝令の注釈であるのとは異なり、異質令集解が引用する「師説」が義解成立以後のものであり、内容も養老令の注釈書であることが次の史料によっても確かめられる。

巻二十考課令増益条冒頭の「凡国郡以戸口増益。応須進考者。若是招慰」とする部分に次の注記がみえる。

義云。不従戸貫。謂蝦夷之類。問。賦役令云。辺遠国有夷人雑類之所。応輸調役者。随事斟量是歟。為当文称招慰。然則是付戸貫。全出調庸之色歟。**師説**。課調役者。可依賦役令。但至于為功者。随其年秩。**依正丁次丁中男法**。准上条定耳也。

ここでの「師説」は課役の法は賦役令によるとした上で、その年秩は「正丁次丁中男法」によるとしている。「中男」は養老令の用語で大宝令では「少丁」である。ちなみに『令集解』の各条文に引く古記説は「中男」の語を用いることはなく、すべて「少丁」の語を用いている。

次に巻二十考課令衛門条の令文「凡衛門々部。立三等考第。正色当門」及び「明於禁察監当之処。能粛奸非者為上。」に付された注に

義云。糺粛精審。无漏失也。問。当門者是執掌之処者。与此文所云監当之処。其別何。私案。无別。（中略）**師説**。**当門**。**謂宮門**。監当所。謂不必門。除門之外所耳。

とある。ここでの「師説」は衛門府の門部の守る「当門」について「宮門」であるとしている。「宮門」は養老令の用語であり、大宝令制では「中門」である。(12)

少ない事例ではあるが、異質令集解に引用される「師説」は養老令に関する注釈書であり、この点からも令釈に引

用される師説とは別の注釈書であったことが確かめられる。

ところで、早川氏は異質令集解にみえる「師」と「師説」を特に区別されていないので、ここでは「師」について別に確かめておきたい。異質令集解が引く実例では「師云」として具体的な学説を引用することはなく、ほとんどが或説を引用した後に「師同」「師依後説」などとして、或説に付記する形で用いられている。先に引いた巻二十考課令分番条の令文中、「対定。訖具記送省」の部分に付された注記から必要部分を抜き出してみると次の如くである。

或云。先申官。乃送省。**或云**。直送省。何者依本令。本府考訖。録申尚書省案記者。〈在軍防令〉。**此令初条**。改尚書省未校以前。為省未校以前。又改此条送尚書省者。而改為省。然則本司考訖。主典以上送官。番上送省者何。**師同後説**。

最初の或説は先に太政官に申した上で式部省に送るとし、後の或説は、唐令を参照しつつ本司の考定が終わった後、主典以上は太政官に送り、番上は式部省に送るとし、編者は「師」は後説と同じであるとしている。引用関係だけからいえば、或説に引かれていた「師」の説を異質令集の編者がそのまま引用したとみることも可能である。しかし、巻二十における「師」の数は一つの巻としては多く、二十数例数えることができる。しかもそのほとんどが、先に述べたように或説の後に引用され、「師同」として、或説を裏付けているから、編者自身が明法家の学説（或云）を吟味する際に、師の説（「師」）や「師説」を参照し、或説の妥当性を確認しているかのようである。なおかつ、巻一と巻三十五には「師」はみられない。また、通常の『令集解』にみえる「師」はほぼ例外なく穴記ないし穴記の問答に「師云」として引かれるか、「在穴」と注記されるもの、ないし穴記の後に割注の形で付記されているものである。(13) 異質令集解において「師」の説を付記する多数の或説（「或云」）が、元の『令集解』においてすべて穴記として引かれていたとは考えられないから、これらの「師」も異質令集解編者の師の説とみなすしかあるまい。

このようにしてみると、もはや異質令集解は通常の『令集解』の欠巻を補うために作成されたとか、取意・節略したものであるとは考えがたいことがわかる。『令集解』が基本的に義解の体裁を尊重し、義解の解釈の当否を論じることもないのに対し、異質令集解が義解の文を分断して配列し、その解釈についても俎上に載せていることも合わせて考えるならば、編者が令文ないし『令義解』、『令集解』ないし各私記（おそらく『令集解』）を手元において、その当時の「師説」、自身の「師」の説を参考にしながら、主体的に自説を示した書であると考えるのが自然である。

但し、異質令集解、特に巻二十は古記、令釈　跡記　穴記など『令義解』撰進以前に成立した私記とはその性格が根本的に違っており、早川氏のように異質令集解を「ある明法家の私記」とみなすことも正確ではないと考える。異質令集解が自説を示す点では、令義解以前の明法家私記と類似しているが、複数の説をあげて解釈を示す形式は『令集解』に類似している。逆に『令集解』が自説を主張することがほとんどないのに対して、巻二十では積極的に自説を主張している。また義解説について論じる点では、令義解成立以降の注釈である伴記などに類似しているが伴記の特徴の一つは自説をほとんど主張しないことである。

要するに、異質令集解は令義解成立以前の明法家私記、令義解成立以後の明法家私記、そして『令集解』のいずれとも完全に一致する特徴をもたないのである。いずれにしても、異質令集解が『令集解』の欠巻を補う目的で作成されたとか、『令集解』の煩雑さに堪えず、取意・節略してなったとする評価が成り立たないことは確かめられたと思う。また異質令集解といっても三巻それぞれに特徴があり、それらを同列に扱うことも適切ではない。巻一、巻二十、巻三十五がそれぞれ異なる記載形式をもつこと、「師」の説が巻二十にしかみられないこと、「師説」のほとんどが巻二十に集中していること、巻二十において自説の主張が顕著であることなどからみて、巻二十は他の巻一、巻三十五と編者が異なるか、編者が同一としても編述の時期と関心、目的を異にする可能性が高いように思われる。

その点も含めて、節を改めて、異質令集解がいつどのような目的で編述されたのかについて論じてみたい。

二、『令集解』の編纂と異質令集解の成立事情

『令集解』については佐藤誠実、瀧川政次郎の両氏が『本朝書籍目録』に「直本撰三十巻」とすることによって惟宗直本を撰者として以来、これが長く通説となっている。(14) 成立時期については『令集解』に引用される格式がすべて弘仁の格式であることなどから、貞観格の成立した貞観十年までに編纂されたと推定されている。また撰述の動機について、瀧川氏は、令義解施行から半世紀を経て、令義解に対する不信感と、当時の法曹が義解の所説に承服せずに、その本源に遡って令意を解釈せんとしたことによるとされた。

その後、井上光貞氏は著者が諸説をかかげつつ、積極的に自説を展開しないことから、この書が客観的には回顧的な注釈大成にすぎないと評価されている。(15)

これに対して、押部佳周氏は、公権的註釈である令義解が格式同様現実の効力をもつ中で、法曹界の主導権を掌握していた惟宗家が義解の解釈が生まれてきた淵源を明らかにし、抽象的かつ訓詁的な義解を補完する必要にせまられて、令義解成立以前の令私記・問答の代表的なものを列記して書巻となした、として瀧川・井上両氏の説に反対された。(16)

さらに、水本浩典氏は、『令集解』編者は、義解の注釈文に収斂するかたちで諸註釈書を類聚しているようには見られない」として『令集解』は「令義解」の後に、披見できた諸註釈書をメモ的に類聚した」ものであり、また「令釈」、「古記」、「穴記」、「跡記」、「讃記」などの諸説が「並列的に配置されており、編者の編集方針は、あくまで

禁欲的であり類聚することを目的としていた」との見解を示されている。(17)

先行説を通覧すると、集解編纂の目的についてはかなりの相違が認められるが、共通しているのは、『令集解』が先行する令私記を網羅的に類聚する編纂書であるということである。また『令集解』には、撰者による自説の主張がほとんど見られない点も大方の承認するところであろう。実はこのことこそが『令集解』の本質的な性格を物語っているのではないだろうか。すなわち、『令集解』によって、混乱している令義解の解釈を正し定準を示すとか、「回顧的な注釈集成」として編纂したのではなく、諸明法家の私記の類聚が一次的な目的であったと思われるのである。その点では『令集解』は諸註釈書をメモ的に類聚したものとする水本氏の理解は正鵠を射ていると思われる。『政事要略』に見えるように、平安中期以降、現実の政治運営の必要に明法家が答えることが日常化すると、法家問答、明法勘文などの中で『令集解』が引用されるようになるが、それ以前には『令集解』は諸書に引用されていない。『令集解』が公的な必要に応じて編纂されたのであれば、理解しがたいことである。『令集解』が諸註釈書の類聚を目的としたものであるならば、『二中歴』に十大明法家の一人として名をとどめるほどの傑出した法学者である直本の自説が『令集解』中に展開されていないことも容易に理解できよう。『令義解』成立以降、明法家の注釈が自説の主張を控えるようになる傾向が出現することが言われているが、(18)『令集解』も、古記や令釈、跡記、穴記など『令義解』成立以前の明法家私記と違って、自説を主張することに禁欲的であるのは、時代差というよりは、当初から編述の目的が異なっていたからだと思われる。

また『本朝書籍目録』以前に『令集解』編者の名が諸書にみえないことについていえば、直本一人に編纂の功を帰することができない書であったからではないかと推測できる。編纂作業の中核部分は直本自身によって行われたであろうが、これまでの『令集解』に関する研究の蓄積によって、直本は必ずしも本来の私記（原穴記、原跡記などと称される）を閲覧したのではなく、それぞれの私記に後代別人が追記したものを入手していたことが知られている。少なくとも原私記を手元に一から取捨選択や私記間の異同に関する考証を加えたものでないことは今や明らかである。[19]『令集解』編纂が直本一人の手によるものではないという指摘は、早くからなされていた。井上光貞氏は令釈、跡記、穴記の注釈の行間、または紙背の注記が、「在釈背」「在釈後」、あるいは「在跡後」「在跡記後」「在跡背」「跡背云」、また「在穴後」「在穴記背」などと表記法がまちまちであることについて、「これらの表記法の違いが令集解の巻々によって現れていることは書き手の違いによることを示し、集解の制作には、著者は一人でも、複数の人が参加し、少なくとも筆録に携わった」と推定されている。[20]

井上氏は基本的に集解の編纂者が直本であることを疑っていないが、その点に関連して、通説とは異なる新たな可能性を指摘されたのが、利光三津夫・斎川眞氏である。[21]両氏は異質令集解について論じる中で、令集解の成立事情についても触れ、「そもそも平安初期において諸法家の秘蔵する律令の注釈書を私人が収集し、これによって一書の注釈書を編むといったことは困事の一つであったと考えられる。諸家から律令の注釈書を集め、一書の編纂書を作成するということは、官辺の威光をかりなくては、これを成し遂げられないのではあるまいか」とし、『令義解』編纂の前提として集められた諸家の注釈書に基づく一書が編纂され、これが『令義解』完成の天長十年（八三三）前後に諸法家によって書写され、何種類かの註釈書になった。そしてそれらのなかで、『令集解』は最も後に完成し、かつ完備したものであったとされた。

利光・斎川氏の説は『令集解』の撰者が惟宗直本であるとする佐藤・瀧川氏以来の通説を疑問とし、『本朝書籍目録』や諸書に見える「令惣記」が令集解とは別本であること、異質令集解も同様の「某注釈書」であることを主張する中で述べられたものである。ここでは、「令惣記」が『令集解』の異名異本であるか、異名同書であるかの論争には立ち入らないが、注目したいのは、『令集解』以前に、その下敷きとなる複数の注釈書を基に作成された一書があったとする想定である。

国家的事業である『令義解』撰進と異なり、『令集解』は私撰の書であるから、直本個人が貞観年間（八五九〜八七七）に多数の明法家の私記を独力で一から収集し得たとは考えにくい。直本が明法博士として活躍した時期は延喜年間（九〇一〜九二三）であり、貞観年間には、少壮の明法家にすぎないからである。[22]しかし、『令義解』撰進の資料を手に直本が類聚作業を発展させたと推測すれば理解が容易である。但し、利光・斎川氏のように『令集解』が、『令義解』編纂のために作成された一書を書写したものとまで考える必要はなく、直本が『令義解』編纂の基礎資料として集められた各明法家の私記（その中には原私記やすでに追記のあった私記が混在していたであろう）や、『令義解』編纂作業の過程で追記がなされたテキストを入手し、それを基に『令義解』施行後の明法家の学説なども取り込む形で、『令集解』を編纂したと想定したい。『令集解』においては、まず義解を掲げ、次に令釈、古記を引くことが多いが、義解の説は令釈と大体において同じであること、また『令義解』編纂の中心人物であった讃岐永直の私記とされる讃記が令釈を尊重し、時として断りなく令釈を自説に取り込んでいることが指摘されている。[23]これらの事実によれば、『令義解』の編纂に当たって、まず令釈、古記を中心に検討されたノートが存在していたことが想像できる。これらに加えて、跡記や穴記、『令義解』成立以後の令私記である伴記などを参酌して『令集解』が編纂されたのであろう。

『令集解』編纂の契機については必ずしも明らかではないが、早川氏は貞観ないし延喜の講書を契機として、『令集解』が成立したと想定し、押部佳周氏は直本が明法博士として主催した延喜講書が契機であったとされている。[24]しかし、どちらも確たる根拠を示すものではなく、水本浩典氏は、『令集解』が律令講書を契機として編纂されたとすることに反対している。[25]水本氏の説くところは、延喜講書記にその名がみえ、確実に延喜講書に参加したことがわかる

「基」の注釈が、現存する『令集解』では行間書き入れであることから、『令集解』は延喜講書以前に成立しており、編纂完成後の『令集解』に延喜講書記の一部が行間に書き込まれたとみなしうること、また、貞観講書を主催したのは当時、明法博士であった讃岐永直であり、永直は『令集解』にみえる讃記の著者とされているが、貞観講書私記によれば永直は神祇令について講じたことが明らかであるのに、『令集解』の神祇令部分には讃記は一例もみられず、永直による貞観講書が契機となって『令集解』が編纂されたとは考えられないという指摘である。確かに延喜講書以前に『令集解』が成立していたとする指摘は肯ける。しかし、貞観講書との関係については必ずしも水本氏のように解する必要もないと思われる。この一見矛盾する事実については押部佳周氏の次のような見解をもって説明が可能であるからである(26)。『令集解』にみえる讃記について検討を加えられた押部氏は、讃記の著者が時代を異にする複数の著者によるとする先行説を否定し、著者は讃岐永直であるとした上で、讃記は令釈、古記、跡記、穴記などの註釈書を博覧し、その一つを選んで他説を批判する方式を採り、自ら新説を提唱するところはないが、このような他の註釈書と異なる新しい特徴は、『令義解』序文に「爰使臣等集数家之雑説、挙一法之定準。」とみえる義解の編纂作業の実態と重なり、讃記は「いわば令義解の私家版」といえること、また讃記は職員令、戸令、考課令など限られた巻に集中しているが、これは、時の明法博士として『令義解』編纂事業の中心にいた永直が自己の私記編述を中断して『令義解』編纂作業のなかに自己の学説を盛り込んだためであるとみなされた。このように解すれば、貞観講書において永直が神祇令を講じているにもかかわらず、『令集解』の神祇令部分に讃記が引用されていないことも説明可能であろう。

　百歩譲って、直本が貞観講書の内容を元に『令集解』を編纂したとは考えにくくとも、貞観講書の開催や貞観格式、検非違使式の撰進など司法政策が活発化していた貞観十年前後の時期に、少壮の明法家としての直本がこれに刺激を受けて、自己の学習ノートとして『令集解』の編纂作業を開始した可能性は十分考え得る。自説を示すことに禁欲的であるのは、令私記の類聚自体が目的であったからであろう。私撰の書である『令集解』が長く世に出ることなく、平安中期になってから引用され始めるのもそうした事情を反映しているのかもしれない。成書としての『令集解』からの引用を示す史料の初見が惟宗允亮の著『政事要略』であることも興味深い事実である。惟宗直本の編纂になる『令集解』は曾孫である允亮の手によって初めて世に現れたのである。

それでは異質令集解の場合はどうであろうか。前節に述べたように、異質令集解三巻、特に巻二十は、義解についても解釈を示し、複数の注釈書や「師説」を引用した上で、自説を主張するなど、『令集解』とは明らかに異なる特徴を示している。

このような異質令集解の特徴に基づく時代性について、早川氏は『令集解』にみえる各私記と比較し、古記、令釈、跡記や穴記が自説の主張を中心とするのに対して、これらより後になった讃記は、自説の主張がほとんどない代わりに、既往の学説を博覧してこれを引用する。さらに降って惟宗直本の『令集解』になると、自説を主張することにきわめて禁欲的である。自説の主張をわずかに問答文中に「私案」として留めるにすぎない三巻の異質令集解は、讃記よりも勿論後になったものであり、諸説の表記に固有名詞を用いず、「或云」とするのは直本の方式とも異なるから、さらに降して直本以後の編述と考えざるを得ない、とされ、特に根拠は示されないが、讃岐永直による貞観講書、惟宗直本による延喜講書と並ぶ長保元年（九九九）の令宗（惟宗）允亮の主催する律令講書に際し著されたいくつかの令私記の一つが異質令集解であったとする推定を示された。

早川氏の説明の中で、異質令集解が自説を主張することにおいて消極的であるとみなされる点については従い得ない。早川氏は、他の箇所では、「巻一と巻二十では「私案」として自説を明確に述べるのに対して、巻三十五では

「私案」は自説を断定的に述べることは少なく、疑問文のままで打ち切られている場合がしばしば見出される」と叙述されているので、三巻全体を通した印象として、自説の主張が少ないとされたのかもしれないが、巻二十は早川氏も認められるごとく自説を明快に示している。従って、自説の主張の有無をもって、『令集解』、讃記、異質令集解の時代差を論じることは意味をもたないのである。しかし、結論から言えば、長保の律令講書を契機に異質令集解が編述されたとする想定は蓋然性が高い。異質令集解を子細に見ると、「私案」は自説を述べる場合もあるが、複数説を引いて、その一説を是としたり、或説を引いて是非を示す場合も多い。すべての場合に結論が示されているわけではないが、異質令集解の編者は複数の学説について、その長短を論じ、最も妥当な解釈を導き出すことを心がけているのである。このような態度は、『令義解』編纂事業における論議の進め方と類似するところがある。

利光・斎川氏が紹介された『法曹類林』巻百九十七公務五の問答文には、

当時法家之説有両通。大判事讃岐千継。大宰少典物部敏久等論案。拠法意。内外位各有所任。不可相濫。故外位任内職事者。即改入内位。然則内位任外職事。応須即改叙外位。此是比附適明法律通例者。故明法博士民友人論云。今案令文。唯云改入内位。而無叙外位之文。然則内位任外職事者。不可即改。件論各持不定。公家依千継論作義解日定了。然而為見各論抄出。

との一文がある。『令義解』撰定作業のなかで讃岐千継、物部敏久の意見と明法博士民友人の意見が対立し、「作義解日」に編纂責任者たる「公家」が論定したことが見えている。異質令集解は『令義解』施行以降に成立しているから、その時代においてこのような論議が行われる公的な場の第一候補は律令講書であろう。

次に掲げるのは、貞観律令講書（私）記の逸文である。

貞観講書私記云。問。**義云**。朝相嘗祭者。然則上下卯日相嘗。並无別哉。**答**。上卯所司所行也。下卯為以新穀供至尊所祭也。又云。上卯先祭調庸荷前及当年新穀於諸神。下卯欲嘗新穀。以其前又祭諸神。但上卯相嘗祭諸神義解只計庸。大略具式文也。

（宮内庁書陵部所蔵藤波本『神祇令』仲冬条頭書、国史大系本所収）

ここでは、まず「義云」として義解説を掲げ、「答」を示し、義解に説明を加えている。次の例は延喜講書記である。

延喜講書記云。**問**、十九条者。計其条数如何。**基答**。一位以下。初位以上十八条。一品以下。四品以上一条。并十九条。**問**。一品以下。四品以上。相当各異也。而今於諸臣。各計正従為一条。於親王。一品以下。四品以上為一条。其心如何。答。**義解云**。品位也。親王称品者。別於諸王者。回茲案之。官位相当之法。親王諸王不別。是故諸臣以正従各一条。親王以相当同為一条。

（東洋文庫所蔵広橋本『令義解』官位令冒頭書き入れ。国史大系本所収）

ここでは、「問」に対して、基説が答え、次の「問」に対して、義解の文を引いて回答している。断片的ではあるが、講書の場では、主催の博士が一方的に講義を行うのではなく、義解を素材として、博士や参加者が問答の形式で令文の解釈を進めたことが知られる。こうしてみると、異質令集解が多くの場合、「義云」として義解説を掲げたあと、問答体で、「師説」や「或説」を引き、「私案」の形で結論を示す型式は律令講書記の型式とよく似ている。異質令集解は長保の律令講書を機に主催者である惟宗允亮ないしはその周辺の人物によって律令講書記として編述された可能性が高いと思われる(27)。

それに関連していえば、早川氏や利光・斎川氏は共に異質令集解は『令集解』全篇を網羅する編纂書であったと想定されているが、その根拠は、官位令、考課令、公式令の三巻にわたっており、義解や諸註釈書を引用する形式が『令集解』と類似しているというにすぎない。

筆者は、現存する異質令集解が巻一官位令、巻二十考課令、巻三十五公式令の三巻だけであることは偶然ではなく、この三巻を意図的に選んで律令講書記が作成された可能性が高いと考えている。現在知られている貞観・延喜の律令講書に関する逸文六例のうち、三例が官位令を対象としていることは、[28]講書に当たって、行政上の必要があり、官人の関心の高い令の篇目が選ばれることが多かったことを示している。異質令集解も同様の背景で長保の律令講書をきっかけに撰述されたものであり、その内容には長保講書の場における允亮と参加者による問答の一部が取り入れられている可能性が高い。おそらく巻二十が長保講書の様子をよく伝えており、巻三十五、巻一は後日付加的に編述されたために様相を異にしているのであろう。また允亮の手になり、長保四年（一〇〇二）頃一応編纂が完了したとされる『政事要略』が『令集解』を引用することからみて、異質令集解編述の下敷きになったのは允亮の曽祖父惟宗直本が類聚した『令集解』であろう。長保六年の律令講書における問答の記録を基に『令集解』を参照しながら異質令集解が編述されたと推測する。

おわりに

本稿での考察結果を要約すると、異質令集解は『令集解』の欠巻の追補や取意・節略を目的に編まれたものではなく、『令集解』とは異なる目的をもって編纂されたものであり、恐らく令宗（惟宗）允亮による長保の律令講書を契機に、『令義解』及び『令集解』に載せる諸明法家の註釈を対象に、それらの解釈の当否を論じることを目的に編述され、律令講書（私）記としての性格を備えた書であった、ということに尽きる。

最後に、一つ憶測を付け加えるならば、異質令集解は允亮ないし周辺の惟宗家の明法家によって編述され、惟宗家に伝わっていたと思われる。現存する『令集解』諸本の祖本は金沢文庫本であり、金沢文庫本は花山院師継が所持したいわゆる花山院本そのものかその転写本であったことが知られている。早川氏は識語の調査によって、師継が文応二年（一二六一）から弘長二年（一二六二）にかけて自家の本（花山院本）と「本書」を合わせて通読し首書を加えた際に、師継の識語を有する『令集解』三十三巻のなかには、すでに巻一と巻三十五の異質令集解が含まれており、その後、建治二年（一二七六）に師継が花山院本を正親町判官中原章兼の所持する令集解（正親町本）と対校し、このさい自家の本に欠けていた異質の巻二十を、正親町本を書写することによって補ったとみなされたが、その後の水本浩典氏の精査によって、建治二年の花山院本と正親町本の対校の際、巻二十は花山院本にも存在したにもかかわらず、師継が正親町本と取り替えたものであることが判明している。

これらの事実は早い時期に『令集解』と異質令集解の取り合わせが進んでいたことを示している。そして、師継が異質令集解を『令集解』とみなすことに違和感を覚えていなかったこと、特に自家の本に存在する巻二十をわざわざ異質令集解と取り替えていることは示唆的である。それが可能であったのは異質令集解が律令の宗師たる令宗（惟宗）家に伝わる権威ある書として早くから評価されていたからではないだろうか。

田中本・国立国会図書館本（清家本）・無窮会本等に採録された正親町本の奥書には「宗正直」「宗正丞」（直イ）とあり、同本は明法博士中原章行所有本の転写本であり、その章行所有本は「宗」すなわち令宗（惟宗）家の所有した本を転写したものであったことが知られる。正親町本の親本が章行所有本であったとすると、この章行所有本も、さらにはその親本である宗家本も異質令集解を含んだ取り合わせ本であった可能性が高い。

異質令集解が允亮ないしはその周辺の惟宗家の人物によって著され、『令集解』とともに惟宗家に伝わっていたことが、異質令集解と『令集解』の取り合わせを容易にした一因と推測する。

注

(1) 瀧川政次郎「定本「令集解釈義」解題」(『日本法制史研究』所収、有斐閣、一九四一年。初出一九三一年)。

(2) 土田直鎮「律令—紅葉山文庫本令義解—」(『日本歴史』一九四号、一九六九年。のち『奈良平安時代史研究』吉川弘文館、一九九二年所収)。

(3) 早川庄八「異質令集解三巻について」(五味智英先生古稀記念『上代文学論叢』笠間書院、一九七七年、のち『日本古代の文書と典籍』吉川弘文館、一九九七年所収)。以下、早川氏の所説に触れる場合はこれによる。

(4) 利光三津夫・斎川眞「異質令集解の史料価値について」(『史学雑誌』八六—一〇、一九七七年、のち利光三津夫氏『律令制の研究』慶應義塾大学法学研究会、一九八一年所収)。

(5) 水本浩典「令集解」(『国史大系書目解題下巻』吉川弘文館、二〇〇一年)。

(6) 虎尾俊哉「令集解考証三題」(『弘前大学人文社会』三三号、一九六四年、のち『古代典籍文書論考』吉川弘文館、一九八二年所収)。

『令集解』にみえる「師説」は令釈が直接引用するか、自説を示した上で補足のために引用しているが、『令集解』儀制令在庁座条の令文「左右大臣。当時長官。即動座」の部分の注記に、

謂。(中略)釈云。師説云。左右大臣。見親王及太政大臣動座。太政大臣見親王。親王見太政大臣。並不動。民部卿於主計亦是当司長官。余皆放此。

とあるように、令釈は直接「師説」を引用して注釈を施している。『令集解』にみえる令釈の「師説」引用はほとんどがこの型式である。

(7) 『令集解』にみえる「師説」については、次に国史大系本におけるページ数と行数のみを示す。5/29、9/34、1/45、8/46、8/61、8/62、1/68、4/70、1/78、1/86、7/117、8/117、6/145、7/145、2/146、7/169、4/172、2/219、2/259、3/260、2/270、9/279、4/291、6/291、7/291、8/311、5/340、3/350、5/363、5/363、6/363、3/

368、5／368、6／368、2／370、2／379、4／393、8／393、2／397、1／400、8／401、9／402、1／403、2／405、5／416、7／494、9／501、1／545、2／546、6／560、4／616、7／616、2／645、5／648、3／655、4／692、5／709、2／715、6／718、1／722、5／730、4／810、9／810、1／811、8／811、2／839、9／856、3／857、9／858、3／866、8／946、7／971（以上）

「今師説」「先師説」は除いてある。また1／545、2／546は、ほぼ同文であり、独立した令釈と讃記ないし跡記に引かれているものが重複していると考えられるので、これを一つと考えれば、七十一例である。ほかに4／291、6／291、7／291、はそれぞれ「先云」の次や、跡記、朱記、に引かれたりしており、確実に令釈が引用すると断定できない。3／368も跡記の後に引かれており、同様である。こうした例を除き、直接令釈が引用していると判断できるものに限れば、虎尾氏があげられた約六十例に近づくと思われるが、本文に掲げたように、ほかに異質令集解巻二十だけで三十五例見られるので行論に影響はない。

（8）巻二十にみえる三五例の「師説」を国史大系本のページ数と行数で示すと以下の通りである。
2／587、3／587、1／588、9／588、2／589、3／589、3／590、7／590、2／592、5／592、7／592、1／593、2／596、9／596、2／597、4／597、9／597、2／598、3／598、4／598、9／598、2／599、3／599、5／599、8／599、9／599、3／600、9／600、4／601、7／601、9／602、1／603、8／604、1／605、6／605（以上）

（9）ここにいう上条の義（義解）とは巻十八考課令内外官条の令文「応考者。皆具録一年。功過行能」の部分に付された次の義解である。

謂。具録者。年中功過行能。考校之時。惣集抄録也。功過行能者。職事修理為功。公務廃闕為過。善悪為行。才芸為能。其縁才進考。令条无文。猶亦兼録者。為銓衡人物必拠考簿故。即選叙令。応選者。皆審状迹。銓擬之日先尽徳行。又考満応叙之人。有高行異才是也。

（10）小林宏「令義解の法解釈と令集解の成立」（『國學院法学』第五〇巻第四号、二〇一三年）。小林氏は令義解の法解釈に関する詳細な検討を踏まえて、令集解は、令義解を土台として、それに諸家の私記を逐次付記して行くという体裁を取っており、その土台に当る義解の体裁は殆ど壊していないこと、義解の法解釈には誤解や不備と思われる個所があるにもかかわらず、令集解は義解と異なる説やそれに反する説を掲げることはあっても、義解の名をあげて義解説を正面から批判はしないこと、従って、令文に挿入された義解の位置を動かしたり、あるいは義解の文を分断したりして、その後に各私記を「或云」として列記する異質令集解巻廿などとは決定的に異なることを指摘されている。

(11) 宮部香織「『令義解』成立以降の令注釈の変容」(『法史学研究会会報』第九号、二〇〇四年)。『令集解』にひかれる伴記の特色として、自説を提示することがほとんどないこと、令文の語句を解釈するだけではなく、義解の文に対しても語釈を施しており、関連条文を引用する際には令文だけではなく義解の文も一緒に引用すること、また義解以降の朱記や穴記が引用する或説は自説の正当化のために義解を利用したり、義解を批判する場合のあることが指摘されている。

(12) 養老令制では一般に宮城諸門の名称は、宮城門、宮門、閤門だが、『令集解』宮衛令宮閤門条に引く古記に、

古記云。外門。謂最外四面十二大門也。主当門司。謂門部也。其中門。謂衛門与衛士共防守也。門始著籍此門也。内門。謂兵衛主当門之也。

とあることなどから、大宝令制では、外門、中門、内門と称していたと考えられている。但し、関連する宮衛令諸条の中で、宮門内条の条文、

凡宮門内及朝堂。不得酣酒。作楽。申私敬。行決罰。

においては、大宝令も「宮門」であったとされる。しかし、この条を除けば『令集解』宮衛令開閉門条の「第一開門鼓以前三刻出。閉門鼓以後三刻進。即諸衛按検所部及諸門。」とする令文の古記に、

古記云。(中略)左右衛士府中門。并御垣廻及大蔵内蔵民部外司喪儀馬寮等。以衛士分配防守。以時検行。為有所部之人。謂之所部也。左右兵衛府内門諸門按検也。衛門府中門外門按検也。

とあるように、衛門府が按検する門は中門とするなど、守衛を担当する官司を示す解釈では中門とするので、本文のように解して差し支えないと思われる。

(13) 『令集解』戸令造官戸籍条の穴記に、

穴云。問。官戸奴婢有作計帳乎。答。不可有。毎年造籍故。又不可責手実。不定戸主之故。可問他人。問。雑戸陵戸官戸奴婢等。有得侍人哉。答。給侍之文。先為良人。其雑戸以下不見文。但注丁老疾等。一如良人也。師同之也。

とみえ、穴記は問答の後に「師同之也」と注して「師」の説を引いている。

また『令集解』宮衛令諸門出物条の穴記に、

穴云。此条。凡矢一隻為一事也。但為奏時。以一具為一事。依律意所読也。同。別勅賜不之状好勘知聴耳。不責牓也。同。

問。別勅賜儀仗軍器。十事以上者何。答。此条。為軽少物生文。其十事以上者。依上条責牓并奏聞耳。同。或云。師云。除兵器之外入物者。依文不可責牓之。在穴。

とあり、穴記が問答体の後に引く「師云」の末尾に「在穴」とあるので、「師」が穴記の引く師の説であることがわかる。

このように、『令集解』にみえる「師」はほとんどが穴記が引用するものである。ほかにはごく少数であるが、跡記などの後に「師」が出てくる場合があるが、それらも引用関係を見ると、穴記が跡記を引いた後に「師同之」「師不依之」としており、本来、「師」は穴記に引用されていたことがわかる。

穴記に引かれる「師云」については北条秀樹氏が検討を加えられ、穴記の行間ないし紙背に後人が追記したものであることを指摘されている（北条秀樹「令集解「穴記」の成立」『日本古代の社会と経済』下巻所収、吉川弘文館、一九七八年）。

(14) 佐藤誠実「律令考」（瀧川政次郎編『佐藤誠実博士律令格式論集』汲古書院、一九九一年所収、初出一八九九〜九〇年）。瀧川政次郎氏、前掲、注（1）。

(15) 井上光貞「日本律令の成立とその注釈書」（井上他校注『律令（日本思想大系）』岩波書店、一九七六年）。

(16) 押部佳周「『令集解』の成立」（広島史学研究会編『史学研究五〇周年記念論叢』日本編、一九七七年、のち『日本律令成立の研究』塙書房、一九八一年所収）。

(17) 水本浩典氏、前掲注（5）論文。同氏「『令集解』写本に関する一考察—内閣文庫本と菊亭文庫本—」（『続日本紀研究』二〇二号、二〇三号、一九七九年。のち『『令集解』写本に関する一考察—紅葉山文庫本と菊亭文庫本—』と改題して同氏『律令註釈書の系統的研究』塙書房、一九九一年所収）。

(18) 宮部氏、前掲注（11）論文。

(19) 主題と直接関係しないので、詳述は避けるが、『令集解』に載せる諸註釈書の成立年代をめぐる研究の蓄積の中で、明法家の原私記に後人の書き入れのあるものが集解に取り入れられていることが明らかになっている。

たとえば、穴記が義解を引いているかどうか、複数の著者によるものかどうか、長い年月を経て筆録されたものではないか、などの議論が行われたが、集解編者手沢本としての穴記は、延暦期の原穴記を中心として、義解成立前後に至るまでの時期・筆者を異にする諸説で構成されていたとする北条秀樹氏の理解でほぼ決着が付いている（北条氏、前掲注（13）論文）。

集解編者がすべての原私記を集めて一から編纂作業を行ったわけではないことが、このことからも推測できる。

(20) 井上氏、前掲注（15）論文。

(21) 利光三津夫・斎川眞氏、前掲注（4）論文。

（22）直本の経歴はまとまった形では残されておらず、諸史料に散在する記載によって復原するしかないが、主なものをあげれば以下の通りである（利光三津夫・楊永良・伊能秀明「惟宗直本に関する一考察」（『続日本紀研究』二二一号、一九八二年）所載の年表及び水本浩典氏、前喝注（5）の整理による）。

元慶元（八七七）年　弾正少忠正七位上秦公直本が兄讃岐国香河郡人左少史正六位上秦公直宗と共に、本貫を左京六条に移す（『日本三代実録』）

元慶七（八八三）年　右衛門少志。兄直宗は大判事兼明法博士であり、兄等と共に惟宗朝臣姓を賜る。（『日本三代実録』）

寛平四（八九二）年　右衛門尉（『政事要略』巻六一）

寛平年間　『検非違使私記』を撰述。（『政事要略』巻六一）

延喜二（九〇二）年　勘解由次官（『政事要略』巻六九）

延喜四（九〇四）年　主計頭（『二中歴』第二）

延喜七（九〇七）年　主計頭兼明法博士（『源語秘訣』）

延喜年間　律令講書主催（『西宮記』巻一四）

（23）押部佳周氏、前掲注（16）『日本律令成立の研究』、第二部第一章「令私記の成立　四讃記」。

（24）押部氏、前掲注（16）論文。

（25）水本浩典「明法家「基」と律令講書」（『続日本紀研究』二二六号、一九八三年。のち「律令講書と律令註釈書―明法家「基」を中心として―」と改題して、前掲注（17）『律令註釈書の系統的研究』に所収。

（26）押部佳周氏、前掲注（23）論文。

（27）蓮沼啓介「異本令集解の成立事情」（『比較法史研究』5、未来社、一九九六年）は早川氏による異質令集解の成立年代観に反対し、異質令集解は「井上一九七六（井上光貞氏、前掲注（15）論文―筆者注）の見通しに立つ限り、「自説」の主張にあくまでも禁欲的な「令集解」の後にではなく、その前に位置する」として、讃岐永直による貞観講書の記録であるとみなされるが、本文に述べた如く、「自説」の主張の有無による時代観は意味をもたず、『令集解』と異質令集解は編纂の目的を異にしていると考えるので、長保の律令講書が異質令集解編述の契機であったとしておきたい。

（28）藤波本『神祇令』には本文に掲げた貞観講書私記のほかに延喜同私記があり、官位令については本文の掲げた例のほかに、広橋本『令義解』官位令書き入れに二例見られる。残る一例は『政事要略』巻六七、糺弾雑事衣服令に関する「講書私記」である。それぞれについては水本氏、前掲注（25）論文に詳しい。

（29）水本氏、前掲注（5）論文及び注（17）『律令註釈書の系統的研究』。

（30）早川氏が奥書にみえる「宗正直」から惟宗家に伝わる書と推定したのに対して、石上英一氏は無窮会本の「直」字は鷹司家本・『金沢文庫本図録』下所収写真版・『金沢文庫古書目録』では丞と読め、清家本では臣とも読め、宗正丞とすれば正親佑の唐名を示すとも考えられるので、正親町本の祖本を令宗家伝来本と断定することに慎重であるべきとする見解を示しておられる（『日本古代史料学』第二編「古代史料の基本構造の検出」第二章「『令集解』金沢文庫本の再検討」（東京大学出版会、一九九七年）。検討すべき課題であるが、本稿ではさまざまな背景からみて、異質令集解は惟宗家に伝わっていたか、あるいは、少なくとも惟宗家の人物によってある時期に編纂された書であると理解しておきたい。

元日朝賀儀礼の変質と小朝拝の成立

藤森　健太郎

はじめに

正月元日に天皇を頂点とする国家秩序を確認する元日朝賀儀礼が九世紀後半から衰微し、代わって小朝拝が元日における天皇への拝礼として通例になったことは周知であろう。

小朝拝について近年の代表的研究をあげよう。一九八〇年代に発表された古瀬奈津子氏の「平安時代の「儀式」と天皇」[1]と、岡田荘司氏の「「私礼」秩序の形成―元日拝礼考―」[2]により、小朝拝の意義解明の基礎が据えられた。

古瀬氏は、元日の公的な拝礼としては朝賀のみが認められていたものが、宇多朝を境に小朝拝も公的儀式として認められるようになり、九九三（正暦四）年を最後に朝賀が挙行されなくなると小朝拝だけが挙行されるようになったとした。氏はこの変化を、官僚機構を象徴する儀礼に代わって天皇と私的関係にある政治機構を象徴する儀礼が優勢になっていく過程として意義づけた。

岡田荘司氏は、小朝拝を宇多・醍醐朝に確立したものとし、殿上人以上の公家社会上層部を構成する人々が特権集合体であることを示す儀礼であり、「私礼」秩序の原点であるとした。元日の儀礼で象徴される「私礼」秩序は、摂関家拝礼、院拝礼などを加え、公家社会の階層構成の象徴となったという。

最近、佐々木恵介氏は、九世紀から十世紀以後、天皇が出御する饗宴に与る範囲が公卿・殿上人に限定されていく過程と、朝賀から小朝拝への変化を並行するものと捉えた。(3)

一方、小朝拝の成立時期については現存史料から確定できない。古瀬氏は、昇殿制の推移と関連して弘仁年間（八一〇〜八二四）にはあった可能性を示唆していた。最近佐野真人氏は、小朝拝の本質を紫宸殿への出御が衰退した後に行われた天皇御在所への拝礼とし、その観点からいえば、御在所が清涼殿に固定する以前、文徳・清和朝に小朝拝の原型が成立したと推した。もっとも、さらなる整備の画期は御在所清涼殿固定後の宇多朝以降としている。(4)

中野渡俊治氏は、九一九（延喜十九）年の小朝拝復活は、中断中も行われていた親王の拝礼の場に臣下も参入して天皇との関係を表すことに主眼があったとしている。(5)

これらの研究により、その創始について不明な点が残るものの、小朝拝の歴史的意義の多くは解明されたと評価できるだろう。

一方筆者はかねてより元日朝賀儀礼に関心を持ち、天皇即位儀とともに論じたこともあるが、(6)小朝拝については多くを論じていない。上記の諸研究に学び、それらが明らかにした小朝拝の意義にほぼ異論はないながら、この機会に筆者なりの考察をいささか述べたい。

その際に注目するのは、元日朝賀儀礼が衰退していく中にあって、天皇を拝する儀礼を保持する必要性の問題としたい。九〇五（延喜五）年に「私礼」であるとして醍醐天皇により停止された小朝拝は、九一九（延喜十九）年に藤原忠平らの奏請により復活した。忠平らの直接の主張は、「親王たちの拝礼はあるのに臣下からのものがないのは問題である」との趣旨であった。(7) この主張は、「朝賀が行われないのに小朝拝もしないのでは臣下からの拝礼がない」という意味にとられやすい。室町時代一条兼良の『江次第抄』巻一正月にも、朝拝（朝賀）は大極殿で百官がことごとくこれに参加するのに、小朝拝は「仙籍」の他は列しない、だから醍醐天皇はこれを私礼として廃したのだ、という認識が既に見えている。しかし当時の実態としては、後述するように醍醐期には既に、元日朝賀儀礼が挙行された場合でも、そこにおける拝礼は数人の公卿と少数の官人による一種の役に変質してしまっていた。そのほかの大多数の公卿・殿上人にとっては「朝賀がないので拝礼がない」というのは正確な実態ではなく、「朝賀がないと、朝賀に付随する侍臣たちの儀礼的行為がなくなるので元日節会より前に天皇に表敬する機会がない」というべきなのである。

本稿では、この点を中心に述べたい。

なお興味深いことに、唐の元日朝賀儀礼においても、似たような理由で、朝賀儀礼本体の終了（「礼畢」）後に、供奉官といわれる高官たちの献寿・万歳の礼が七三七（開元二十五）年付加された。(8) この類似にはつとに『古事類苑』が着目して引用しており、(9) 所功氏もこれを根拠に小朝拝は「シナの礼」を参考にしたと推測している。(10) 唐の献寿・万歳の礼はあくまでも朝賀の際にその会場で追加挙行されるものであり、小朝拝のように別の会場で行う儀礼を創始したわけではないから、直接の参照関係があるとするのは難しい。しかし、朝賀儀礼の本体において、君主に近侍する高官たちがその位置の関係によって君主を拝することがないのは問題であり、何らかの対処が必要であるという発想は、年頭に君臣関係を確認する儀礼の本質を保持徹底しようとするもので、日本の小朝拝の必要性を考える際にも参考にはなろう。

一、小朝拝の次第

小朝拝の次第については前述の先行研究にも整理があるが、『西宮記』恒例第一正月小朝拝を基本に、『北山抄』巻第一年中要抄上正月小朝拝事、『江家次第』巻第一小朝拝事など諸史料や先行研究を参考にしながら改めて記せば、

①殿上王卿以下六位以上が射場に立つ。
②貫主人（親王がいても大臣）が蔵人をして、事の由（小朝拝の挙行を希望して参列者が侍している旨）を奏せしむ。
③清涼殿上に出御の用意をする。
④天皇、清涼殿の殿上御椅子に出御。
⑤王卿以下、明義門・仙華門より参入し庭中に列立（王卿一列、四位一列、五位一列、六位一列）。
⑥参列者が立ち定まれば拝舞する。
⑦参列者は左に廻り退出。

というものである。

少々複雑なのは皇太子の参観との関係である。皇太子参観は小朝拝に先立って行われ、これがある際には天皇の椅子の位置が変わってくるという説がある。『西宮記』『北山抄』によれば、皇太子参観がある場合には御帳台御座を撤して御椅子を立て、皇太子不参のときは東廂に御椅子を立てるという。これは、皇太子の拝礼が殿上の東孫廂にて行われるとされているのと関係があろう。皇太子参観がある場合には、皇太子が拝礼後に御座の南に召されて酒禄を賜って退いたのち、小朝拝の参列者は改めて奏上せずに庭中に進むという（『北山抄』『江家次第』）。(11)

清涼殿付近拡大図

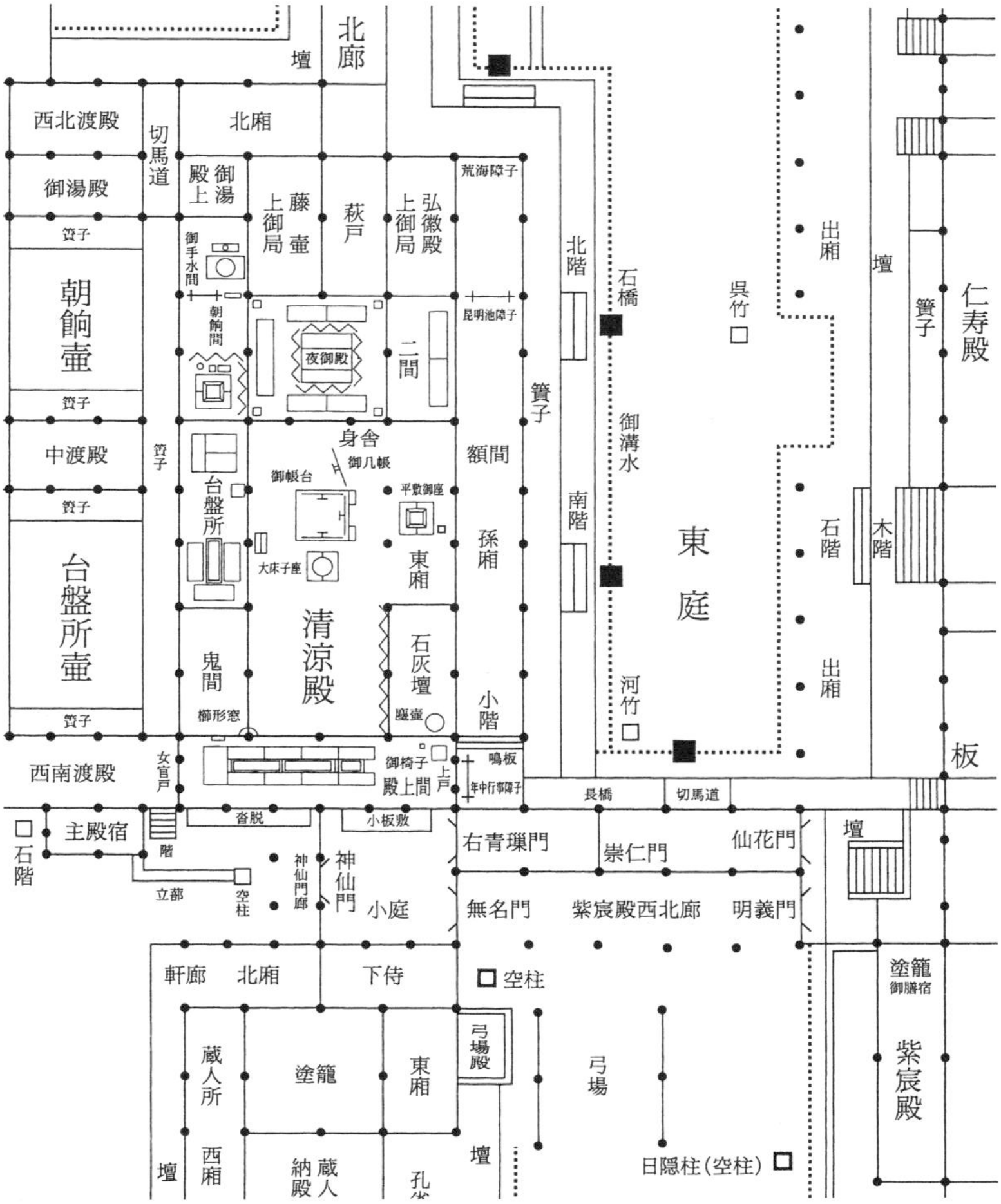

『小右記註釈　長元四年』より一部を転載

このほか雨儀などについての規定もあるが、全体としてかなり単純な構造の儀礼である。これは、そもそも内裏に近侍している層が拝礼をするのだから、大がかりな入場などは必要なく、またあくまでも奏請されてから装束を整えるという形式上も、単純であることがその本質をなすような儀礼だったのである。

二、元日朝賀儀礼の変質と官人たちの拝礼

本節ではしばらく小朝拝から離れ、元日朝賀儀礼や天皇即位儀（ここで天皇即位儀も取り上げるのは言うまでもなく朝賀とほぼ同構造の儀礼だからである）の変質について述べる。特に問題となるのは、各層の官人たちが天皇に敬意を表する行為（本来は朝庭における拝礼）の行方である。以下、公卿、殿上人、蔵人、それらよりも下位の官人、それぞれについて分けて述べよう。

ア　公卿層

元日朝賀儀礼は開催頻度を極端に落としつつも十世紀末まで例があり、類似の構造を持つ天皇即位儀礼は平安宮朝堂院が失われるまで原則として同所で開催された。しかし筆者がかつて明らかにしたように(12)、本来なら親王・公卿以下無位の官人までが列立して天皇を拝していたはずの両儀礼は、納言クラスから数人選ばれる列立役「外弁」とやはり少数と思われる四位以下が天皇を拝するさまを、高位者は主に大極殿近辺から、「雑人」に到るまでの下位者は大極殿庭や朝庭周囲から、それぞれの意義を持って「見物」をするイベントへと変質していった(13)。

これらの儀礼参加者や見物者が会場に入るまでの経緯も大きく変質した(14)。本来の方法では、三位以上は応天門内の朝集堂で待機、四位五位は朝集堂前の庭で待機、六位以下は朱雀門外に待機する。これは身分差を表すと同時に、五

位以上〈のち三位以上〉が礼服を着して列立するため、その準備等諸便宜のためでもあろう。ところが、朝庭での列立に参加しなくなった官人たちは朝集堂やその前庭に待機することはなくなるし、「外弁」として礼服を着して朝庭に列立する公卿たちも、朝堂院周辺に休幕と呼ばれる待機の場を持って、参加の準備をするようになった。朝庭での列立者が最終的に朝堂院の南に開く門の方向から参入するのに変わりはないが、それまでの動きが大きく変わったのである。儀礼において役を持つ人々の待機の場としての休幕は、村上天皇即位時に既に見えている（『吏部王記』）。十世紀には通例になったとしてよいだろう。

一方、列立・拝礼などの本来の儀礼行為をするのではなく、近侍や見物をする人々の動きはどうなったであろうか。彼らのうち公卿・殿上人は、後述するように内裏から朝堂院への行幸にしたがった後、天皇出御まで比較的自由に行動し、会場を見たり、自他の待機所にいることが多かったようである。後一条天皇即位儀では、道長の設けた大規模な待機所〈昭慶門東廊内〉に公卿たちが参集して饗応までなされている。(15) 後一条即位時には彼の妻源倫子の即位儀関与や左大将家〈頼通〉の見物なども見られる。(16) こうした際の一拠点として休幕や回廊が使用されたことは間違いなかろう。他の公卿をも巻き込む道長家のあり方は、彼の特別な地位を反映していると考えられるので、公卿一般をすべて同様には考えられないが、「外弁」にあらざる高位者たち一般も自らの待機の場所を持つか、他の者の待機所に出入りしていた可能性が高い。こうした状況は役を持つ者の待機所の場合に比べてやや遅れる可能性もあるが、十世紀のうちには現れていたと推測してよかろう。

かくして、儀礼開始前には朝堂院周辺に待機の場を持ち、開始後には大極殿近辺などで近侍・見物をしていたということになれば、元日朝賀儀礼や天皇即位儀が挙行されたとしても、「外弁」以外の公卿たちには、その中で天皇を公式に拝する場面はなかったことになる。

イ　殿上人

さかのぼって本来の近侍官である八名の侍従については八世紀から、平安期の儀式書で「殿上侍従」として点定される者と少納言が立つ大極殿上の位置にいた可能性が高い。[17]これは唐礼における供奉官の位置に相応する。七七〇（神護景雲四）年に初見の次侍従は、諸儀礼におけるその身分分節の意義は大きいものの（たとえば平安期の元日節会は次侍従以上を本来の対象とする）、[18]人数から考えて元日朝賀儀礼・天皇即位儀で大極殿上に立つことがあったとは考えがたい。[19]朝庭にてそれぞれの位階に応じた位置で天皇を拝したであろう。

一方、後世の殿上人については、蔵人になっている者を除くと、これら諸儀礼で明確な役割を持っていたようには見えず、大極殿近辺や朝庭周囲の見物に回った者が多かったのではないかと思われる。朝庭に四位五位として列立する役に当たったたか、即位叙位に与って列立した少数を除けば、殿上人のほとんども、元日朝賀儀礼・天皇即位儀の中で天皇を拝する公式の行為を持たなかった。

ウ　蔵人

蔵人は、元来身分分節ではなく役職であるが、儀礼の内外で固有の役割を果たすので、一項を設けた。内裏から朝堂院への「行幸」から「還幸」まで、彼らは非常に大きな役割を果たすようになっていく。元日朝賀儀礼の進行役は『開元礼』では典儀・賛者であり、平安期日本では両者の存在を継受しつつも実質は内弁大臣が進行役だが、やがては摂関から蔵人を通じて実質的な指示が出る例が見える。[20]

ただ、蔵人のこうした役割はあくまでも「裏方」であり、大極殿上に出入りした蔵人でも、天皇を拝する公式の行為を持ってはいなかった。

エ　下位の官人

「下位の官人」とはいささか不明確な括りであるが、ここでは、上に挙げた公卿・殿上人以外を指すものと諒解されたい。位階制自体の変質もあり、彼らもごく少数を除いて、あるいはほぼ全員が、朝賀・即位の本来の形式では列立・拝礼しなくなっていくと考えられる。その点では公卿・殿上人身分と共通するが、下位の官人については公卿・殿上人における小朝拝のような代替の儀礼を設ける処置が取られなかった。天皇を直接拝すべき主体から外されたのである。[21]

以上、公卿・殿上人、それよりも下位の官僚についていずれも、元日朝賀儀礼や天皇即位儀において天皇を拝するという儀礼の本質が失われていったさまを確認した。結果として生まれた状況を見ると、ある視点からはごく当たり前のものと評価され、別の視点からは異様な状況と評価できる。すなわち、列立や宣命等の役を持つ一部を除いて、日常的に内裏に近侍している公卿・殿上人の多くが、儀礼会場周辺で近侍や見物をする。その周囲では一定の規制をされながらも上下の見物がざわめく。そしてその儀礼を裏方として支えるのは、ある時代以後「官方」「蔵人方」として整理される機構であり、これらが儀礼を進行する。こうしたあり方は、十世紀末以後の儀礼執行の様相として特殊ではない。しかしこの、ある時代からは変哲のない儀礼の様相は、親王以下無位までが北面して天皇を拝むことによって秩序を確認するという、朝賀儀礼・即位儀本来の意義から見れば異様なまでの変質である。

こうした状況はいつ始まったのか。列立公卿がごく少数になっている状況が「天祚礼祀職掌録」等に記され、宇多天皇即位儀の時には既にこの状況になっていたかに見える。この経過は、やや曖昧な記述ながら、『北山抄』巻五からもうかがえる。

礼服不レ具不レ候レ列之王卿、或依レ召参入、供二奉行幸一、候二御後一、仁和三年例、式部卿親王、太政大臣、左大臣、召二右近陣胡床一、候二西階西掖一、延長七年朝拝、式部卿親王候二陣辺一、見二儀式一、同八年、太政大臣候二御後一、天慶

九年、右大将師輔卿候二御後一、催二行雑事一、近例如レ之、

「礼服不具不候列之王卿」、すなわち朝庭で拝礼をする公卿（外弁）以外の「供奉行幸・候御後」を解説するためにその後の記述があることは明らかであり、その具体的例が仁和三（八八七）年の本康親王・藤原基経・源融の龍尾壇上大極殿西階西掖近侍から始まっていることは重要である。「天祚礼祀職掌録」の記述の信頼性を傍証しているとも言えるであろう。九世紀末には元日朝賀儀礼・即位儀の変質は相当進行していたのである。

三、朝堂院への行幸供奉をめぐって

この節では、元日朝賀儀礼・天皇即位儀に際して天皇が朝堂院（八省院）に行幸する際の儀礼行為を紹介したいと思う。こうした行幸では、少なくとも小朝拝と遜色ない規模で天皇と上層官人たちとの関係が表現されていると言ってもよいのである。

かなり遅い例で、それゆえ即位儀の史料しかない時代ではあるが、一一〇七（嘉承二）年、鳥羽天皇の朝堂院行幸の様子を『中右記』から見てみよう。

諸卿諸陣参集之後、（傍注略）、午時主上出二御南殿一、（中略）大炊頭光平候二反閇一、次左右近将監以下列二立前庭一、（中略）、右次将渡二前庭一、〔中将宗輔朝臣、師時朝臣、少将信通朝臣、宗能、雅定、忠通、依二位階次一也、〕御輦長并随身等相従、於二東中門一副二御輿一、〔左中将師重朝臣、少将顕国朝臣、忠宗三人、本在二御輿下一、〕公卿出二左仗一、列二立前庭一、内大臣、〔左大将、雅、〕右大将、〔家忠、〕左衛門督、〔雅俊、〕右衛門督、〔宗通、〕左兵衛督〔能実、別当、〕、藤中納言〔仲実、（中略）〕、新中納言〔顕通、〕、下官（宗忠）、左宰相中将、〔忠教、〕右宰相中将、

〔顕雅、〕大蔵卿、〔道良、〕、修理大夫、〔顕季、二人散三位、〕藤宰相、〔顕実、〕源大納言〔俊実、〕在二列後一、依レ為二留守一也、（中略）次闈司奏、勅答了、〔答勅微音、不二高聞一、雖レ然殿下被二告仰一、凡我朝五歳君未レ有二此例一、今日初奉レ見二我君一、進退有レ度、容体魏々、公卿或有二落涙輩一歟、〕少納言時俊鈴奏了、寄二御輿於南階上一、〔鳳輦、左右帷垂レ之、依二皇后同輿一也、但前方少許上レ之、為レ御二覧物一也、〕左宰相中将忠教取二御釼一置、主上乗御、

（以下略）

このように、朝堂院に出発する際の天皇に対して、朝庭で列立する役（「外弁」）以外の公卿たちの多くが内裏南庭で列立し、ここで天皇を見ている。しかも、この場にいたのは公卿層に限られなかった。一〇六八（治暦四）年の、後三条天皇即位儀に際しての即位行幸では、鈴奏の時の様子として「殿上侍臣等乍取レ笏帯レ剣、陪二小板敷辺一縦二観之一」とあり、公卿たちの列立とは異なるものの、「殿上侍臣等」がその場にいたことがわかるのである（「後三条院即位記」(22)）。

公卿＋殿上侍臣が行幸出発の場にいるのは必然でもある。一一五八（保元三）年の二条天皇即位時に関する史料「二条院御即位記」によると、その時の即位行幸の構成は、「左衛門、左兵衛、中務・内舎人（近例では供奉しないとある）、少納言、大刀契、公卿ら、近衛、御輿、関白、右大臣、行事、殿上侍臣、右兵衛、右衛門」とされている。朝堂院への行幸に供奉する者たちが出発の場に参集していたのである。

次に、即位行幸が小安殿の北に開く昭慶門に着いたときの様子を、「二条院御即位記」は、

御輿北到二昭慶門一、（中略）公卿入二昭慶門一、列二立小安殿北庭東西行幔外一、〔南上西面、下臈西折列立、東上南面、〕主上下御、関白候二御裾一、近仗称レ警〔左中将信能朝臣先発レ音、〕右中将俊通朝臣取二剣璽一、授二内侍一如二殿儀一、

とする。出発の際と同様、昭慶門から小安殿に入る天皇に対して、ここまで行幸に付き従ってきた公卿たちが改めて列立しているのである。

これら行幸の細部までがわかる史料は十一世紀後半や十二世紀以後のもので、出発から到着までの行幸の次第や、行列の構成などを、元日朝賀儀礼も挙行されていた時期まで安易に遡らせることはできない。しかし例えば『吏部王記』に見える村上天皇の即位行幸（九二六〔延長四〕年）で既に「見物人者不絶、重畳猥雑」（『吏部王記』）という状態が現れていた。これ自体は見物人が多かったという以上の記述ではないが、類推するに、大勢が見物するに値する行幸の行列が既にあったということであろう。(23)その儀の細部までは知り得ないものの、朝賀儀礼・即位儀では公卿以下の殿上人などかなりの人数が内裏から朝堂院までの行幸につき従い、天皇が昭慶門、小安殿に入るのを見届ける、その間に列立や行幸供奉などの形で天皇を見て表敬の機会を持つというあり方の基本が遅くとも十世紀前半にできていた可能性は高い。前節で見た『北山抄』巻五が挙げている仁和三（八八七）年の例が「供奉行幸」をも承けての記述だとすれば、九世紀末にはこうした状況の萌芽があったとおぼしい。

この一連の次第についても、前節と同様のことが指摘できる。この行幸の次第や行列の構成は、摂関期以後の大規模な天皇行幸のあり方として普通のものである。しかし、上層官人たちが天皇即位儀に先だって内裏で列立して新天皇を見てしまい、肝腎の朝賀儀礼・即位儀自体では、先ほどから縷々述べているように近侍・扈従・見物をしているという様相は、儀礼本来の意味に照らせば根本的な変容と言わねばなるまい。しかし行幸供奉などを通して、小朝拝のような儀礼を別に行わなくても、公卿・殿上人など内裏で天皇に近侍する層が列立して天皇に敬意を払う行為は事実上行われていたことになる。(24)

前節で述べたように、元日朝賀儀礼や天皇即位儀において親王から無位までの広範囲の臣下が一斉に天皇を拝むという儀礼の本質は失われていった。下位の官人たちはそのまま拝礼の範囲から外され、これらの儀礼に関わるとすれば、見物やより高位の貴族・官人の従者としてであった。しかし本節で見たように、高位の公卿・殿上人は、内裏において天皇に近侍する層であるという特性から、儀礼の前後に行幸供奉などを通して表敬・供奉の機会を持てた。ところが元日朝賀儀礼は九世紀後半から極端に挙行回数が減っており、天皇即位儀も臨時の儀礼である。これらが挙行されなければ朝堂院への行幸も当然ない。公卿・殿上人の天皇への表敬儀礼は、もしその必要があるのならば、別に設けておかなくてはならない。小朝拝が必要とされる根本の理由であろう。

四、小朝拝の成立時期をめぐって

小朝拝の確実な初見は醍醐天皇の九〇五（延喜五）年で、それも天皇がこの儀を停止したという記事である。[25]停止するからにはそれ以前からあったことになる。宇多・醍醐朝に成立の画期を求めるのが大方の見解だが、佐野真人氏が文徳・清和朝に原型の成立を求めている。[26]

ただ、佐野氏は紫宸殿への出御がなくなることとの関連を非常に重視するのだが、むしろ承和年間（八三四〜八四八）の後半から、元日朝賀儀礼の頻度が急激に下がることとの関連を第一に見るべきではないか。前述の通り、朝賀儀礼が廃されれば、朝賀の中で公式に拝礼を行うことも、朝堂院への行幸に際して表敬儀礼・供奉を行うこともできないからである。元日に天皇を拝する儀礼がないまま、文徳・清和期でもほぼ毎年行われた節会のみの挙行となってしまうことが問題視され、何らかの拝礼が行われたとの推測は可能だろう。内裏の中で小朝拝の原型が挙行された場合、朝賀と比べて参加者の範囲は限定されていたとも推測できる。桓武期に、公的な近侍官として次侍従が成立すると同時に私的な近臣・侍臣も成立したとの古瀬奈津子氏の指摘を踏まえると、その範囲から大きく出なかったのではないだろうか。

とはいえ、もし文徳・清和期に節会に先だってなんらかの形で天皇への拝礼が行われていたとしても、具体的な儀礼の細部まで立ち入って考えるなら、後の小朝拝とはだいぶ様相の異なったものであったと考えられる。第一に、天皇の居所が清涼殿に固定していない上に、内裏に入らず東宮に長くいた時期などもあるのだから(28)、後の小朝拝と細部まで同一形式の儀礼が行えたとは考えがたい。第二に、宇多天皇による殿上人身分の確立以前の時代に、「殿上王卿」の列立する小朝拝のあり方が成立していたとは考えがたい。佐野氏も文徳・清和期の儀礼はあくまでも原型であり、小朝拝としての確立は宇多・醍醐期と考えているのであろうが、その段階差は大きいというべきであろう。「原型」的な前史の推定を認めるにしても、小朝拝の成立に関しては、通説通り九世紀末の宇多期あたりにその最大の画期を求めるのが穏当と考えられる。

想像をたくましくすれば、殿上人身分などが整備され公的な性格を強める以前であれば、朝賀がない場合に臣下からの整備された拝礼がなかった、あるいは皇太子や親王、広くても近臣・侍臣からのごく私的な表敬しかなかったとしても、それほど問題とはならなかったのではないだろうか。九世紀末以後、律令官僚制全体の表象たるべき元日朝賀儀礼・即位儀においてさえ、内裏から行幸に供奉し、儀礼の間も朝庭に列立するのではなく大極殿やその周辺で天皇に近侍・見物することで天皇との関係を確認・表示することが優先されるような階層、すなわち公卿・殿上人の範囲が公的なものとして整備されたからこそ(29)、彼らと天皇との関係が、朝賀挙行の有無にかかわらず確認される必要性が高まったのであろう。

五、皇后・皇太子への拝礼の変質と小朝拝

元日における天皇に対する拝礼が元日朝賀儀礼から小朝拝へ代わっていったのと同様の変化は、皇后・皇太子に対する拝礼でも起こった。

『儀式』『延喜式』などに規定される正月二日の皇后・皇太子への拝礼は、皇后への群臣朝賀、皇太子への春宮坊官人朝賀、皇太子への賀として本格的な朝賀儀礼の形式を持つ(30)。しかしこれらの儀礼は早く退転し、正月二日における皇后(中宮)・皇太子(東宮)に関わる儀礼は、いわゆる二宮大饗に代わる。この変化は、天皇に関わる儀礼で元日の朝賀儀礼が失われ節会だけが残るのと相似している。ただ意外に見落とされがちなのは、二宮大饗の中にも拝礼儀礼が含み込まれていることである。

すなわち、『西宮記』『北山抄』などによれば、中宮の大饗が始まる前に公卿・四位五位・六位の拝礼がある。ただし東宮に移動後に東宮への拝礼はなかったようである(東宮侍臣の拝礼の例はある)(31)。東宮への拝礼がないのは、ある時期から以後東宮の居所が内裏の後宮内に包摂され(32)、二宮の大饗が一体化して行われるようになることと関連があろう。これらの簡略な拝礼は、元来の朝賀儀礼の系譜上に簡略化されたのではなく、饗宴に先立つ拝礼として新規に創始されたとみるべきである。

本格的な朝賀的儀礼が退転した後、饗宴に先立つ簡易な拝礼として整備されたという意味では、二宮大饗の冒頭に行われる拝礼は小朝拝とその意義を同じくするものである(33)。こうして結果的に、年頭における王権構成者(天皇、中宮・東宮)との関係確認儀礼は、簡易な拝礼＋それに対する賜宴という形式に統一され、この形式を摂関や大臣も共

有することによって、重層的に存在する諸家に対して兼参を前提に奉仕する諸関係を示す諸拝礼が、年頭の宮廷社会を覆っていく。その過程と意義は、諸先学が既に明らかにしているとおりである。(34)

おわりに

律令国家全体の秩序を体感させるべく、親王から無位までの広範囲の官人に天皇を拝ませる元日朝賀儀礼は、九世紀後半に挙行の頻度を急激に下げていく。変化したのは挙行頻度だけではない。九世紀末には、朝賀が挙行されても、日常的に内裏に近侍している公卿・殿上人などの多くは、朝庭で本来の形で拝礼をするわけではなく、内裏から朝堂院への行幸供奉などを通して天皇との関係を確認するようになっていた。

彼らにとってはもはや、朝賀自体が挙行されないことは君臣関係の確認の欠如としてさほど重大ではなく、行幸供奉などを通し天皇の近侍者としての地位を確認できないことの方がより問題であったと思われる。それゆえ公卿・殿上人たちは、天皇への拝礼の欠如に対処するというなら本来は――挙行費用の格差を措けば――朝賀儀礼の復活・励行を奏請してもいいはずなのに、小朝拝の復活を強く要請すれば足りるとしたのであろう。

小朝拝の参加者とは、朝賀儀礼が行われる場合であれば内裏から朝堂院への行幸に供奉するような層でもある。居所で近侍者の奉仕を受けつつ古代以来の国家儀礼の役を務めるべき天皇が、その肝腎の国家儀礼を行わない場合でも、その居所における近侍者からの表敬儀礼は受ける。これが小朝拝の成立の意味であろう。小朝拝を古代以来の国家儀礼と対照して「私礼」と表現し一時停止までした醍醐天皇のわだかまりには、国家儀礼に際して高位者たちが天皇に奉仕する際に何をもって公的な奉仕、関係確認とするのか、それらに関する考えかたが大きく変わっていく過渡期の苦悩が窺える。

注

（1）古瀬奈津子「平安時代の「儀式」と天皇」（『日本古代王権と儀式』吉川弘文館、一九九八年。初出一九八六年）。元日朝賀儀礼の変質についても重要な論考である。

（2）岡田莊司「「私礼」秩序の形成―元日拝礼考―」（『國學院雜誌』八九―六、一九八八年）。

（3）佐々木恵介『天皇の歴史03　天皇と摂政・関白』（講談社、二〇一一年）。

（4）佐野真人「小朝拝の成立」（『神道史研究』五六―一、二〇〇八年）。

（5）中野渡俊治「小朝拝小考」（「三田古代史研究会報告」二〇一一年）。二〇一一年九月二十四日の三田古代史研究会での口頭発表である。当日筆者は出席していないが、小朝拝の報告をされたことを知り、氏に照会したところ、まだ活字論文にはしていないとのことで、報告レジュメと要旨を送っていただいた。氏に深謝するとともに、一般には入手しづらいであろうが、これらレジュメ・要旨の参照を注することとしたい。まもなく論文化されるとのことであるので、氏の見解も入手されやすくなると思われる。その際には是非参照されたい。

（6）藤森健太郎『古代天皇の即位儀礼』吉川弘文館、二〇〇〇年、同「天皇即位儀の転生―中世に生きる古代儀礼―」（三田古代史研究会編『政治と宗教の古代史』慶應義塾大学出版会、二〇〇四年）、同「王への視線―十世紀以降即位儀における見物について―」（『史学』七三―四、二〇〇五年）など。特に元日朝賀儀礼・即位儀の変質過程についての詳細についてはこれらを前提としているのでご参照いただきたい。

（7）この際に、親王からの拝礼の存続を問題にしている点に中野渡前掲注（5）報告が着目しており、大変興味深い。

（8）『唐六典』巻四　礼部。なお、この史料の中では供奉官たちに「拝賀」がないことが問題となっているから、献寿・万歳の一連の流れの中には拝礼も含まれていたとみてよい。

（9）歳時部五　小朝拝。

（10）所功「「朝賀」儀式文の成立」（『平安朝儀式書成立史の研究』国書刊行会、一九八五年）。なお、同氏による元日朝賀・節会実施表（単行本では三九五頁～三九九頁）は、朝賀・小朝拝の実施データの基礎として参照した。ただし、訂正の必要もある。小稿と関わるものでは、九一七（延喜十七）年の「小朝拝」（『日本紀略』）は中野渡氏も指摘するように皇太子・親王からのものであろう。また、朝賀の実施の最後は、九九三（正暦四年）である。平安中期の朝賀については、「規定があったとは思われないが、実際には朝賀は一代一度の割合で行われていたことがわかる」との古瀬奈津子氏の指摘がある（前掲注（1）論文）。

（11）なお、臣下からの小朝拝が停止されている間も皇太子からの朝覲はあった（『西宮記』『日本紀略』）。中野渡氏、前掲注（5）報告に詳しい。

（12）前掲注（6）諸論考。

（13）前掲注（6）諸論考に加え、藤森健太郎「天皇即位儀礼からみた古代の国家と社会」（『歴史学研究』八〇七、二〇〇五年）も参照されたい。

（14）本稿に言う儀礼参加者とは、儀礼本来の中で定まっている役を持って儀礼的行為をする者とする。見物者は、いわゆる興味本位の物見だけでなく、現代で言う見学等も含む行為である。ただし、本来定まっている役でなくとも、儀礼の中で一定の行為・役割を果たす者も現れてくるので、すべてをこの二者に分類しきれるものではない。

（15）『小右記』長和五年（一〇一六）二月七日条。なお、このときの即位儀では道長は北庇東幔幕内に位置を占め、これが摂関の大極殿上あるいは高御座の位置へと継承されていくことは、末松剛氏の「即位式における摂関と母后の高御座登壇」（『平安宮廷の儀礼文化』吉川弘文館、二〇一〇年所収）に詳しい。この小稿では、近侍・見物する公卿たちをひとつのグループとして扱っていることが多いが、その中でも摂関はより王権に近しい存在として隔絶していくことを、末松氏の優れた研究を参照しつつ一言しておく。とはいえ、摂関にしても本来の即位儀の中において天皇を拝する儀礼的行為を欠いていることになる。ただし、小朝拝との関係が直接問題となる元日朝賀儀礼は、摂関が他の公卿と隔絶した位置に固定する頃にはもう廃絶していた。

（16）『御堂関白記』長和五年（一〇一六）二月七日条。

（17）藤森健太郎前掲注（6）著作でも触れたが、『続日本紀』に見える七六八（神護景雲二）年の元日朝賀儀礼の記事には「旧儀」として少納言が大極殿上に立っていた旨が記されている。このとき少納言は椅子に坐すよう改められたが、平安時代の儀式書ではまた立つことになっている。ともあれ、七六八年以前から少納言が大極殿上にいたことは間違いない。侍従も同様との推測も乱暴ではあるまい。

（18）古瀬奈津子「昇殿制の成立」（『日本古代王権と儀式』吉川弘文館、一九九八年所収）。

（19）もちろん、人数だけの問題ではなく、大極殿が天皇の独占空間であるという性質によるところも大きい。
（20）今残る史料で早くは村上天皇即位儀でこうした状況が見えている（『九暦』『吏部王記』）。
（21）六位以下の官人層が天皇の直接の〈君恩〉から疎外されていく時代背景については、吉川真司「律令官人制の再編過程」（『律令官僚制の研究』塙書房、一九九八年所収）を参照のこと。
（22）『群書類従　第七輯　公事部』に収録。
（23）このときの記事や、行列やその見物の意義・変遷については、野田有紀子「行列空間における見物」（『日本歴史』六六〇、二〇〇三年）参照。
（24）朝賀儀礼が挙行された場合にも小朝拝を挙行したのかどうかは諸説あってはっきりしないのだが、両者の関係についての史料が村上天皇の時期に見られるのは興味深い（「清涼記」「天暦蔵人式」）。憶測すれば、すでに行幸供奉や見物などの様相が相当進行していた十世紀前半には、公卿・殿上人は行幸の後にも還御する天皇に従い内裏に入ったのかもしれない。だとすれば、還御後・節会前に、行幸出発時と同様な列立や簡易な拝礼があるのも自然で、これをも「小朝拝」と認識した結果、朝賀後に小朝拝ありとの説が生まれた可能性がある。なお、九九三（正暦四）年、最後の元日朝賀儀礼の後にも小朝拝をした旨見える（『小右記』）が、このときには節会に先だって小朝拝を挙行するのが完全に定着していたことによると考えられる。
（25）『西宮記』所引「醍醐天皇御記」。
（26）佐野真人前掲注（4）論文。
（27）古瀬奈津子前掲注（18）論文。
（28）目崎徳衛「文徳・清和需天皇の御在所をめぐって―律令政治衰退過程の一分析―」（『貴族社会と古典文化』古川弘文館、一九九五年所収）を参照のこと。なお、九世紀で在位の天皇が内裏に居住していなかったのは、文徳天皇、清和天皇の前半、宇多天皇の前半である。東宮や冷泉院を居所にした。
（29）古瀬奈津子前掲注（18）論文。
（30）藤森健太郎「『儀式』『延喜式』における皇太子の正月受賀儀礼について」（前掲注（6）著作所収）、栗林茂「皇后受賀儀礼の成立と展開」（『延喜式研究』八、一九九三年）。
（31）『西宮記』所引の『九暦』には、九五一（天暦五）年に、「東宮侍臣大夫以下」の拝礼が見える。
（32）東海林亜矢子「母后の内裏居住と王権」（『お茶の水史学』四八、二〇〇四年）参照。
（33）中野渡氏も、前掲注（5）報告で、小朝拝が元日節会の実施と連動する性格を持ち、それゆえに遅い時刻の開始でも行われたことを指摘している。

(34) 年頭諸拝礼のその後については、岡田荘司前掲注(2)論文、酒井信彦「『諸礼』の成立と起源」(『日本歴史』四二六、一九八三年)。また、年頭に限らず昇進拝賀などの拝賀儀礼の意義解明に精力的に取り組んでいる桃崎有一郎氏の研究も重要である。「『西宮記』に見る平安中期慶申(拝賀・奏慶・慶賀)の形態と特質」(『立命館文学』六二四、二〇一二年)、「鎌倉幕府の秩序形成における拝賀儀礼の活用と廃絶―鎌倉殿・御家人・御内人と拝賀―」(阿部猛編『日本史史料研究会論文集1 中世政治史の研究』、二〇一〇年所収)、「鎌倉殿昇進拝賀の成立・継承と公武関係」(『日本歴史』七五九、二〇一一年)、「中世後期における朝廷・公家社会秩序維持のコストについて―拝賀儀礼の分析と朝儀の経済構造―」(『史学』七六―一、二〇〇七年)など。

【付記】本稿は文部科学省科学研究費補助金 基盤研究B「東アジアにおける礼・儀式・支配構造の比較史的研究~唐宋変革期の中国・朝鮮と日本~」代表:西澤奈津子(古瀬奈津子)研究課題番号:二六二八四〇九三の成果の一部である。

第二部　政務と人物

継体天皇と琵琶湖・淀川水系

中野　高行

問題の所在

仁藤敦史氏によれば、「倭の五王」段階までのヤマト王権は、「軍事指導者」としての力で諸豪族を統率し、鉄資源や先進文物を再配分していた。継体天皇も朝鮮半島からの先進文物の安定供給を期待された「軍事王」であり、「卓越した軍事指導者」として「倭の五王」段階の倭王と質的な断絶はなかった。[1]

確かに、新羅によって奪われた南加羅《ありしひのから》・喙己呑《とくことん》などの奪還のため近江臣毛野の軍隊を派遣したり、毛野の軍隊を遮った筑紫君磐井の反乱を鎮圧するために物部大連麁鹿火《あらかい》の軍を派遣するなど、内外において軍事力を展開する継体天皇は「軍事王」と呼ぶにふさわしい。

ところで六世紀前半では、ヤマト王権が百済から先進の文物・技術・知識を受容する対価として「兵」を提供しており、[2] 倭国の軍事力は「〈交換〉される商品」として現れる。仁藤氏が継体を「軍事王」とするときの「軍事力」は、《政治的道具》としての性格が濃厚だが、交易の中で果たされる《経済的道具》としての役割にも注目すべきなのではないだろうか。継体の母の出身地で、幼少時のヲホド王（のちの継体天皇）が育ったと『日本書紀』（以下、『書紀』と略記する）が伝える越国（越前）が、他の日本海沿岸諸地域（越後・敦賀・若狭・出雲・筑前・壱岐）や新羅・加耶諸国とも盛んに交流し、多くの物品が交換され人が往来していたことを別稿で考察した。(3)本稿では、日本海諸地域（特に越国・敦賀・若狭・丹後）との深い結びつきを持つ琵琶湖―淀川水系の水上交易の実態を総合的に考察しながら、ヲホド王の特質について最近の考古学的知見も取り入れながら再検討してみたい。なお、行論の都合上、即位前の継体天皇をヲホド王と呼ぶことにする。

一、継体天皇関連遺跡

①今城塚古墳

継体天皇の三島藍野《あいの》陵として、大阪府茨木市太田の太田茶臼山古墳が指定されている。しかし古墳の形状や埴輪などの年代的特徴、文献史料の検討から大阪府高槻市郡家新町の今城塚古墳を真の継体陵とするのが学界の通説になっている。以下、考古学的知見をもとに今城塚古墳やその被葬者の特徴を整理する。奈良時代以前の大王陵は、畿内でもほとんどが大和や河内にある。例外は、淀川水系の摂津にある継体陵と、京都山科にある天智天皇陵である。(4)三島きっての大集落である郡家川西ムラの西側に所在し、墳丘長一九〇m、総全長は三五〇m、兆域は三島地域で最大。簡単な整地作業をしてあり、西向きで両側に造出をもち、二重の濠に囲まれていた。(5)中期の大型前方墳の外観を踏襲しているが、埋葬関係施設や祭祀儀礼では余すところなく新機軸を打ち出している。陪塚は全くない。(6)二本のマストが立つ船の絵が描かれた円筒埴輪が一三点（今城塚古墳五点、新池遺跡七点、川西四号墳一点）見つかっているが、これら「船」のヘラ記号は、「停泊船」をワンパターンで描いたものと考えられている。[7] 森田克行氏は、無数の「停泊船」の描出をイメージし、淀川縁に造営された継体の重要な拠点のひとつとしての河津「筑紫津」を考定した。[8] 継体紀二十四年条の哀傷の歌から、対馬を発った外航船が近江に向かうのに、玄界灘から瀬戸内海を通過し、直接淀川を枚方ちかくまで遡ってきたことを森田氏は読み取る。この外航船は、喫水の深さから淀川中流において行き止まり、最寄りの河津に停泊したと思われる。[9] 今城塚古墳からは、馬門《まかど》石、二上山の白石、竜山石と三種類の石棺の砕片が二〇〇点（二〇cm四方〜一cmに満たないものまで大小様々）が出ている。[10] 初めて横穴式石室を導入した王墓とされる。[11]

②太田茶臼山古墳

宮内庁の調査時に、太田茶臼山古墳からは五世紀中頃の埴輪が出土している。[12] 三島の二大古墳の被葬者は琵琶湖・淀川水系が共通基盤で血縁が想定できる。森田氏は太田茶臼山古墳の被葬者を、継体の曾祖父オホホド王ではないかと推測する。オホホド王は息長氏の始祖的人物で、姉妹の忍坂大中姫《おしさかおおなかつひめ》命や衣通郎女《そとほしのいらつめ》が允恭天皇の后妃となったことでヤマト王権の外戚となり、大いに権勢を振るう立場にあった。[13] 古墳出現期の古墳のあり方が北の淀川水系と南の大和川水系では全く違うため、本来のヤマト王権は大和川水系が基盤で淀川水系は含まれておらず、[14] 太田茶臼山古墳が造営される五世紀中葉になって初めて淀川水系の勢力はヤマト王権の中で一定の発言権をもつようになったとされている。[15]

③摂津三島古墳群

『釈日本紀』所引『伊予国風土記』逸文によると、伊予国越智《おち》郡の「御嶋（大三島）」にいます大山積神は「和多志の大神」、すなわち航海・渡航の守護神であり、仁徳朝に百済から渡来して、津国（摂津国）の御嶋に顕現、その後、伊予国三嶋に遷し奉ったとある。三島の古墳では阿波徳島の土器は一定量を占めるが、紀伊の土器は出てこない。[16] 三島は水陸交通の要衝であり、四世紀後半代までに王権により三島県が設定されていたとされる。(17)オホホド王の勢力基盤がヲホド王の代まで伝領されたため、ヲホド王は三嶋の対岸の地、樟葉宮《くずは》で即位し、その後も筒城宮《つつき》・弟国宮《おとくに》に遷居することが可能だったと考えられている。樟葉の地も水陸交通の要衝であった。(18)縄文時代には、内湖や外海で丸木舟が用いられていたが、(19)弥生時代・古墳時代では「ゴンドラ形」「準構造船（竪板形・貫型）」(20)が出現し、帆走や船団の可能性もあり、弥生時代から港湾施設が整えられることとあわせ、移住・軍事・輸送などの能力は高かったとされる。(21)

①〜③から、ヲホド王やその血族が琵琶湖—淀川水系に近接し、瀬戸内海・筑紫・対馬、さらには朝鮮半島にまで及ぶ水上交易ネットワークに関係していたことが想定される。

二、継体天皇の血縁関係——近江息長氏を中心に

①継体天皇の系譜

『釈日本紀』所引『上宮記』の「一云」の記述を整理すると表1のようになる。

多くの先学が指摘しているように、この系譜が完成するまでには複数の氏族が関わっている可能性があり、(22)どこまで史実を伝えているのかは分からない。ただ、継体の父の彦主人王が近江国高島郡を本拠にしていたこと、父方・母方のいずれにも越前・美濃など畿内東方隣接地域の有力首長がいたことは、おおむね認められている。(23)継体の父・彦主人王の本拠地とされているのが、

表1　継体天皇の系譜

継体との関係	名　前	出身氏族	本　貫	備　考
父方の母	久留比売	牟義都国造家	美濃国武儀郡	
母方の母	阿那爾比弥	余奴臣	越前国江沼郡	武内宿禰後裔氏族
父	彦主人王		近江国高島郡	
母	振媛	三国国造家？	越前国坂井郡三国	

註　『釈日本紀』所引『上宮記』の「一云」の記述にもとづく

近江国高島郡・安曇川《あどがわ》流域である。宮内庁は田中王塚古墳（円墳・径五八m、俗称ウシ塚）[24]を陵墓参考地として管理しているが、年代が合わないとの批判がある。[25]高島市鴨の鴨稲荷山古墳は鴨川南岸の田園地帯にある前方後円墳。全長四六m、高さ四・五m、後円部経約二三m。古墳時代中期の築造と見られ、後円部に横穴式石室があり周濠が巡らされている。明治三十五年の県道拡張工事で墳丘が壊された時、二上山産出の白色系凝灰岩でつくった刳抜《くりぬ》き式家形石棺が発見された。この中から新羅もしくは加耶系の金銅製の冠・沓・耳環や、環頭大刀・鹿装大刀・刀子・鉄斧・銅鏡・魚佩・玉類などの副葬品が見つかり、棺の外からは鞍・鐙・器台・壺といった祭具が出土した。被葬者は熟年男性で、五世紀末から六世紀前半にかけて高島郡南部一円に君臨した三尾氏の族長など、彦主人王の関係者と考えられている。[26]安曇川の「安曇《あど》」は、海人族の安曇《あずみ》氏に由来すると考えられている。[27]川の中流（旧朽木村）から下流の周辺には、「小字安曇」・「天川《あまがわ》」（上古賀と南浜の二ヵ所）・「雨ヶ森」・「天ノ坂」・「あまんさか（天坂）」などの地名や、安曇連関連の社寺や安曇連比羅夫の墓などが分布している。福井県若狭町にある十善の森古墳（六世紀初めの前方後円墳）からは、極めて精緻な百済製の金冠が出土しているが、高島市から若狭町に向かう途中の県境には「天増《あます》川」があり、十善の森古墳の北方には「海士坂《あまさか》」という地名が残されている。これらは、安曇海人が若狭湾方面から饗庭野《あえばの》を経由して安曇川流域付近に住み着いた軌跡を示していると見られている。彦主人王の本拠地である三尾別業については、旧安曇川町大字三尾里、旧高島町（旧水尾村の大字では鴨・宮野・野田・武曽横山）、旧高島村大字拝戸の式内社水尾神社などが遺称地と考えられている。[28]上御殿《かみごてん》遺跡（高島市安曇川町三尾里）出土の双環塚頭《そうかんつかがしら》短剣鋳型（弥生中期～古墳初期）のデザインが、春秋戦国時代に北方騎馬民族が用いたオルドス式短剣に類似しているように、[29]この地域は早くから大陸の影響を受けていた。安曇川町末広一丁目の南市東遺跡[30]や同町田中の下五反田遺跡[31]などの古墳時代中期の集落遺跡から朝鮮半島系移住民の痕跡が見いだせることが興味深い。饗庭野は奈良時代には木津郷に属していたが、郷名の由

表２　継体天皇の后妃

『記』	『紀』	父	本　貫	備　考
手白髪命	手白香皇女	仁賢天皇	大和国	
目子郎女	目子媛	尾張連草香	尾張国	即位以前は正妻的地位か
若比売	稚子媛	三尾角折君（兄）	近江国高島郡三尾①	最初の妻か
麻組郎女	麻績娘子	息長真手王	近江国坂田郡	
黒比売	広媛	坂田大跨王	近江国坂田郡	
倭比売	倭媛	三尾君堅槭	近江国高島郡三尾	
波延比売	荑媛	和珥臣②河内	大和国	
	関媛	茨田連小望（兄とも）	河内国茨田郡	
	広媛	根王		

註①　三尾氏の本貫については、越前国坂井郡説（岸俊男『三国町史』三国町教育委員会、1964年3月。米澤康「三尾君氏に関する一考察」『北陸古代の政治と社会』法政大学出版局、1989年12月）もある。

②　『記』は阿倍氏出身とする。

来と考えられる木津忌寸は朝鮮半島の漢氏であるという。加藤謙吉氏は、「漢氏」のウヂ名の「アヤ」が、もともと安羅の国名から転じたものではないかと推測しているので、[32]高島郡には加耶からの移住民が居住していたと思われる。

②継体天皇の后妃

記紀の記述により継体天皇の后妃を整理すると表2のようになる。

稚子媛（若比売）は、『古事記』で筆頭に書かれ、大郎子《おおいらつこ》（長男）を産んだとされるので一番最初の妻と考えられ、[33]目子《めのこ》媛《ひめ》（目子郎女）は『書紀』に「元妃」とあるので、即位以前において正妻的地位にあったとみられる。[34]名古屋市熱田区の断夫山《だんぷさん》古墳は、目子媛あるいはその父である尾張連草香の墓とされているが、畿外で最大の古墳である。[35]田中勝弘氏は日本武尊伝承を参照し、断夫山古墳をはじめとする名古屋台地の歴代古墳は岬の南端にあり、航海の安全を祈願する神をも祭っていたとしたうえで、被葬者たちは眼下にのぞむ伊勢湾を発着点とする太平洋沿岸の交通からえられた多大な権益を掌握し、その湊の管理を管掌していたと考えた。[36]尾張氏は京都府南部や滋賀県にも分布し、[37]継体の勢力圏とされる地域と重なっている。

③息長氏

麻績娘子《おみのいらつめ》と広媛はいずれも近江息長氏の出身とされ、継体の父の彦主人王も息長氏とする論者がいるように、継体天皇と息長氏との関係は深い。和田萃氏は、彦主人王は琵琶湖水運を掌握しており、息長王家は湖東から美濃・尾張を結ぶ要衝を本拠地としていたとする。氏は振媛を三国国造家の出身と考え、三国国造家が九頭竜川の水運か、九頭竜川河口から若狭に至る海運なども支配下に収めていたと想定している。[38] 意《お》冨《ほ》々《ど》等王[39]（継体の曾祖父）の妹の忍坂大中姫が允恭天皇の皇后となり、安康・雄略を生んだ時点で意冨々等王の家は王家になったとする。[40] 稚野《わかぬ》毛《け》二派《ふたまたの》王とその子女の居住地と考えられている近江国坂田郡には、息長古墳群が分布している。山津照神社古墳は、同神社境内にある古墳時代後期（六世紀前半）の前方後円墳である。正確な大きさは不明だが、推定全長は約四六m、高さは六mと見られている。[41] 横穴式石室で、金銅製冠帽が出土しているが、透かし彫りの施文は鳥取県長者平古墳のものに近い。[42] 塚の越古墳は、山津照神社古墳より一時期古い六世紀初頭の古墳[43]で全長四六m。二つの古墳とも石見型楯型埴輪[44]が出土している。継体の后と関係がある地域には濠をもった前方後円墳が平地に築かれる傾向がある。一番最初に濠を持った古墳が出現したのは塚の越古墳であり、高島郡三尾で初めて平地に濠をもった前方後円墳は鴨稲荷山古墳である。[45] 米原市箕浦《みのうら》から顔戸《ごうど》にかけて分布する黒田遺跡からは、古墳時代前期の大溝から大和・讃岐・加賀・近江など各地から運び込まれた大量の土器が出土した。系統的には広義の庄内土器と布留式土器が多かった。庄内式土器には東海系土器や北陸系土器に影響されたものも多く出土している。このほか口縁部に湖北地域の特徴が見られる壺や北陸系の影響を受けている甕が出土している。[46] 黒田遺跡の北東約一・二kmに位置する高溝遺跡では同年代の河川祭祀遺構が発見されており、小型の壺や丹塗りの土器をはじめ多量の土器が出土し、銅製の小型仿製鏡二面が共出している。[47] 黒田遺跡・高溝遺跡ともに交通の要衝における水辺の祭祀遺構と考えられ、息長古墳群から琵琶湖岸に向かう途次では、古墳時代前期に各地の人々により水辺の祭祀が行われていたことが確認できる。米原市箕浦は、天日槍が「暫住」したとされる「吾名邑」（垂仁紀三年三月条）の比定地であるが、「吾名」は安羅国の別名である「阿那」「阿羅」などに由来すると考えられており、[48]坂田郡には加耶からの移住民がいたものと思われる。

　息長氏の根拠地の周辺には、製鉄関係の遺構が見いだせる。彦主人王の本拠地とされる高島郡三尾の近くにある前述の下五反田遺跡では鍛冶生産工房などが確認され、同郡甲塚古墳群（高島市今津町）の一号墳からは、五世紀後半とみられる須恵器片、銅鏡一面（内行花文鏡）、鉄剣とともに鉄の製錬滓が発見されている。[49]忍坂大中姫が営んだ忍坂宮（桜井市忍坂《おっさか》）はその後も息長氏により営まれ、息長氏出身の息長広姫（息長真手王の娘）が産んだ押坂彦人大兄皇子が幼少期を過ごしたとされ、[50]皇子が活躍した六世紀後半の大規模な製鉄遺構として忍坂遺跡[51]が発見されている。息長氏の本拠地とされる坂田郡では、明治十六年三月二十三日付で、郡役所が能登瀬村戸長結城織人あてに出した出土物請取書の中に、「一、鉄塊六個」とあるほか、[52]能登瀬の集落から山津照神社に到る参道の西斜面、字オオキで鉄滓が採集された。金属学的調査の結果、腕形状精錬鍛冶滓（大鍛冶滓）[53]と判明している。能登瀬の鉄滓や山津照神社の鉄塊は、この地域における鉄生産を窺わせる痕跡とされ、息長氏と関連すると考えられている。[54]開化天皇の子・日子《ひこ》坐《います》王[55]の妻である息長水依《みずより》比売について、開化記には「近淡海の御上の祝が以ち伊都玖《いつく》、天之御影神の女」という記述がある。天之御影神とは近江国野洲郡の御上神社（野洲市三上の三上神社）の神奈備山の三上山（近江富士）の神である。天之御影命は天津彦根命の御子であり天目一箇神という別称があることから、[56]鍛冶神（製鉄神）とみる説がある。[57]息長氏は製鉄と密接に関係している。[58]

　和田萃氏は、息長王家は美濃・尾張に至る要衝の地を本拠とするとともに、琵琶湖水運をも掌握していたとする。振媛は三国国造家の出身であるが、三国国造は九頭竜川水運を管掌するとともに、三国湊を拠点にして、若狭・越中を結ぶ日本海海運をも支配していたと推測する。ヲホド王の勢力基盤の中核は、近江と越前であったが、ヲホド王の

表３　安閑天皇・宣化天皇の后妃

	『記』	『紀』	父	本　貫	備　考
安閑		春日山田皇女	仁賢天皇	大和国	
		紗手媛	許勢男人大臣	大和国	許勢男人は継体朝の大臣
		香香有媛			
		宅媛	物部木蓮子大連	大和国	
宣化	橘中比売命	橘仲皇女	仁賢天皇	大和国	
	川内若子比売	大河内稚子媛	凡河内氏	河内・摂津①	

註①　凡河内氏の本貫は、角林文雄「凡河内直と三島県主」（日本史論叢会編『論究日本古代史』学生社、1979年６月）により、摂津三島に拠点を持っていたことが確実とされているので、本貫に加えた。

祖母にあたる久留比売は、美濃の牟義都《むげつの》国造家の出身であったから、美濃を加えてよいかもしれないとも述べている。(59) ヲホド王は近畿へのルートを押さえていた。(60) 白石太一郎氏によればヤマト王権の中核は古墳時代初期に形成されていた大和川水系の諸政治勢力の連合体だったが、(61) 継体天皇は近江・尾張・越前など畿内東辺勢力が擁立し、特に淀川水系の諸勢力（特に三島の勢力）の役割が重要だった。(62) 氏は、継体が継承したのは大和・河内を基盤としたヤマト王権のシステムで、北の淀川水系を含めた「畿内」という政治的まとまりが形成されるのは継体朝以降のことだとする。(63) 継体擁立の背景に、息長氏や三尾氏など近江の有力氏族がいたと思われる。(64)

④安閑・宣化の后妃

記紀の記述により継体天皇の后妃を整理すると表3のようになる。

継体の父母・祖父母の系譜や后妃の出身氏族に関しては多くの先学が触れているが、継体の息子たちの后妃についても考察すべきである。彼らに后妃を出している許勢・物部・凡河内の各氏が継体を支援していたことが想定される。

⑤開化天皇の後裔

『古事記』により開化天皇後裔系図を作ると図1のようになる。

これによると、応神天皇に嫁いで継体天皇の高祖父・稚野毛二派皇子を産んだ弟媛の父・河派仲彦《かわまたなかつひこ》（景行記では杙俣長日子《くいまたながひこ》王）と同族とみられる河俣（派）稲依比売が息(65)長宿禰王の妃となっている。また開化天皇から息長帯比売にいたる系譜には、近江坂

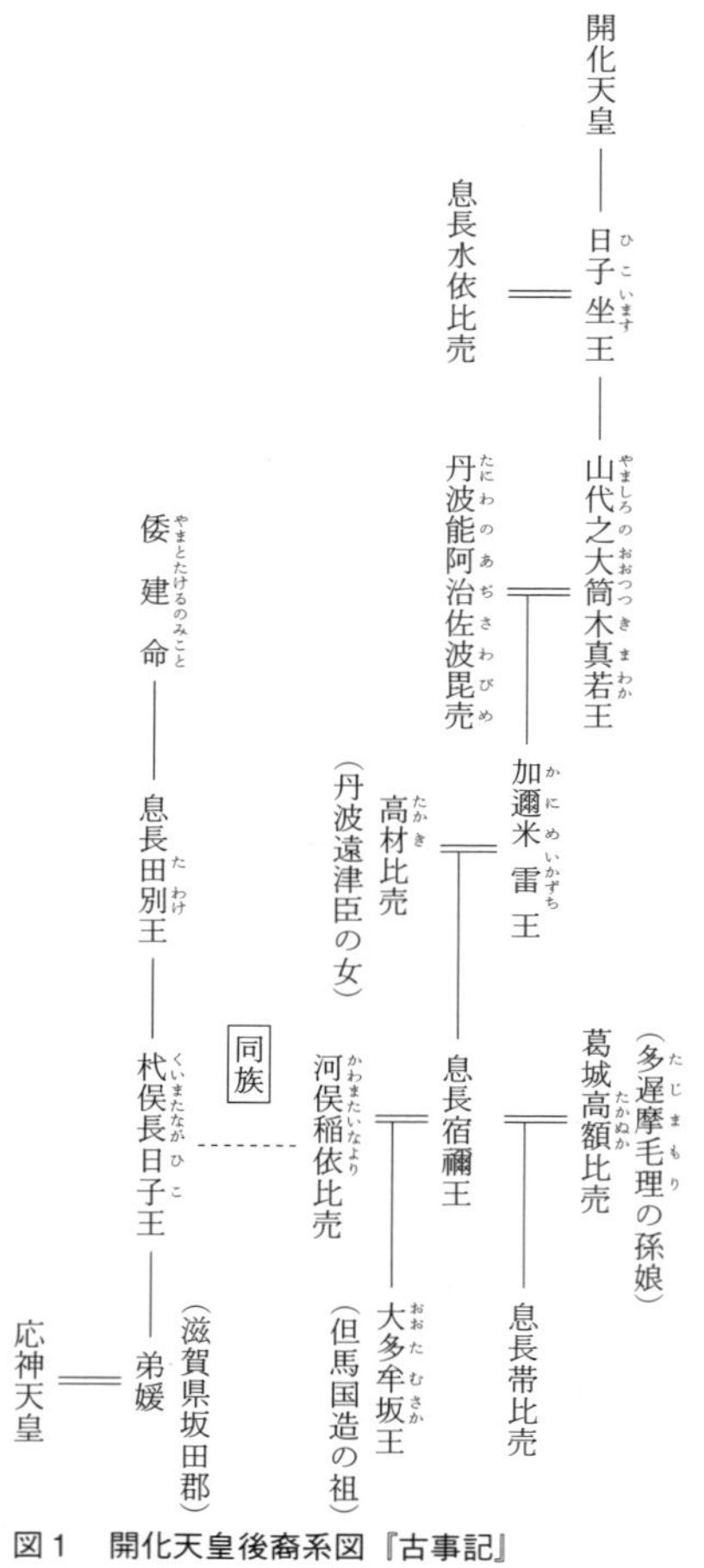

図1　開化天皇後裔系図『古事記』

田郡の息長氏や丹波・但馬の豪族が多数含まれている。伝説的とされる神功皇后（息長帯比売）より以前の系図の検討については慎重であるべきで、これらの血縁関係が史実なのかは定かでない。しかし近江息長氏が琵琶湖を媒介にして越前・若狭などと深く関わっていたことを考えると、淀川水系の桂川上流（継体の弟国宮）から日本海側に抜ける陸上経路にあたる丹波や但馬と密接な関係を持っていたことは十分想定できるであろう。

三、継体天皇の三宮と淀川水系の港津

継体は、大和磐余に入る前に樟葉宮・筒城宮・弟国宮など三つの宮を営んだと『書紀』は記す。樟葉宮の伝承地には交野《かたの》天神社（大阪府枚方市楠葉）が鎮座する。枚方はもともと「平潟」に由来し、河港が存在したからと考えられている。[66] 安康記では、袁祁《をけ》王・意祁《おけ》王が「玖須婆之河《くすばのかわ》」を渡ったとあり、「渡し」の存在と山城南部から播磨国に通じる交通路の存在が想起される。古くから交通の要衝であり、大和北部から木津川沿いを北上して、

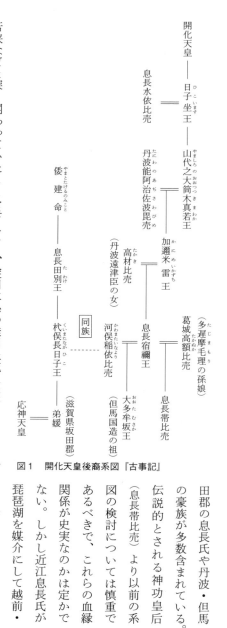

西国に向かう場合の淀川の渡河点として重要な位置を占めていたと考えられる。(67)

筒城宮（京都府綴喜郡）は同志社大学田辺キャンパス周辺、(68)弟国宮（京都府乙訓郡）は長岡京市今里地区周辺に比定されている。(69)仁徳記に「筒木韓人奴理能美《ぬりのみ》」とある奴理能美が『新撰姓氏録』によると百済系なので、継体が宮を造る前から百済人がおり、奈良時代には百済系の一大根拠地だったとする説もある。(70)樟葉宮は淀川の流域にあり、筒城宮は木津川、弟国宮は桂川を媒介にして淀川に接続する。継体の三つの宮はすべて淀川水系にあり、継体陵のある三島と連結している。

続いて、淀川水系の港津をみていく。守口市に式内津嶋部神社が、寝屋川市には対馬江という地名が残っている。茨田屯倉は、淀川下流左岸低湿地帯（枚方市西南部・寝屋川市内寝屋川左岸側・門真市・守口市）にあったと考えられている。(71)淀川右岸の高槻市唐崎は「韓崎」、左岸の守口市津島部神社は、隣接する寝屋川市対馬江との関わりから「対馬部」神社ともみなされる。(72)催馬楽の『難波の海』の分析から、森田克行氏は「難波の海」が「河内湖」、「山崎津であるとしたうえで、「筑紫津」は芥川が淀川に合流する付近の芝生の潟地であると推定した。(73)氏は、継体紀や『土佐日記』を援用し、古代に外洋帆船が枚方山崎の地まで到着していたことを明示し、古墳時代前期においても外洋船が淀川を遡っていたことは十分考えられ、徳島の結晶片岩をはじめとするさまざまな物資の搬入のための河港だったとする。(74)森田氏は、今城塚古墳や新池遺跡の円筒埴輪に散見される線刻の「船絵」が、船体には帆を張らない状態の二本のマストであり、舳先となる右端には二本の碇綱を描いていることなどから、停泊している帆船として描かれているとした。(75)熊本産の阿蘇溶結凝灰岩（馬門石）の家形石棺が搬入されているので、三島の筑紫津は名実ともに機能していた。(76)欽明紀十五年（五五四）条に、百済救援軍として「助軍数一千・馬一百匹・船卌隻」と記されていることから、船一隻につき兵員二五人を搬送していたことになる。一定の規範のもとに描かれた帆船の一つは「外航可能な軍船」と解され、それらが寄り集まった様は「軍港の姿そのもの」であったとされている。(77)高槻市津之江町に鎮座する筑紫津神社について参道の正面に立つ鳥居が南面しているのに、拝殿・本殿がともに東面しているので、二〇〇mほど東側を南流する芥川の水運を意識した配置であると考えられる。筑紫津神社の西側一帯には、旧石器時代から中世に至る津之江南遺跡がある。(78)淀川低地の真ん中に、アメリカ式石鏃や青銅器鋳造関連遺物が出土した弥生時代の大集落である芝生遺跡があり、物資流通の拠点として機能していた。(79)調査の結果、集落の西側一帯で広大な潟がみつかり、そこには芥川が形成した深く抉られた水尾筋がいくつも存在していたという。芝生集落・津之江集落は、かつて潟にあった一大河津の機能を共同で担っていた。森田氏は以上のように筑紫津神社を説明したうえで、「筑紫津」を淀川北岸・三島平野の潟に設営された河津と認めたいと述べている。(80)森遺跡（交野市）の北辺の一角にある字「船戸」はかつての船津であり、(81)森遺跡は古墳造営時には「石津」として機能した集落だったと思われる。(82)牧野車塚古墳（枚方市）では、葺石に兵庫県猪名川流域産の石英斑岩、大阪府・奈良県境の二上山産の輝石安山岩、徳島産の結晶片岩や紅簾片岩の板石などが用いられており、(83)淀川水系で広範な地域の石材が往来したことを示している。京都府南部（京都市伏見区・宇治市・久御山町）にあった巨椋《おぐら》池の岡屋津は、すぐ近くに宇治郡衙があった。陸路では大和から近江に至る通過点であり、水運では琵琶湖～瀬田川・宇治川・巨椋池・淀川～河内、木津川～大和を結ぶ、古代における水陸交通の結節点だった。(84)瀬田川西岸に近い国分一丁目にある国分大塚古墳は山城—近江ルートの要の位置にある。この古墳の築造のころ、大津北郊では前方後円墳が築かれなくなり、かわって平面方形でドーム状の天井部をもつ特徴的な玄室を有する群集墳が集中して形成される。この地域が和邇氏を媒介として、五世紀末ごろに漢人系氏族が編貫されたところであり、ミニチュア炊飯具などの副葬品や特異な石室構造などから、それが漢人系の墳墓であると考えられている。(85)米原市磯にあった内湖の内側に張り出す磯山に、大津北郊域と同じ構造の石室を築く磯崎古墳群が形成され、内湖からは加耶系の須恵器が採集されている。稲荷山古墳のある高島平野では、安曇川町南市東遺跡や五反田遺跡などで、陶質土器や初期須恵器の出土する集落が形成されており、早い段階からの朝鮮系移住民の定着を物語っている。(86) 淀川水系には多くの川津が分布し、対馬・筑紫・肥後・阿波などとの交流の痕跡が確認され、継体の樟葉宮・筒城宮・弟国宮の経営目的は淀川水系の整備にあったという見解もある。(87) 継体は、近江・越前・美濃・尾張に加えて、摂津三島・河内北部・山城南部を基盤にしていたとする塚口義信氏の所説に従いたい。(88) 継体が「隔絶した大王権」を確立できた背景には、琵琶湖―淀川水系の水運を支配していたことによる、物流の統制を基盤とした輸送力・機動力・財政力などがあったと考えられる。

四、琵琶湖――淀川水系流域の諸氏族

「倭の五王」時代に行われた活発な外交は、住吉津の相対的な位置を高揚させ、百舌鳥古墳群占地の際の一つの理由になった。一方難波津は、桂川・宇治川・木津川の水運と密接な関連を有する三島古墳群が、河内湖を含めた難波津に対し大きな勢力を保持していた。住吉津と難波津の相対的な位置は、百舌鳥古墳群が衰退し太田茶臼山古墳が築造される中期後半に逆転したと考えられる。河内湖の最奥（東端）の草香津は、前期に四條畷市忍岡古墳が築かれており、早くから開港していた可能性があるが、城の越古墳と芝山古墳が築造される後期に入ってから津としての重要性が高まる。芝山古墳は全長二六ｍと小型の前方後円墳であり、金銅製馬具一式をはじめ豊富な副葬品を持っており、草香津の管理者だった可能性があるが、継体天皇の出現前後に、難波津の相対的な位置が高まったため、河内湖を媒介にして大和に通じる草香津が再び重視されるようになったと見られる。(89)

巨椋池の南に位置する宇治二子塚古墳と継体の関係も指摘されている。宇治二子塚古墳は六世紀初か五世紀末ころの築造と考えられ、(90)被葬者は近江・北陸などの諸勢力とともに継体と強く関係した人物であり、(91)和珥臣河内の娘で継体妃だった荑媛《はえひめ》の可能性も指摘されている。(92)巨椋池を中心に、簡単に水路を使ってたどり着く南が筒城、北が弟国、東が二子塚古墳である。二子塚古墳の西側にかつて岡屋津があったので、この辺で陸に上がり山科を通って琵琶湖に通じていた。(93)敦賀市吉河《よしこ》の向出山《むかいで》一号墳から昭和二十九年に出土した古墳時代中期（五世紀後半）の甲冑を洗浄したところ、これまで国内で発見されたものに比べ多量の金が使われていたことが分かった。鉄製甲《よろい》は、全面に金メッキをして細い鏨《たがね》で彫った「毛彫り」と呼ばれる文様を描いているのが特徴で、総金張りの甲は奈良県五條市・五条猫塚古墳での出土に続いて全国二例目。冑《かぶと》は、周囲にまいた金帯を挟んで上下六方向に金メッキを施した「六方白《ろっぽうしろ》」と呼ばれる様式。金銅装冑は全国で約一五例の出土があり、このうち五例が金メッキを四方向に配した「四方白」だが、「六方白」は見つかっていないという。前部に庇《ひさし》があるのは同時代に大陸で作られた冑には見られない形状で、国内製とみられる。金銅装の甲冑を身に着けられる豪族は極めて少なく、港があり大陸の入り口となっていた敦賀をヤマト王権が重要視して贈ったのではないかとみられている。(94)敦賀は畿内方面に向かう南方には山地が立ち塞がり、その谷筋を大動脈というべき交通路が越えている。その道は駅路ではないが万葉歌人笠金村が越え、『延喜式』主税寮上１１６「諸国運漕雑物功賃」条の「越前国（略）海路」に付された割注では雑物運漕路とされている。敦賀からの物資が琵琶湖北岸の塩津港まで輸送された道で、その峠は深坂《ふかさか》峠と呼ばれ、越前国・近江国の境界である。(95)若狭以外の北陸諸国の物資は全て塩津を経由して京都にもたらされた。(96)中世琵琶湖の湖上交通では、海津（高島市マキノ町）⇕大津・木津や、木津・今津⇕大津・坂本が基幹航路だった。(97)前掲の『延喜式』主税寮上１１６「諸国運漕雑物功賃」条の「北陸道、若狭国陸路、（略）海路」に付された割注では若狭から京への官物は陸路で勝野津《かちのつ》（高島市）に出し、そ

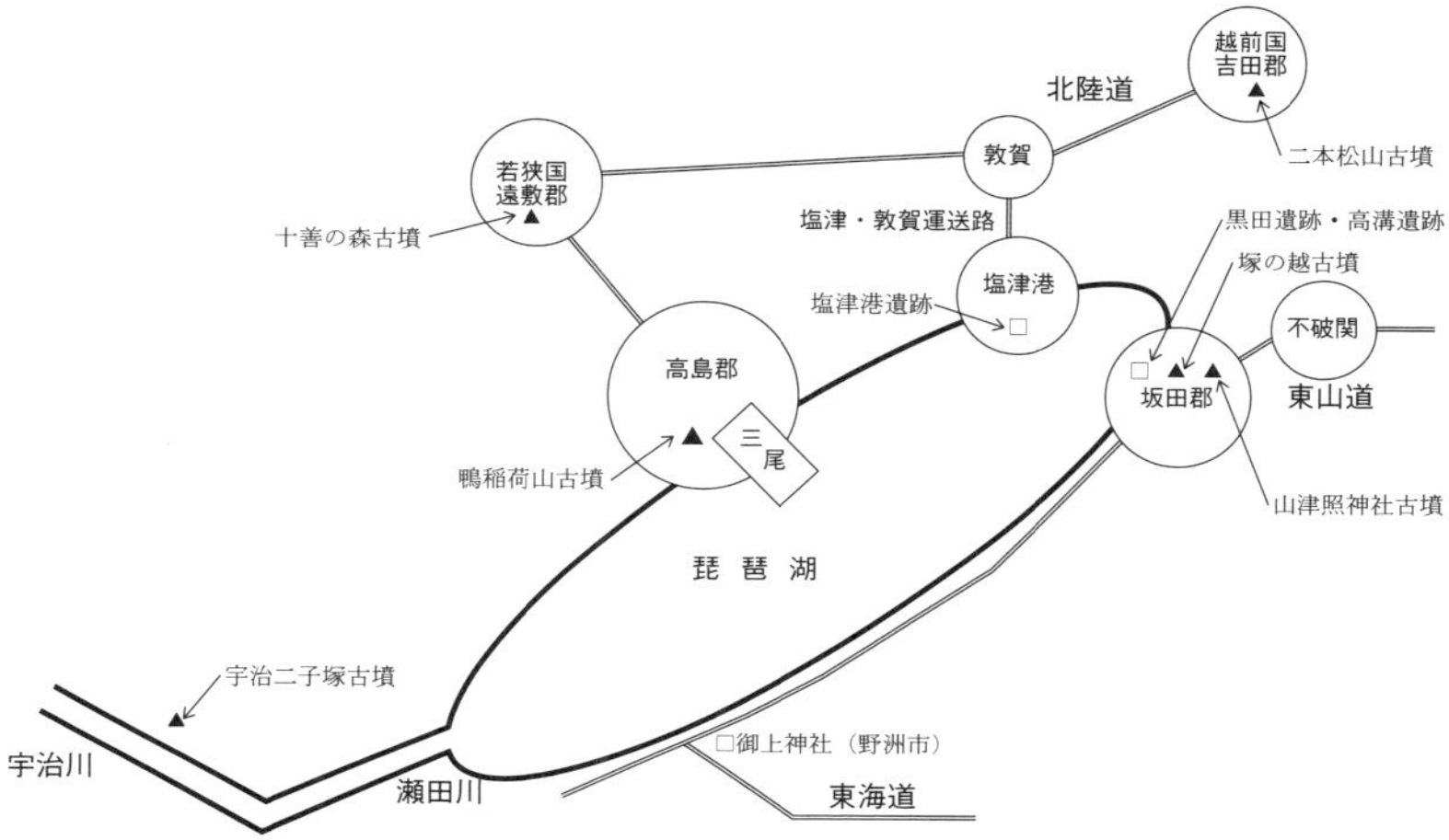

図２　琵琶湖周辺交通路概念図（古墳は６世紀初頭〜前半の築造と推定されているもの）
▲古墳　□交通関連遺跡

こから湖上の「海路」を使って大津に運ばれることになっていた。中世では、東山道守山宿についた東国人と物資は、「琵琶湖南岸を進み草津で東海道と接続する陸路」と「守山から湖岸の各港に向かい、船で対岸の坂本に渡る水路」の二通りのルートで京都に入る。[98] 六世紀においても今津・木津（西部）、海津・塩津[99]（北部）、坂田郡（東部）、堅田・坂本・大津（南部）を結ぶ航路が琵琶湖沿岸の陸路と接続して交通路が形成されていたと思われる。[100] ここまで触れてきた琵琶湖―淀川水系に日本海沿岸地域を含めてまとめたものが図2である。

高松雅文氏は、六世紀前半における捩《ねじ》り環頭大刀の分布が継体天皇関連地と重なることから、継体の政治動向と深い関わりをもつ可能性があるとした。捩り環頭大刀と広帯二山式冠は威信財としての性格を有し、両者を出土する古墳は中規模の墳丘規模をもつ場合が多いことから、継体天皇の政権運営に中小首長も多く関与していたと評価した。[101] 松浦宇哲氏は、三葉文《さんようもん》楕円形杏葉とよばれる金銅製馬具は鴨稲荷山古墳出土品が源流で、山津照神社古墳をはじめとして琵琶湖から淀川流域にかけて六世紀前半頃に分布していることから、継体の威信財として機能していたと考えた。[102]

六世紀前半の威信財変化は継体が推進した戦略とされている。[103]「倭の五王」時代にあたる向出山一号墳出土金銅甲冑は文字どおり軍事的遺物であるが、庇のように大陸に見られない意匠をこらすことによって希少価値を造り出すなど、経済的アプローチ[104]が見てとれる。「倭の五王」時代からヤマト王権の権力は、単に軍事的なものではなく技術的な優位により地方首長を圧倒する手法が基礎にあり、そのような傾向は継体から推古にいたる時期の威信財にも窺われるのである。[105]

結語

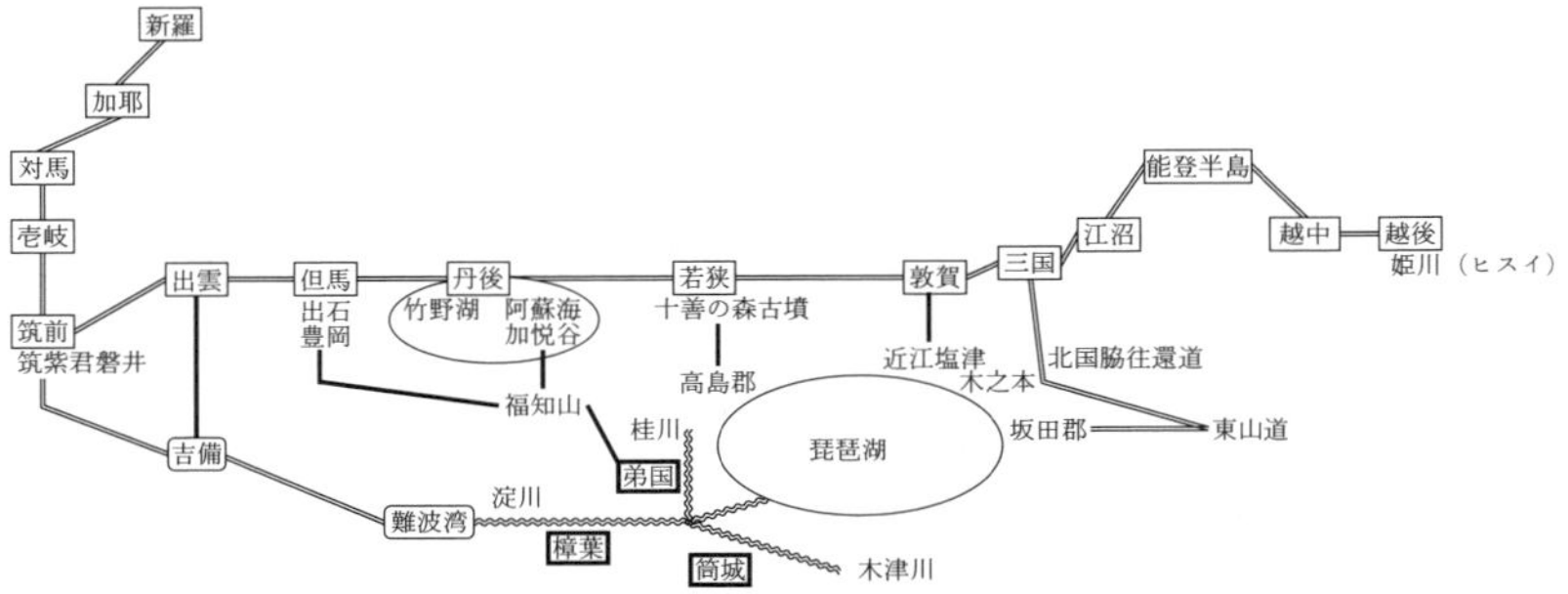

図３　日本海・瀬戸内海沿岸諸地域と新羅・加耶交通路概念図

日本海沿岸諸地域・新羅・加耶主要地　　沿岸交通路
瀬戸内海沿岸主要地　　内陸交通路
継体天皇の三宮都　　河川

図3を見れば、日本海沿岸ルートと瀬戸内海沿岸ルートの二つが古代西日本における主要交通路であることは明白である。そして両ルートを結ぶ、若狭・三国―高島郡―琵琶湖―宇治川―弟国宮・筒城宮・樟葉宮―今城塚古墳―淀川―難波湾の交易ルート沿線にヲホド王（継体天皇）の祖先の出身地や宮殿・陵が存在し、経済的基盤とも考えられている。大和を除く畿内の主要地域を流れ、畿内周辺の主要諸国を結ぶ淀川[106]水系を利用できれば、物資の流通をはじめとする経済的効果は絶大なものとなり、政治的に掌握できれば、強大な力を蓄えることができる。[107]また、巨椋池の管理は畿内王

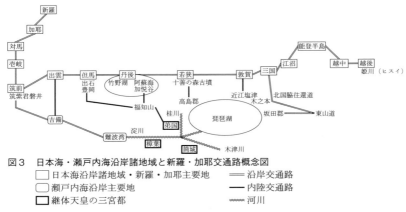

権にとって大きな問題であり、暴れ川の治水があってこそ経済的基盤の確保が可能となり、巨椋池の管掌も可能となる。(108) 断夫山古墳（尾張）・宇治二子塚古墳（山城）・今城塚古墳（摂津）の被葬者の勢力が急成長した背景には、水運組織・水運手段の保有はもとより、海洋・河川の港湾管理、運輸管理、物資の集積・配布管理などあらゆる水運システムの掌握があった。野《の》古墳群（美濃）や伊賀の各河川流域の諸古墳群が後期に新たに前方後円墳を築き上げたように、それぞれの地域を結びつけるために大きな役割を果たした。継体天皇の擁立を可能にしたのは、継体が対外的交流・交渉・交易、諸物資の輸送・集積などに必要な大阪湾・若狭湾・伊勢湾を掌握し、これらを結ぶ琵琶湖と淀川水系を基盤にすることができたためであり、継体天皇が即位後二十年間にわたり、大和入りせずに遷都を繰り返したのは、大和を除いた諸地域との連合により、実質的な政治的・経済的システムを支配・構築できたからである。(109) 継体天皇の政治権力は、西日本における二つの主要交易路（日本海沿岸ルートと瀬戸内海沿岸ルート）を連結する内陸の琵琶湖・淀川ルートを経済基盤として形成されたとすべきである。

「倭の五王（百舌鳥・古市古墳群の被葬者たち）」時代、ヤマト王権は最新の武器を装備して機動的な軍事編制を整え、(110) 開墾・農耕に従事する兵士（屯田兵）が想定されているように、(111) 朝鮮半島で長期にわたる組織的軍事活動を展開していた。同時期の朝鮮半島では短甲の歩兵が減り、挂甲《けいこう》をまとった騎兵中心の戦法へと変化しつつあったため、六世紀になると倭国の装備も挂甲へと変化し、(112) 継体朝以降は武器が更新された軍事的画期でもあった。このような最近の考古学説をふまえて継体天皇を「軍事王」と呼び「倭の五王」との連続性を指摘する仁藤氏説には首肯される。ただ向出山一号墳出土金銅甲冑に見られるように、「倭の五王」の権力は軍事的側面のみならず、経済的・技術的な優位を見せつけることにより地方の大首長を圧倒する手法も用いており、継体天皇（ヲホド王時代を含めて）の経済的側面はその延長線上にあると思われる。「倭の五王」や継体天皇が高度な軍事編制を実現できた背景には経済的・技術的基盤が存在していた。継体の最も顕著な業績は、中国南朝の黄金時代の文化や百済の文化を、百済を通して大々的に導入したことにあるとの指摘(113)もあり、継体の権力の特質には経済的・文化的側面が認められる。王位継承の身分をもつ長子を大兄とする制度は、より安定した王位継承の枠組みとして継体が導入した(114)。国造制は磐井の乱以後に成立し(115)、部民制は欽明朝に確立した(116)。また継体期のミヤケ設置を引き継いだ政策が安閑期における全国的なミヤケの設置であった(117)。敏達朝のころには国造・伴造が「仕奉」する構成主体として認知されていたように(118)、ヤマト王権の専制化が進んだ六世紀は日本の古代国家形成過程における画期であった(119)。継体朝以降に国造制・屯倉制を整備することができたのは、広範なネットワークと卓越した経済力・技術力・情報収集力(120)を有していたためだったと考えられる。ヲホド王の有していた経済的ネットワークの面的・質的規模は、河内・大和を根拠地としていた「倭の五王」時代と比べて格段に大きく、明らかにハイアタスがあった。継体天皇の特質を端的に「軍事王」と表現するとしても、即位前の段階(ヲホド王時代)ではむしろ「交易王」と呼ぶのにふさわしく、継体の「軍事指揮者」としての側面も、本来的な「交易王」という特質が基盤にあったと評価されるべきである。

本稿ではヲホド王が交易を支配する実相を明らかにすることに主眼をおいたため、交易の本質に関わる〈交換〉自体を考察することができなかった。ヲホド王の権力基盤を支える〈交換〉についての考察は後考に俟ちたい。

注

(1) 仁藤敦史「継体天皇―その系譜と歴史的位置」(鎌田元一編『日出づる国の誕生』清文堂、二〇〇九年)。

(2) 平野邦雄「継体・欽明紀の対外関係記事」『大化前代政治過程の研究』吉川弘文館、一九八五年。田中史生『越境の古代史』ちくま新書、二〇一四年。

（3）中野高行「日本海沿岸諸地域と新羅・加耶」『出雲古代史研究』二一、二〇一一年。
（4）白石太一郎「六世紀前半の倭国における今城塚古墳」（高槻市教育委員会編『継体天皇の時代』吉川弘文館、二〇〇八年）、一一六頁。
（5）森田克行『今城塚と三島古墳群』同成社、二〇〇六年、一一一頁。
（6）同右、一二五頁。
（7）森田克行「今城塚古墳と埴輪祭祀」『東アジアの古代文化』一一七、二〇〇三年、六三頁。
（8）森田克行「継体大王の港津―三島の筑紫津―」『あまのともしび―原口正三先生古稀記念集』原口正三先生の古稀を祝う集い事務局編、二〇〇〇年。
（9）同右、一三二頁。
（10）馬門石・二上山白石・竜山石の石棺の史的意義については、水谷千秋『継体天皇と朝鮮半島の謎』（文春新書、二〇一三年）が詳論している。
（11）西川寿勝「巨大古墳の暦年代」（西川寿勝・田中晋作『倭王の軍団』新泉社、二〇一〇年）、二三四頁。
（12）宇治市教育委員会編『継体王朝の謎』河出書房新社、一九九五年、一三五頁。
（13）森田、前掲注（5）、一二五～一二六頁。
（14）白石太一郎、前掲注（4）、一二一頁。
（15）同右、二三～二四頁。
（16）森田、前掲注（5）、八三頁。
（17）和田萃「二人のホド王」、前掲注（4）、『継体天皇の時代』、五三頁。
（18）同右、五四頁。
（19）舞鶴湾の湾口の東側、大浦半島の西端にある舞鶴市浦入遺跡で発見された丸木舟（縄文時代中頃）は確実に外海を航行した（網谷克彦「縄文時代の丸木舟研究のために」滋賀県文化財保護協会編『丸木舟の時代』サンライズ出版、二〇〇七年、三七頁）。
（20）横田洋三「丸木舟から準構造船」、前掲注（19）、『丸木舟の時代』。
（21）宇野隆夫「船」『列島の古代史　四　人と物の移動』岩波書店、二〇〇五年。
（22）水谷千秋氏は、父方の系譜は息長氏、母方の系譜は三尾氏の系譜だったものに、あとから牟義都国造、余奴臣が介入して系譜が作成され、最終的には余奴臣の手によって完成したものとみている（同『謎の大王　継体天皇』文春新書、二〇〇一年、七一頁）。

(23) 大橋信弥『継体天皇と即位の謎』吉川弘文館、二〇〇七年、一六三～一六四頁。

(24) 畑中誠治他『滋賀県の歴史』山川出版社、一九九七年、四三～四四頁、林博通氏執筆。

(25) 『安曇川町史』一九八四年、一三二～一三三頁。

(26) 浜田耕作・梅原末治『近江国高島郡水尾村の古墳　京都帝国大学文学部考古学研究報告』第八冊、京都帝国大学文学部、一九二三年（のち『近江国高島郡水尾村の古墳』〔臨川書店、一九七六年〕として複製される）。前掲注（25）、『安曇川町史』第二章第三節2「鴨稲荷山古墳の被葬者」。小野山節ほか『琵琶湖周辺の6世紀を探る』京都大学文学部考古学研究室、一九九五年。田中勝弘氏は、この古墳の被葬者は勝野津を管理していたとする（同「継体大王の出現背景（上）」『古代文化』五〇―七、一九九八年、五〇～五一頁）。大橋信弥氏は、田中大塚古墳・鴨稲荷山古墳の様相を三尾君氏に関わるものとしてふさわしい内容だとする（同、前掲注（23）書、六一頁）。

(27) 同右、『安曇川町史』第二章第一節「アヅミ伝承」。アドもアヅミも同じで、原義は海であるらしく、それが転じて族名や地名になったという（松岡静雄『日本古語大辞典』語誌編、刀江書院、一九二九年）。

(28) 前掲注（25）書、一五六～一五九頁。

(29) 滋賀県文化財保護協会「上御殿山遺跡発掘調査現地説明会資料」二〇一三年八月十一日。

(30) 弥生時代から中世にかけての複合遺跡で、弥生時代後期と古墳時代中期の集落跡が中心。集落は、古墳時代が始まるとともに一度廃絶し、その後の百数十年間は人々の営みは確認されない。ところが五世紀中頃になると、朝鮮半島系の須恵器やカマドをたずさえた集団がこの地で再び集落の営みを開始した。出土した陶質土器が加耶系であることから、加耶地方の人々が移住してきたと考えられている（石原進・丸山竜平『古代近江の朝鮮』新人物往来社、一九八四年、八七頁。前掲注（25）書、『安曇川町史』第二章第二節3「渡来系の集落」。林博通、前掲注（24）書、一六八～一六九頁。兼康保明「継体大王をめぐる近江の古墳」、森浩一・門脇禎二編『継体王朝』大巧社、二〇〇〇年、九一～九二頁）。白井忠雄氏は、南市東遺跡を三尾別業とする（同「彦主人王・三尾」、『継体王朝』、四八頁）。

(31) 安曇川右岸扇状地の中央付近に位置する集落の遺跡。集落は弥生時代後期～古墳時代初頭にかけて形成され始め、古墳時代中期には在来の集落の中に、初期須恵器や韓式系土器の出土する朝鮮半島系移住民の集落が新たに加わる。初期須恵器・陶質土器・軟質土器や初期的なカマドのように、大陸との交流を窺わせる遺物のほか、製塩土器や鍛冶生産工房などが確認されており、全国的にみても生産・流通が一定以上のレベルにある、先進的な集落であったことがわかる。七世紀後葉〜八世紀前半には、主軸を正南北に向けた建物跡や、法隆寺式の軒平瓦が出土しているので、寺院の存在も考えられている（安曇川町教育委員会『下五反田遺跡発掘調査報告書』一九九五年。滋賀県教育委員会事務局文化財保護課・滋賀県文化財保護協会編『下五反田遺跡発掘調査報告書』一九九七年。滋賀県教育委員会・滋賀県文化財保護協会編『下五反田遺跡』二〇〇四年）。

（32）加藤謙吉『大和の豪族と渡来人』吉川弘文館、二〇〇二年。

（33）同右、一〇五頁。

（34）同右、一一一頁。

（35）白石太一郎氏は、尾張の豪族は継体の擁立に非常に大きな役割を果たしたとしたうえで、断夫山古墳を尾張連草香の墓である可能性が非常に高く、目子媛も埋葬されている可能性が十分考えられるとする（前掲注（4）論考、二八〜二九頁）。伊藤秋男氏は、目子媛の古墳は味美二子山古墳（春日井市）か断夫山古墳であるとする（同「目子媛・味美二子山古墳」、前掲注（30）書、『継体王朝』、五九頁）。大竹弘之氏によると、味美二子山古墳や断夫山古墳などの円筒埴輪は倒立技法で、尾張から始まり北陸から六世紀前半に朝鮮半島（全羅北道の月桂洞古墳）や遠江まで拡がった（前掲注（30）書、『継体王朝』、二五五頁）。

（36）田中勝弘、前掲注（26）論考、五二〜五三頁。

（37）新井喜久夫「古代の尾張氏について（下）」『信濃』二一―二、一九六九年、二一頁。

（38）和田萃「継体王朝の成立」前掲注（30）書、『継体王朝』、八一頁。和田萃、前掲注（17）書、四三頁。

（39）継体の曾祖父（大郎子）は、最初はホド王と呼ばれていたが、継体の段階になって、曾祖父をオホホドと尊称されたと見た方が素直と和田萃氏は述べている（前掲注（4）、『継体天皇の時代』、二〇一頁）。

（40）同右、四四頁。

（41）近江町史編纂委員会編『近江町史』一九八九年、四一〜四七頁。米原市遺跡リーフレット七『山津照神社古墳』二〇〇八年。

（42）田中勝弘、前掲注（26）論考、五三頁。

（43）前掲注（41）、『近江町史』、三四〜三五頁。林博通、前掲注（26）書、四八一・四八三〜四八四頁。兼康保明「継体大王をめぐる近江の古墳」、前掲注（26）、『継体王朝』、九六〜九七頁。

（44）百舌鳥古墳群の旗塚古墳や古市古墳群の軽里四号墳から石見型埴輪が発見されており、船を飾るような樹物（木製品・土製品）が古墳を飾っていた両古墳群の集団は水軍と結びつけられるかもしれないと指摘している（田中晋作・西川寿勝「百舌鳥・古市古墳群の勢力を率いた人物」、前掲注（11）、『倭王の軍団』新泉社、二〇一〇年、二一四頁）。石見型埴輪が出土している山津照神社古墳と塚の越古墳は、水軍と関係があるのかも知れない。

（45）兼康保明氏の指摘（前掲注（30）、『継体王朝』、六八～六九頁）。塚の越古墳については、同「継体大王をめぐる近江の古墳」（前掲注（30）、『継体王朝』、九五頁）に詳しい。

（46）滋賀県坂田郡近江町教育委員会『黒田遺跡試掘調査概報』一九九二年。滋賀県文化財保護協会『滋賀文化財だより』一七〇、報告No.194、「28　古墳時代大溝と条里遺構　近江町箕浦　黒田遺跡」、一九九二年。米原市教育委員会『米原市遺跡散策マップ』二、息長古墳群と周辺の遺跡、二〇〇八年。

（47）滋賀県坂田郡近江町教育委員会『近江町文化財調査報告書第四集　高溝遺跡』一九九〇年。

（48）前掲注（30）、『古代近江の朝鮮』、一七一頁。

（49）昭和四十六年の丸山竜平氏の調査による（前掲注（30）、『古代近江の朝鮮』、四六頁）。林博通、前掲注（26）書、一九九頁。今津町教育委員会『今津町内遺跡分布調査報告書』二〇〇〇年、二一～二二頁。

（50）『朝日日本歴史人物事典』朝日新聞出版、一九九四年。

（51）宅地造成に伴う昭和六十一年の第二次発掘調査で、五世紀中ごろからほぼ一世紀の間に武器や武具類を作っていた鍛冶工房が検出され（和田萃「継体王朝の成立」、前掲注（30）、『継体王朝』、二一頁。桜井市教委『平成十六年度国庫補助による発掘調査報告書』二〇〇五年）、六世紀後半に造られた土抗（直径約五m、深さ一m）から、須恵器などとともに鉄滓や鞴の羽口が出土している（橿原考古学研究所『奈良県遺跡調査概報一九八六年度』第一分冊、一九八九年）。

（52）前掲注（41）、『近江町史』、四七頁。

（53）製錬過程で得られた鉄塊の不純物を除去し、成分調整のため再加熱するときに排出されるもの。

（54）前掲注（41）、『近江町史』、四八頁。

（55）『記』では、四道将軍の一人。『書紀』では、子の丹波道主王を四道将軍とする。

（56）大谷治作編『御上神社沿革考』「祭神考證」一八九九年、一頁。記紀に関連記述はない。

（57）上垣外憲一『倭人と韓人』講談社学術文庫、二〇〇三年、一三〇頁（原著は『天孫降臨の道』筑摩書房、一九八六年）。

（58）息長の字義を「息が長い」と解して、鉄生産との関わりを指摘する説がある（前掲注（39）、『近江町史』、六〇頁）。

（59）和田萃、前掲注（17）論考、五一頁。

(60) 門脇禎二「古代王権と今城塚古墳」(高槻市教育委員会編『継体天皇と今城塚古墳』吉川弘文館、一九九七年)、一七頁。
(61) 白石太一郎「畿内における大型古墳群の消長」『考古学研究』一六―一、一九六九年。同『近畿の古墳と古代史』学生社、二〇〇七年。
(62) 白石太一郎、前掲注(4)論考、二四頁。
(63) 同右、二五頁。
(64) 今谷明『近江から日本史を読み直す』講談社現代新書、二〇〇七年、二二頁。
(65) 河俣は、のちの河内国若江郡川俣郷(東大阪市川俣)の地という(日本思想大系『古事記』岩波書店、一九八二年、一四六頁頭注)。
(66) 森浩一「継体大王と樟葉宮」(森浩一・上田正昭編『継体大王と渡来人』枚方歴史フォーラム、大巧社、一九九八年)、一四頁。上田正昭「古代の枚方、そして百済」、前掲『継体大王と渡来人』、一〇六頁。和田萃、前掲注(17)、論考五五頁。
(67) 西田俊秀「くすばと樟葉宮」、前掲注(26)、『継体王朝』、一三〇頁。
(68) 同志社大学キャンパス内の正門を入って右側の丘に、「筒城宮址」の石碑と「継体天皇皇居故跡」碑が建てられている。
(69) 都出比呂志「継体朝という時代」、前掲(12)、『継体王朝の謎』、一三頁。
(70) 森浩一「継体・欽明王朝と考古学の諸問題」、前掲注(30)、『継体王朝』、一二一頁。
(71) 上遠野氏によれば、茨田とは枚方市の西南部分と寝屋川市の寝屋川左岸側、門真市、守口市の全域を含む。五世紀に難波堀江の掘削と茨田堤の築造がセットで行われると、茨田低湿地の開発が行われて茨田のミヤケが成立し、六世紀から七世紀にかけて存在した(上遠野浩一「茨田と交野の開発―ミヤケに関連して―」『歴史地理学』二四九、二〇一〇年)。
(72) 森田克行、「淀川と継体大王」、前掲注(4)、『継体天皇の時代』、八三頁。
(73) 森田、前掲注(5)書、一四〇~一四一頁。
(74) 同右、八八頁。
(75) 同右、一四一頁。
(76) 同右、一四六頁。
(77) 森田、前掲注(8)論考、一三五頁。
(78) 弥生時代中期の方形周溝墓群、後期の住居跡一七棟、五世紀中頃から後半にかけての井戸跡、奈良時代の大規模な掘立柱建物群。

(79) 森田克行「Ⅷ 摂津の弥生時代と遺跡」(村川行弘・小林博編『弥生時代の大阪湾沿岸』大阪経済法科大学出版部、一九九五年)。
(80) 森田、前掲注(8)論考、一三三~一三四頁。
(81) 水野正好『交野市史』考古編、一九九二年。
(82) 森田、前掲注(5)書、八六頁。
(83) 同右。
(84) 和田萃「古代史からみた継体大王」前掲注(4)、『継体天皇の時代』、六七頁。
(85) 水野正好「滋賀郡所在の漢人系帰化氏族とその墓制」『滋賀県文化財調査報告書』第四冊、一九七〇年。
(86) 田中勝弘「継体大王の出現背景(下)」『古代文化』五〇―八、一九九八年、二三頁。
(87) 水野正好「継体天皇とその時代」前掲(4)、『継体天皇の時代』、一三五頁。
(88) 塚口義信「継体天皇と息長氏」『神功皇后伝説の研究』創元社、一九八〇年。
(89) 田中、前掲注(86)、二七頁。
(90) 都出比呂志氏の指摘、前掲注(12)、一二六頁。宇治二子塚古墳は、大正年間に後円部が破壊されて石室は残っていないが、横穴式石室と考えられている。副葬品は全く分からないが、埴輪から今城塚古墳より一段階古い築造と考えられている(荒川史「継体期前後の山背地域」、前掲注(30)、『継体王朝』、一四八~一四九頁)。
(91) 杉本宏「京都の古墳動向と継体朝」前掲注(12)、『継体王朝の謎』、四五頁。吉村武彦『ヤマト王権』岩波新書、二〇一〇年、一二一頁。
(92) 和田萃「古代史からみた継体」前掲注(12)、『継体王朝の謎』、八〇~八一頁。討論では取り下げる(同、一二九頁)。
(93) 荒川史、前掲注(90)論考、一五二~一五三頁
(94) 平成二十二年五月三十一日付『福井新聞』電子版。『「鉄地金銅装頸甲」保存処理に関する資料』敦賀市教育委員会文化振興課、二〇一〇年。『向出山古墳』別冊「気比史学」四、気比史学会、一九八四年。
(95) 鈴木景二「気比神楽歌にみる古代日本海交通」『古代文化』六二―四、二〇一一年、五~六頁。
(96) 濱修「日本海と畿内の接点・塩津港」滋賀県文化財保護協会編『琵琶湖をめぐる交通と経済力』サンライズ出版、二〇〇九年、五二頁。
(97) 高橋昌明『湖の国の中世史』平凡社、一九八七年、一七頁。

(98) 高橋、同右、二二〇頁。今谷明、前掲注（64）書、四頁。

(99) 塩津では、近年まで「船方四分に山師が三分、漁師が二分で商人は一分」という言葉があり、農業は余業に等しかった（高橋、前掲注（97）書、一八六頁）。

(100) 今谷明氏は、古代・中世において、琵琶湖は一大交通機能の役割を果たしていたとする（同、前掲注（64）書）。古代の琵琶湖航路については、勝山清次「御厨と津」（『大津市史』一、一九七八年）が詳しい。

(101) 高松雅文「継体大王期の政治的連帯に関する考古学的研究」『ヒストリア』二〇五、二〇〇七年。同「捩り環頭大刀と古墳時代後期の政治的動向」（大阪大学文学研究科考古学研究室編集・発行『勝福寺古墳の研究』大阪大学文学研究科考古学研究報告第四冊、二〇〇七年。

(102) 松浦宇哲「三葉文楕円形杏葉の編年と分析―金銅装馬具にみる多元的流通ルートの可能性―」（大阪大学稲荷塚古墳発掘調査団編集・発行『井ノ内稲荷塚古墳の研究』大阪大学文学研究科考古学研究報告第三冊、二〇〇五年。

(103) 福永伸哉「いわゆる継体期における威信財変化とその意義」（同右『井ノ内稲荷塚古墳の研究』）。

(104) 宮川徏氏は、金銅製装眉庇付冑と頸甲のセットは「その金色燦然と輝く煌びやかさが、漆黒の一般の鉄製武具に対し、その背後にある大王権力とその支配力を表徴する標識として、視覚的にその地域における着用者の政治的優位性を示す道具立ての役割を果たしたのであろう」と述べ威信財としての側面に注目している（同「向出山1号墳の出現とその背景」、前掲注（94）、『向出山古墳』、二三三頁）。全面に金メッキをし「毛彫り」文様を描いているこの甲冑の卓越した価値は高度な工芸技術と印象的な視覚効果によって裏打ちされているのであり、基盤にあるものは経済的な付加価値である。

(105) 六世紀から七世紀初頭に出土数が急増する日本の金銀装大刀・馬具は、百済・加耶・新羅製のものより大きくきらびやかに変化した（大谷晃二「六世紀の黄金文化」豊橋市美術博物館『黄金の世紀』中日新聞社、二〇一一年）。

(106) 淀川は、古くから日本の中でもっとも河川交通に適した河川として水運が盛んであり、大きな役割を果たしていた（畑中英二「琵琶湖と淀川水運」、前掲注（96）、『琵琶湖をめぐる交通と経済力』、一三九頁）。

(107) 田中勝弘、前掲注（86）論文、二〇頁。

(108) 同右、二一～二二頁。

(109) 同右、二七頁。

(110) 田中晋作「武器・武具から復元する古墳時代の常備軍」、前掲注（11）、『倭王の軍団』、一二三～一七〇頁。

(111) 百舌鳥・古市古墳群の副葬品に対する考察から、農工具が武器に組み込まれていたことが指摘されている（西川寿勝「北

摂の雄　桜塚古墳群の被葬者像」、前掲注（11）、『倭王の軍団』）、一八〇頁。
（112）西川寿勝氏の指摘、前掲注（11）、『倭王の軍団』、一九七頁。
（113）山尾幸久「継体朝の終末と磐井の反乱」（枚方市文化財研究調査会編『継体大王とその時代』和泉書院、二〇〇〇年）、二六一頁。
（114）吉村武彦、前掲注（91）書、一三三頁。
（115）吉田晶「古代国家の形成」『岩波講座　日本歴史』2（古代2）、岩波書店、一九七五年。大川原竜一「国造制の成立とその歴史的背景」『駿台史學』一三七、二〇〇九年、七頁。
（116）森公章「国造制と屯倉制」『岩波講座　日本歴史』2（古代2）、二〇一四年、八〇頁。
（117）同右、一〇頁。
（118）同右、一二頁。
（119）吉村武彦、前掲注（91）書、九二頁。
（120）大航海時代の国際貿易取引では、商品の取引より知識の交換が重要だったという指摘（ケネス・ポメランツ、スティーヴン・トピック共著／福田邦夫・吉田敦訳『グローバル経済の誕生』筑摩書房、二〇一三年、三六三頁）は通時代的な公理と思われる。

藤原不比等――その前半生について――

川崎　晃

一、はじめに

藤原不比等が史上に初めて登場するのは持統三年（六八九）二月己酉〔二十六日〕のことで、『日本書紀』に竹田王以下九名の判事任命記事があり、そのうちの一人に「直広肆（従五位下相当）藤原朝臣史」とある。不比等三十一歳の時と推測される(1)（「不比等」の表記については『懐風藻』、『家伝（上・下）』に「史」とあり、「史」が古態を表すと思われるが、以下、「不比等」と表記する）。不比等のこの後の活躍はめざましいものがあるが、これ以前については不明な点が多い。

しかし、薗田香融氏や上山春平氏が「国家珍宝帳」に記載される黒作懸佩の刀の由来に着目し、不比等が天武治世から草壁皇子に近侍した（大舎人）ことを証され、不比等の人物像に新たな光が照射されることになった。(2)小稿ではなお不明部分が多い藤原不比等の前半生に再検討を加えてみたい。

二、中臣鎌足の生誕地「藤原之第」

『家伝（上）』鎌足伝は不比等の父鎌足について、「大和国高市郡人也」とし、父を中臣美気祜《みけこ》、母を大伴夫人としている。また『尊卑分脈』は鎌足の母を「大伴久比子《くひこ》（咋子・囓）卿の女智仙娘」としており、『家伝（上）』の大伴夫人に相当しよう。父の中臣美気祜（弥気）は神祇祭祀担当氏族でありながら、推古天皇没後の田村皇子と山背皇子の皇位継承紛争に際しては群卿として大臣蝦夷の命により調整の使者となっている（舒明即位前紀）。

美気祜が崇峻・推古両治世に軍事・外交で活躍した大伴連囓《くい》の女と婚姻関係を持ったのは神祇祭祀担当氏族からの脱却を志向していたことをうかがわせる。

さて、『家伝（上）』鎌足伝は鎌足を中臣美気祜と大伴夫人（智仙娘）の間に推古三十四年甲戌（二十二年（六一四）甲戌の誤り）に「藤原之第」に生まれたとし、薨じた場所を「淡海之第」としている。また、『家伝（上）』貞慧伝は、鎌足の長子貞慧（定恵）が亡くなった「大原之第」をまた「卒二於大原殿下一《大原殿の下に卒しぬ》」と記している。この場合の「大原殿」は単に飛鳥の大原の邸宅の意味ではなく、その邸宅の主人であった鎌足の下で亡くなった意と解せよう。鎌足が大原に邸宅を構えていたことは確実である。

さらに、『家伝（下）』武智麻呂伝は藤原不比等の長子武智麻呂誕生の地を「大原之第」としている。『家伝』は武智麻呂の母を「蘇我蔵大臣の女」としており、『尊卑分脈』に「右大臣大紫冠蘇我武羅自古（連）大臣之女娼子」とある。武智麻呂が母方で生まれたとすると「大原之第」はふさわしくないが、父方で生まれたとすれば不都合はない。とすれば不比等は「大原之第」を伝領していたことになる。ここではまず「大原之第」が鎌足―不比等と伝領されたであろうことを確認しておきたい。

　ところで、『家伝（上）』の鎌足の居所に関する記述で注意されるのは、山背の「淡海之第」はともかく、「藤原之第」と「大原之第」とが書き分けられている点である。同一の居所の別表現ではなく、別個の居所である可能性が高いといえる。

　鎌足生誕の地については『多武峰縁起』（十五世紀）に「生㆓於大和国高市郡大原藤原第㆒」とあることから、大原の藤原第とする見解が生まれた。『大和志料』（一八九四年）も「大原、今小原ニ作リ飛鳥村ノ大字ニ属ス。所謂藤原ハ其ノ内ニアリ、中臣氏世々ココニ住シ、鎌足連亦ココニ産ル」とするように、大原の内に藤原があるという理解が根強く、現在の明日香村小原に比定されている。上田正昭氏も「高市郡の大原（藤原）の地が鎌足らの居所となっていた」とされ、高島正人氏も「鎌足の本宅、飛鳥大原の藤原第」と解されている。また福原栄太郎氏も大原と藤原を同一地とみておられる。なお、土橋寛氏は藤原は大原の別名で、藤原宮の宮号は飛鳥の藤原の地名によるものとされている。(3)

　しかし、藤原は香具山の西方、藤原宮の置かれた地とする説も看過しがたい。(4)推古紀には「藤原池」（十五年是年条、十九年五月五日条）が見える。十九年五月五日の菟田野への薬猟記事では、薬猟への集合場所となっている。「藤原池」の地は広域の大原に含まれる地名とは思われない。鎌足生誕の地「藤原之第」は香具山の北、鎌足の父・中臣美気祜の居宅、もしくは美気祜の室・大伴夫人の居宅と推測される。

　別に述べたが(5)大伴氏の拠点の一つは大伴旅人の歌に詠まれた「香具山の古りにし里」（巻三・三三四）、すなわち香具山の北東に広がる百済の原付近に所在した。壬申の乱に際し、大伴吹負は兵を「百済の家」に結集し、飛鳥寺の西にあった飛鳥古京の留守司の陣営を急襲したという（天武紀元年六月己丑［二十九日］是日条）。和田萃氏が指摘されているように旅人の(6)「香具山の古りにし里」は吹負の「百済の家」をさすとみられる。

一方、一九九七年（平成九）に吉備池廃寺の発掘調査が開始され、それまで瓦窯と考えられていた遺跡が巨大な寺院跡であることが判明し、舒明天皇の百済大寺であることがほぼ確実となった(7)。従来、百済宮跡・百済大寺跡の比定地は北葛城郡広陵町とする説が有力視されていたが、これにともない香具山の北東一帯が百済の地に比定され、香具山の北には東に百済の原、西に藤井が原が広がっていたと推断される。即ち百済の地と藤原の地は隣接する地であり、「藤原之第」も香具山の北、もしくは北西部にあったとみられる。

三、「右大殿」木簡と「城東の第」

ところで、藤原宮東面北門前の南北溝で、東面外濠になるＳＤ一七〇から八世紀初頭の付札状の「右大殿　□［芹カ］□」と書かれた木簡が出土している(8)。このような、官職＋建物呼称「殿」の形をとる尊称は「正倉院文書」にもみられ地名・ウジ＋建物呼称「殿」の形をとる場合がある。建物とそこに住む住人とが未分化な状態で結びつき、建物呼称ともその建物に暮らす住人の尊称ともとれる状態から始まり、やがて尊称として定着していった(9)。先述した「大原殿」もその一例である。

「右大殿」の記載は右大臣の邸宅、ひいては右大臣自身を指す語である。この木簡は市大樹氏の指摘にあるように、宮外の右大臣宅に別勅賜物である芹を届ける際に使用された送り状であった可能性が高い(10)。

諸門から物資を搬出する場合の規定である宮衛令25諸門出物条には、

凡諸門出レ物。無レ牓者。一事以上。並不レ得レ出。其牓。中務省付二衛府一。門司勘校。有二欠乗一者。随レ事推駮。別勅賜物。不レ在二此限一。

《凡そ諸門物出《いだ》さむ、牓《ぼう》（門牓）無くは、一事（運搬物の単位）以上、並に出すこと得じ。其の牓は、中務省、衛府に付《さず》けよ。門司《もんじ》勘校《かむげう》するに、欠乗《かむじょう》有らば、事に随ひて推駮《すいはく》せよ。別勅に賜ふ物は、此の限に在らず。》

とある。物資の宮外への搬出には中務省の許可が必要で、門牓による照合が行われた。別勅賜物は「此の限に在らず」とあるが、当該本簡の検出からするとそれはあくまで事務手続き上は中務省の許可無く宮外に搬出が可能であるということで、実際には宮門における門司の照合は行われたらしい。

市氏は大宝令の施行された大宝元（七〇一）・二年段階では令の規定通りに門牓木簡は宮城門で回収された後、門司が衛門府に送付していたが、大宝三～慶雲三年（七〇六）のいずれかの時点で、衛門府に送付するのを止めるシステム変更があり、別勅賜物の送り状もそれに連動したと指摘されている。「右大殿」と記されたこの木簡が宮城東面外濠で破棄されていることからすると、システム変更以後の木簡であったために回収後に衛門府に送付されることなく、宮城門付近で破棄されたと推測される。

大宝三～慶雲三年以後の右大臣としては大宝三年閏四月一日に薨じた阿倍御主人、大宝四年（慶雲元）正月七日～慶雲四年の間右大臣であった石上麻呂、和銅元年（七〇八）三月十三日から養老四年に薨ずるまで右大臣であった藤原不比等がいる。このうちでは石上麻呂と藤原不比等の可能性があるが、市氏も述べているように、不比等の可能性が高いといえよう。というのは藤原京の不比等邸については次のような記事があるからである。

1、『扶桑略記』慶雲三年（七〇六）

丙午十月、淡海公城東第、初開二維摩法会一。屈二入唐学生智宝一。講二無垢称経一。

《淡海公（不比等）、城東の第に、初めて維摩法会を開く。入唐学生智宝に屈し、無垢称経《むくしょうきょう》（玄奘新訳の維摩経）を

講ぜしむ。》

2、『政事要略』巻二十五、年中行事十月（興福寺維摩会始）

慶雲三年十月、大臣於㆓宮城東第㆒設㆓維摩会㆒。奉㆓為内大臣㆒令㆑講㆓无垢称経㆒。自作㆓願文㆒云。

《慶雲三年（七〇六）十月、大臣宮城の東の第に維摩会を設く。内大臣（鎌足）の奉為に无垢称経を講ぜしむ。自ら願文を作る」と云ふ。》

いずれも不比等が行った維摩会に関連した記事で、不比等邸は「城東第」（『扶桑略記』）、あるいは「宮城東第」（『政事要略』）と記されており、藤原宮の東に位置すると推測される。搬出に際して宮城十二門のうち東面北門が利用されたのは、市氏の指摘にもあるように不比等の邸宅が藤原宮の東方に位置したことによるとみられる。[11]

それでは不比等は何時城東の地に邸宅を構えたのであろうか。

藤原宮の宅地班給規定は、持統五年（六九一）十二月乙巳［八日］にみえる。遷都の三年前である。

詔曰、賜㆓右大臣宅地四町㆒。直広弐以上二町、大参以下一町、勤以下至㆓無位㆒、随㆓其戸口㆒。其上戸一町、中戸半町、下戸四分之一。王等亦准㆑此。

《詔して曰はく、「右大臣に賜ふ宅地四町。直広弐（従四位下相当）より以上には二町。大参（直大参・正五位以上相当）より以下には一町。勤《ごん》（六位）より以下、無位に至るまでは、其の戸口に随はむ。其の上戸《かみつへ》には一町。中戸《なかつへ》には半町。下戸《しもつへ》には四分之一。王等も此に准《なぞら》へよ」とのたまふ。》

この規定に従えば、持統五年時の右大臣は多治比真人島で、班給される宅地は四町、藤原不比等は持統三年（六八九）に直広肆（従五位下相当）であったことからすると一町ということになる。[12] しかし、不比等は平城京に遷都するまでに右大臣、従二位まで昇進しており、その間に宅地の広さの増加に伴い移転などはなかったのであろうか。変遷過程がまったく不明であるが、不比等に限って言えば当初から宮城の東の地に宅地の班給を受けたのではないかと推測される。城東の地が確保できたのは、そこが鎌足生誕の「藤原之第」の地であったからではなかろうか。

先に述べた如く筆者は鎌足生誕の「藤原之第」は香具山の北、鎌足の父・中臣美気祜の居宅、もしくは美気祜の室・大伴夫人の居宅と推考している。香具山の北に中臣氏の拠点があったとするのも一案であるが、鎌足の母、大伴囓の女智仙娘の居所で鎌足が生まれた可能性も否定しがたい。百済原に隣接する藤井が原にあったことから「藤原之第」と呼んだとみる余地がある。

四、壬申の乱と中臣氏

（一）中臣可多能祜（方子）三子の後裔たち

藤原不比等が持統三年まで歴史の表面に現れず、天武治世にいわば雌伏の時を送るのは、父の鎌足が内大臣として天智天皇の側近であり、また鎌足亡き後、氏上的位置にあった中臣金《かね》が近江朝廷側の右大臣で、壬申の乱後斬刑に処せられ、その子も流刑に処せられている（天武紀元年八月甲申［二十五日］条）、さらには不比等の養育に関わった田辺氏一族の小隅が近江朝廷側の将として行動している（天武紀元年七月甲午［五日］条）、といったように壬申の乱に際して一族の者が親近江朝廷派として活躍した政治情況があったことによるという見方がある(13)。果たしてこのような見方は妥当であろうか。

壬申の乱後、中臣氏で史上に最初に登場するのは中臣大嶋、ついで同時に藤原不比等、中臣臣麻呂である。大嶋は右大臣中臣金の弟、許米《こめ》の子で、天武十年（六八一）「帝紀及び上古諸事」の記定に従事、大嶋と平群臣子首《こくび》はみずから筆を執って記したという。同年十二月には小錦下（従五位相当）となり、天武十二年には国境確定事業に従事、天武十三年に中臣連は朝臣を賜り、天武十四年十二月辛酉［十八日］には、藤原朝臣大嶋ら十人に御衣袴を賜ったという。鎌足が授かった藤原を大嶋が称しているのは、この時期、大嶋が中臣連の氏上的地位にあったからであろう。また、直大肆（従五位上相当）藤原朝臣大嶋として、天武崩御に伴い朱鳥元年（六八六）九月には兵政官のことを誄《しのびごと》し、持統二年（六八八）三月にも誄をしている。持統四年、五年には神祇伯中臣朝臣大嶋として天神寿詞《あまつかみのよごと》を読んでいる。持統紀七年三月庚子［十一日］条には「直大弐（従四位上相当）葛原《ふじはらの》朝臣大嶋に賻物《はぶりもの》賜ふ」とみえるので、これ以前に亡くなっている。大嶋は浄御原令の施行に伴い神祇伯となったと推測される。ここでは大嶋が近江朝廷の右大臣中臣金の弟許米の子であるにも拘わらず、天武治世から活躍していることを確認しておきたい。

また、中臣臣麻呂（意美麻呂）は朱鳥元年（六八六）十月、大津皇子の謀反に坐し、捕らえられたが、大津の処刑後に赦免されている。時に大舎人（持統称制前紀）。不比等が草壁の教育係であったのに対して臣麻呂は大津皇子の教育係であった。その後、二人は持統三年（六八九）二月に同時に判事となっているが、不比等は直広肆（従五位下相当）、臣麻呂は務大肆（従七位下相当）である。大津皇子の謀反事件の影響を考慮しなくてはならないが、年齢的にはともかく、位階では不比等が臣麻呂の上位に位置している。臣麻呂はその後左大弁、鋳銭司長官などを経て和銅四年（七一一）閏六月乙丑［二十二日］に中納言正四位上兼神祇伯で卒している（『続日本紀』）。ここでは国子の孫の臣麻呂もまた天武治世から大舎人として出仕していたことを確認しておく。

ところで、大嶋が藤原朝臣、葛原朝臣、臣麻呂が葛原朝臣（持統紀七年六月）と表記されているように、鎌足が授かった藤原姓を称したのはいずれも中臣可多能祜《かたのこ》（方子）の三子、御食子《みけこ》・国子・糠手子《ぬかてこ》の血統（三門）である。左に掲げた系図は、延喜六年（九〇六）勘造の「延喜本系解状」などに依拠した「中臣氏系図」を修正した青木和夫氏に

よるものである。(14)

周知のように文武二年（六九八）以後は鎌足―不比等の血統のみが藤原を称し、臣麻呂らは神事を職掌として中臣に復することとなった。『続日本紀』文武二年八月丙午［十九日］条には、

詔曰、藤原朝臣所レ賜之姓、宜レ令二其子不比等承一之。但意美麻呂等者、縁レ供二神事一、宜レ復二旧姓一焉。

《詔して曰はく、「藤原朝臣（鎌足）賜はりし姓は、その子不比等をして承けしむべし。但し意美麻呂らは、神事《かみわざ》に供《つかへまつ》れるに縁りて、旧《もと》の姓に復《かへ》すべし」とのたまふ。》

とある。

中臣方子の三子の系統では金の後、大嶋が氏上的地位にあったが、大嶋が持統七年（六九三）に没すると、代わって不比等が氏上的地位に立ったと推測される。文武天皇即位の翌年に不比等のみが藤原姓を称したのは、持統太上天皇が族内での均衡を十分に配慮した上で、臣麻呂を神職に位置づけ、不比等を神職から独立させ、文武天皇の側近と

中臣氏略系図

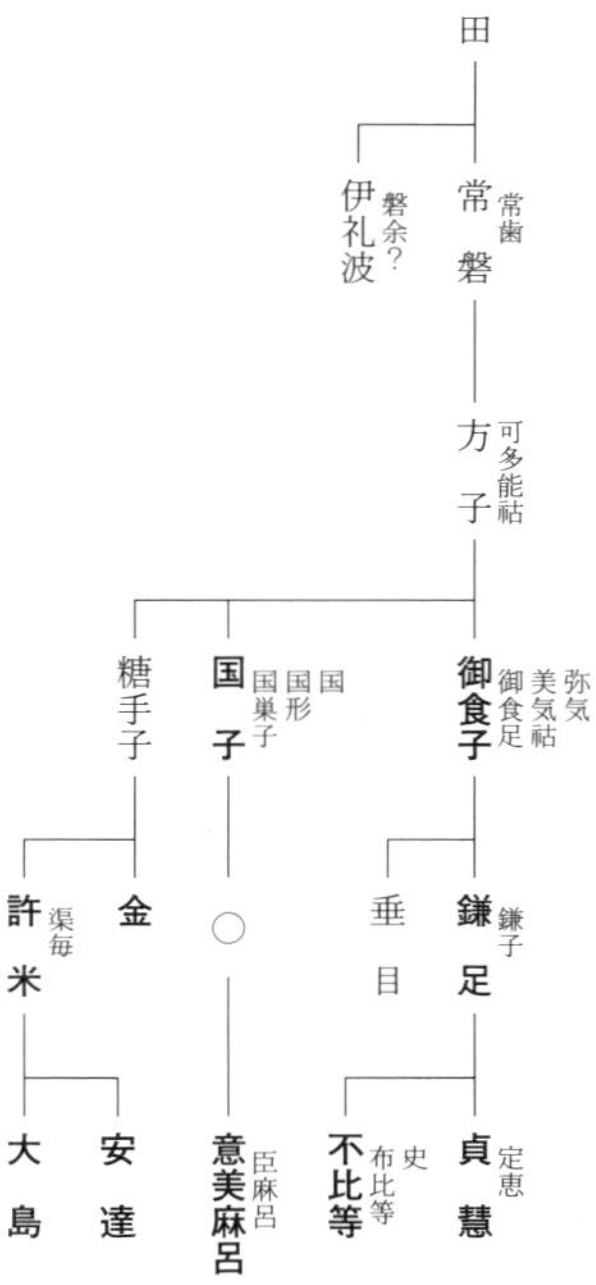

太字は『日本書紀』に見える人名（青木和夫「藤原鎌足」による）

してての役割を期待したのであろう。

ところで、中臣大嶋については他にも看過できない史料がある。現在、談山神社が所蔵する粟原寺伏鉢（国宝）の銘文がそれである。それについては節を改めて述べよう。

（二）粟原寺伏鉢銘

まず始めに釈文を掲げておく(15)。

［釈文］

寺壹院四至【限東竹原谷東岑　限南太岑
　　限樫村谷西岑　限北忍坂川】
此粟原寺者仲臣朝臣大嶋惶惶誓願
奉為大倭国浄美原宮治天下天皇時
日並御宇東宮敬造伽檻之尓故比賣
朝臣額田以甲午年始至於和銅八年
合卅二年中敬造伽檻而作金堂仍造
釈迦丈六尊像
和銅八年四月敬以進上於三重寶塔
七科鑪盤矣
仰願藉此功徳
皇太子神霊速証无上菩提果

寺壱院の四至〈東を限るは竹原谷の東の岑《みね》。南を限るは太岑。（西を）限るは樫村谷の西の岑。北を限るは忍坂川。〉

此の粟原寺は仲臣朝臣大嶋が惶惶《こうこう》（畏れかしこまって）誓願して大倭国浄美原宮治天下《あめのしたしらす》天皇（持統）の時、日並《ひなめしの》御宇《あめのしたしらす》東宮《ひつぎのみや》（草壁皇子）の奉為《おほむため》に、敬みて造れる伽藍なり。故《かれ》、比売朝臣額田、甲午の年（六九四）を以て始め、和銅八年（七一五）に至る。合せて廿二年に中《あた》る。敬みて伽藍を造り、而して金堂を作る。仍りて釈迦の丈六の尊像を造る。

和銅八年（七一五）四月、敬みて以て三重の宝塔に七科（七層）の鑪盤《ろばん》を進上す。

仰ぎて願はくは、此の功徳《くどく》を藉《か》りて、皇太子の神霊速かに无上の菩提の果（悟り）を証せむことを。

願七世先霊共登彼岸
願大嶋大夫必得佛果
願及含識倶成正覺

願はくは七世の先霊共に彼岸（悟りの世界）に登らむことを。
願はくは大嶋大夫、必ず仏果を得むことを。
願はくは含識《がんじき》（生きとし生けるもの）に及ぶまで正覚《しょうがく》を成《じょう》ぜむ（悟りを得る）ことを。

粟原寺跡は奈良県桜井市粟原《おうはら》に所在、塔跡と金堂跡に礎石が遺る。銘文の要旨は、粟原寺は仲臣朝臣大嶋が「浄美原宮治天下天皇時」、即ち持統天皇の治世に「日並御宇東宮」、即ち草壁皇子の追善を願って造営した（大嶋本願の）伽藍である。それ故、「比売朝臣額田」が（大嶋の遺志を継ぎ）大嶋が亡くなった翌年、甲午の年（六九四）から和銅八年（七一五）まで二十二年間にわたって伽藍を造営した。金堂を作り丈六の釈迦像を造像安置し、和銅八年には三重塔に七層の「鑪盤」（露盤・相輪）を上げ、この功徳により皇太子（草壁）の霊、先祖の霊、「大嶋大夫」の霊の冥福を祈ったというものである。

大嶋の遺志を継いで寺院を建立した比売朝臣額田は、大嶋の室か女であろうが、女とすると母のことがまったく銘文に記されないのは不審である。大嶋とその室による造寺事業とするのが穏当であろう。また、この銘文により大嶋がこの地を拠点の一つとしていたことが知られるのである(16)。

中臣大嶋が天武治世から史書編纂に携わっていたことは既に述べたが、この伏鉢銘によると、草壁皇子との密なる関係がうかがえる。大嶋もまた草壁皇子と深い繋がりをもったブレーンの一人であったことが知られる。このようにみると、同族の中臣金が近江朝廷の右大臣であったにしても、壬申の乱の結果、特に中臣氏が排除された形跡は認めがたい。

なお、この銘文をめぐっては論点が二つある。第一は「比売朝臣額田」をどう理解するかである。この点については東野治之氏が「朝臣」を官人や公事にたずさわる者の意であるトネ、「比売朝臣」をヒメトネと読まれた。ヒメトネの語は女官の総称の意味であり（『延喜式』中務省、女官季禄条）、『日本書紀』の古訓でも「内外命婦」（仁徳紀四十年）がウトノヒメトネ（寛文刊本）、ヒメトネ（前田家本）と読まれていることから、[17]「比売朝臣（ヒメトネ）額田」を「宮人である額田」と解すべきとされた。また、『諸寺縁起集』収載の西大寺縁起に引用される「薬師寺資財帳」にみえる「伊賀比売朝臣」を「伊賀ノヒメトネ（伊賀命婦）」と解され、「比売朝臣」を大宝令前の古い表記を襲っている可能性を指摘されている。[18]「刀祢」の語は藤原京右京七条一坊出土木簡に「四坊刀祢□」（『飛鳥藤原木簡概報』21・三三七号）とあり、併出木簡から出土木簡は大宝令制下とみられ、確実に藤原京の時代（七一〇年以前）に遡る。このようにみると東野説は揺るぎないものと思われる。

ただ気になるのは、「内命婦」の『日本書紀』（北野本・兼右本）の古訓に「ひめまちきみ」（天武紀五年八月丁酉［二日］条、天武紀朱鳥元年九月甲子［二十七日］条）、「ひめまち」（持統紀五年春正月癸酉朔条）、『釈日本紀』巻二十一、秘訓六・天武下に「ひめまちきみ」（鎌倉時代）がある点である。これを日本古典文学大系『日本書紀（下）』（岩波書店）は「ひめまへつきみ」と訓じている。ヒメマチキミはヒメマヘツキミの転であろう。

『令集解』禄令9宮人給禄条の古記には「問、宮人、職員令六位以下称㆓宮人㆒。五位以上称㆓命婦㆒。此条宮人若為㆓分別㆒答。此条无㆑別。五位以上亦称㆓宮人㆒耳。《問ふ。宮人とは、職員令（官員令）に「六位以下を宮人と称し、五位以上を命婦と称す」と。此条の宮人若《いか》に分別を為さん。答ふ。此条別无し。五位以上を亦宮人と称するのみ。》」とあり、六位以下の女官を宮人と称し、五位以上を命婦と称するが、五位以上をまた宮人と称すとしている。これに従えば、ヒメトネが女官の包括的概念（宮人）を表すのに対して、ヒメマヘツキミは小錦以上、もしくは五位以上（内命婦）という限定された概念を表す。官人の総称がトネ（朝臣）、小錦もしくは五位以上がマヘツキミ（卿）であるのと対概念になっている。ヒメトネの語を使用すれば女官として内命婦をも含み、特に区別する必要はなかったのかもしれないが、敢えて内命婦を言う場合にはヒメマヘツキミを用いた可能性がある。(19)「比売朝臣」がヒメマヘツキミであるとすると、マヘツキミ(五位以上)たる仲臣朝臣大嶋(大嶋大夫)と対に並ぶにふさわしい表記といえよう。ヒメマヘツキミは「ひめまうち君」(『枕草子』「えせものの所得るをり」)となり生き続ける語である。「比売朝臣」をヒメマヘツキミ(内命婦)と訓む余地があろう。

第二は「比売朝臣額田」を万葉歌人額田王(額田姫王＝女王)に比定する説である。(20)上述したように「比売朝臣額田」は仲臣大嶋の室とみられるので、これに従えば、天武天皇の妾であった額田王が仲臣大嶋と再婚したことになる。直木孝次郎氏の『額田王』は歴史学の立場から万葉歌人の生涯を論じた数少ない労作であるが、氏は第一子出生年齢を十八歳と推定して額田王を舒明三年(六三一)生まれとされている。(21)今これに従えば三重塔に露盤を挙げた和銅八年(七一五)には八十五歳となる。また、神田秀夫氏の舒明七年(六三五)誕生説(22)に立っても八十一歳である。ありえないことではないが、可能性はきわめて乏しいように思われる。今は主題から離れるので年齢だけに留めておく。

以上要するに藤原不比等のみならず中臣大嶋も草壁皇子と近い関係にあり、また中臣臣麻呂も大津皇子に近侍しており、天武治世に中臣氏が政界から疎外されていたとは考えられない。

五、「大原殿」について

(一)藤原夫人(氷上娘と五百重娘)

『萬葉集』には二人の藤原夫人がみえる。天武天皇の夫人であった藤原鎌足の女の氷上娘と五百重娘の姉妹である。

藤原夫人の歌一首【浄御原宮御宇天皇の夫人なり。字を氷上大刀自と曰ふ。】
朝夕《あさよひ》に　音《ね》のみし泣けば　焼き大刀《たち》の　利心《とごころ》も我《あれ》は　思ひかねつも（巻二十・四四七九）

藤原夫人の歌一首【明日香清御原宮御宇天皇の夫人なり。字を大原大刀自と曰ふ。即ち新田部皇子の母なり。】
ほととぎす　いたくな鳴きそ　汝《な》が声を　五月《さつき》の玉に　あへ貫《ぬ》くまでに（巻八・一四六五）

天武紀二年二月癸未［二十七日］条の后妃子女の一括記載には「夫人、藤原大臣（藤原鎌足）の女《むすめ》氷上娘、但馬皇女を生めり。次の夫人氷上娘の弟《いろど》五百重娘、新田部皇子を生めり」とあり、氷上娘が姉で五百重娘が妹であり、また氷上娘は氷上大刀自、五百重娘は大原大刀自と称されたことが知られる。

鎌足の二人の女については、母は不明、生年も未詳、いつ天武天皇の夫人になったかもはっきりしない。そこで、まず姉の氷上娘からみていこう。姉の氷上娘は天武紀十一年（六八二）正月壬子［十八日］条に「氷上夫人、宮中に薨《みまか》ります」とあり、天武十一年正月に薨じたことが知られ、同月「赤穂」に葬られている（正月辛酉［二十七日］条）。赤穂には十市皇女も葬られており（天武紀七年四月庚子［十四日］条）、桜井市の東南部赤尾に比定される。女の但馬皇女は高市皇子の妃でありながら穂積皇子に恋慕し、『萬葉集』に激しい情念を詠んだ歌を残しているので知られる。氷上娘に関する情報はこの程度で、生年を探る手がかりはあまりに少ない。

そこで高市皇子についてみると、高市皇子は持統十年（六九六）七月に薨じているが（持統紀十年七月庚戌［十日］条）、享年には四十二歳説（『公卿補任』）と四十三歳説（『扶桑略記』）とがある。四十二歳説に立つと六五五年（斉明元）の生まれとなる。正妃には御名部皇女があり、いつ但馬皇女と婚したかは不明である。仮に高市皇子が天武三年（六七四）に二十歳で十五歳の但馬皇女と結婚したとすると、但馬皇女は斉明六年（六六〇）生まれとなる。また氷上娘が十八歳で但馬皇女を産んだとすると氷上娘は皇極二年（六四三）生まれとなり、鎌足が三十歳のときの子となる。さらに氷上娘が大海人皇子に十五歳で婚したとすると斉明三年（六五七）のこととなる。

多くの推測を重ねたが、あくまで婚姻関係の成立時期の目安を得るためのやむを得ぬ一つの手段である。(23) 結果として鎌足の生前（天智八年〔六六九〕以前）に、鎌足の政略により大海人皇子との婚姻関係が成立した可能性が指摘できる。

次に五百重娘であるが、五百重娘もまた生没年ともに不明である。子の新田部親王は文武四年（七〇〇）正月七日に浄広弐（従四位下相当）を授けられている（『続日本紀』）。この時仮に二十一歳とすると、天武九年（六八〇）生まれになる。五百重娘が十八歳で新田部親王を産んだとすると五百重娘は天智二年（六六三）の生まれ、十五歳で大海人皇子と婚したとすると天武六年（六七七）のこととなる。

また、新田部親王（天武の第七皇子）は天平七年（七三五）九月に薨じている（『続日本紀』九月壬午〔三十日〕）。この新田部親王を弔問した舎人親王（天武の第三皇子）も同年十一月乙丑〔十四日〕疫病のために薨じており（『続日本紀』）、『公卿補任』に「年六十」とあることから、逆算すると天武五年（六七六）生まれとなる。新田部親王は舎人親王より若く、誕生はそれ以後となる。仮に舎人親王と同じ六七六年生まれとし、母の五百重娘が十八歳で新田部親王を生んだとすると、五百重娘は斉明五年（六五九）生まれで、十五歳で大海人皇子に婚したとすると天武二年（六七三）のこととなる。以上、二通りの推測を試みたが、五百重娘は不比等よりも若干年下で、大海人皇子に婚した時期は天武二年以後のこととなることは言えそうである。

以上憶測を重ねたが、不比等は斉明五年（六五九）生まれであるから、氷上娘は不比等よりもかなり年長であり、五百重娘は不比等よりも若干年少とみられる。天武夫人となったこの二人、特に氷上娘が鎌足亡き後の成長期の不比等を支えていったのである。

また、右に鎌足の政略により氷上娘が大海人に嫁いだ可能性を指摘したが、注意されるのは『懐風藻』大友皇子伝によると、鎌足が大海人皇子のみならず大友皇子にも女（『本朝皇胤紹運録』の耳面刀自か）を嫁がせている点である。藤原氏の女を入内させて天皇家に密着する外戚政策の端緒が鎌足に認められるが、これを不比等が受け継いでいくのである。

（二）土器墨書「大原殿」

さて、『萬葉集』にはもう一首、藤原夫人の歌がある。天武天皇と藤原夫人（五百重娘）の贈答歌である。

天皇、藤原夫人に賜ふ御歌一首

吾が里に　大雪降れり　大原の　古《ふ》りにし郷《さと》に　降らまくは後《のち》（『萬葉集』巻二・一〇三）

藤原夫人の和《こた》へ奉《まつ》る歌一首

吾が岡の　龗《おかみ》（水神）に言ひて　降らしめし　雪の砕けし　そこに散りけむ（巻二・一〇四）

右の贈答歌により藤原夫人（五百重娘）の居宅が大原の地にあったことが知られ、五百重娘が大原大刀自とも称されたのは、居住した大原の地に由来することが判明する。また、柿本人麻呂が新田部皇子の宮の永遠であることを願った歌に依れば（巻三・二六一〜二六二）、五百重娘の子、新田部皇子の宮が矢釣山の付近にあったことがうかがわれる。[24]

ところで、『飛鳥藤原京木簡（一）』によると飛鳥池遺跡北地区出土の墨書土器の中に「物了連縣子／献」、「少子了殿」、「大原殿」と書かれた墨書土器があることが紹介されている。[25] このうち「大原殿」と記された墨書土器は南北溝

（SD一一一〇）から出土している。[26]

北地区南北溝（SD一一一〇）出土の木簡は、紀年木簡に「丁丑年」（天武六年〔六七七〕）があり、サト表記はすべて「五十戸」である。従って、この墨書土器も天武十年（六八一）以前のものと考えてよいだろう。大原で想起される氏族はまず法隆寺近郊、平群郡坂門郷に本貫を置く大原史であるが、地理的には藤原不比等の「大原殿」が注目される。鎌足が亡くなったのは天智八年（六六九）十月十六日、貞慧の亡くなったのはそれより以前の天智四年（六六五）十二月二十三日のことである。飛鳥池出土墨書土器の「大原殿」は天武十年（六八一）以前、伴出の紀年木簡を目安にすれば天武六年（六七七）頃となるが、その頃には鎌足も貞慧もこの世の人ではない。

尊称とすると時期的には大原に居住した天武の藤原夫人（五百重娘、大原大刀自）（『萬葉集』巻二・一〇三、巻八・一四六五）や藤原不比等が候補となる。天武六年とすると不比等は十九歳、五百重娘は天武の夫人となった頃である。先述の如く鎌足亡き後、「大原殿」は不比等に伝領されたと推測される。大原の旧鎌足邸には不比等や五百重娘らが居住したが、土器墨書「大原殿」はそうした大原の邸宅（包括概念）とその主人を意味したと考えられる。こうした点から大原の地の発掘調査が注目されるが、吉川真司氏は飛鳥池東方遺跡を大原第に関わるとされている。[27]

天武天皇の夫人となった鎌足の二人の女である藤原夫人（特に氷上大刀自）や中臣大嶋が鎌足没後の不比等を支え、やがて不比等が頭角を現し、その才能を天武・持統に認められて、草壁皇子の大舎人として、さらには法制に精通した官僚として成長していったのであろう（天武紀二年五月条）。

六、藤原不比等と浄御原令

既述のように藤原不比等が史上に初めて登場するのは持統三年（六八九）二月己酉［二十六日］のことで、他の八名とともに判事に任命されている。

以㆓浄広肆竹田王、直広肆土師宿禰根麻呂・大宅朝臣麻呂・藤原朝臣史、務大肆当麻真人桜井與穂積朝臣山守・中臣朝臣々麻呂・巨勢朝臣多益須・大三輪朝臣安麻呂㆒、為㆓判事㆒。

《浄広肆竹田王、直広肆（従五位下相当）土師宿祢根麻呂・大宅朝臣麻呂・藤原朝臣史、務大肆（従七位下相当）当麻真人桜井と、穂積朝臣山守・中臣朝臣臣麻呂・巨勢朝臣多益須《たやす》・大三輪朝臣安麻呂とを以て、判事《ことわるつかさ》とす。》

この年六月、諸司に令一部二十二巻が班賜され、浄御原令が施行されたが（六月庚戌［二十九日］条）、判事任命はこれに備えたものであろう。浄御原令下の判事の職掌は明らかではないが、養老職員令30刑部省の大判事の職掌「掌らむこと、鞫《と》はむ状《かたち》を案覆《あんぷく》せむこと、刑名《ぎやうみやう》を断《ことわ》り定めむこと、諸の争訟を判《ことわ》らむこと」を参酌すれば、浄御原令の施行に伴い、起こるべく問題に裁定を下す実務派官僚としての抜擢であろう[28]。浄御原律については編纂は行われたにしても律法典は未完成で、唐律が準用されたとみられている。このようにみると、判事に任命された九名は法制に精通した者であり、全員とまではいわないが、新羅の弔使との折衝に当り、故典（古法）と相違することを糺弾した土師根麻呂や撰善言司に任ぜられた巨勢多益須など、少なからず浄御原令編纂に携わった可能性が推測される。当然のことながら不比等は突如として判事に任命されたわけではあるまい。浄御原令の編纂が開始された天武十年（六八一）

は草壁の立太子の年でもあり、不比等は時に二十三歳であった。浄御原令の編纂が草壁皇子の即位を見越したものとみられることからも、不比等が浄御原令の編纂に参加していたとみてよいだろう。

『尊卑分脈』は不比等について次のように記す。

斉明天皇五年（六五九）に生まる。公（不比等）、避く所の事あり。便ち山科の田辺史大隅らの家に養ふ。其れを以て史と名づくなり。

右の記事を裏付ける史料はないが、藤原不比等は幼少の頃、「避く所の事」があって、山科（山背国宇治郡山科郷）の田辺史大隅の家で養育された、また不比等の名は「史」に由来するという。「避く所の事」については様々な想像が可能であるが、父鎌足は長男貞慧を留学させる一方で、不比等もまた神祇祭祀担当者ではなく政治家として育てるために田辺史大隅に預けて英才教育をしたのであろう。田辺史は渡来系氏族で文筆を業とする氏族であった。白雉五年（六五四）には遣唐判官として田辺史鳥が渡唐している（孝徳紀白雉五年二月条）。本拠は現在の柏原市国分町田辺（河内国安宿郡）にあり、その地に田辺廃寺跡を遺しているが、山科にも拠点を構えていたとみられる。(29)

文武四年（七〇〇）六月の大宝令編纂終了にともなう賜禄記事には、不比等と並んで田辺史から田辺史百枝《ももえ》・田辺史首名の二名がみえる。二人が編纂事業に加わっているのはもとより田辺史が法制に通じていたからであろうが、二人の抜擢は不比等が田辺史に養育された縁によるものでもあろう。

このようにみてくると、浄御原令の編纂に不比等が加わったと推測するのもあながち的外れではなかろう。不比等の判事任命は決して異例の人事などではない。のちに不比等が唐令を全面的に継受した大宝律令の編纂を主導し、「令官」(30)（『法曹類林』巻一九七・公務五）として条文解釈の治定をしえた前史が見えてくる。不比等の史上デビューが浄御原令の施行と共にあることはきわめて興味ぶかい。

ところで、『日本書紀』が引用する高句麗僧道顕『日本世記』によると、不比等の父鎌足が薨じた際に、道顕が鎌足の死を悼む誄《しのびごと》を述べたという。

藤原内大臣薨。【日本世記曰、内大臣、春秋五十、薨于私第。遷殯於山南。天何不淑、不憖遺耆。鳴呼哀哉。碑曰、春秋五十有六而薨。】

《藤原内大臣薨《みう》せぬ。【日本世記に曰はく、「内大臣《うちつおほおみ》、春秋《とし》五十にして、私第に薨せぬ。遷《うつ》して山の南に殯《もがり》す。天《あめ》何《なに》ぞ淑《よ》からずして、憖《なまじひ》に耆《おきな》（老人）を遺《のこ》さざる。鳴呼《ああ》哀《かな》しきかな。碑《ゑりし》に曰へらく、『春秋五十有六にして薨せぬ』といへり」といふ。】》（天智紀八年〔六六九〕十月辛酉〔十六日〕条）

道顕と藤原内大臣（鎌足）の親しい関係が読み取れる。この時、鎌足五十六歳、不比等は十一歳である。『日本書紀』には①斉明紀六年七月条、②同紀七年四月条、③同紀七年十一月条、④天智紀八年（六六九）十月条の四ヵ所に分注の形で高麗沙門道顕『日本世記』なる書が引用されているが、『日本世記』は道顕が列島を中心に当時の見聞を記録したものと考えられる。(31)『日本書紀』が『日本世記』を引用する最後のものは、右に掲げた天智八年の藤原鎌足の逝去の際の誄記事である。『日本世記』に特徴的な表記、「蓋金」、「糺解《くげ》」などの語、道顕の言などが認められる範囲もこれを超えるものはない。

道顕については、生年、列島に来朝した年代、没年等詳らかではない。『日本世記』についても、果たして道顕の見聞・記録を道顕みずからがまとめ、『日本世記』と名づけたものか、あるいは他の者がまとめて『日本世記』と題したものか、不明といわねばならない。『日本世記』の文中には「東朝」とあるが、「日本」は使用されていない。従って「日本」の表記の成立の上限を天智八年としておく他はない。(32)

ここで注意しておきたいのは、道顕『日本世記』に父鎌足の誄が記載されていることからすると、「日本」の表記に接点をもち、かつ「日本」の語に強く関心を寄せたと思われる人物の一人に藤原不比等が挙げられるという点である。

近年、祢軍墓誌が発見されたが、東野治之氏はそこに記載される「日本」が、列島の国名ではなく、東方を意味すること、さらに道顕『日本世記』の「日本」も同様に東方を意味する可能性を指摘されている。(33) こうした見解を踏まえれば、東方を自認する（日出づる国）倭国にあって、「日本」の表記を列島の新たな国号に採用する契機は不比等にあったといえるだろう。

八、おわりに

日本の律令国家構築の立役者、藤原不比等の前半生については不明な点が多いが、天武治世から頭角を現し、大舎人として草壁皇子に近侍するかたわら浄御原令の編纂に関わったとみられる。(34) そのような経験があったからこそ、のちに唐令を全面的に摂取した大宝律令編纂の主導者となり、「令官」として条文解釈の治定にあたることになったのであろう。ちなみに、唐令摂取の契機の一つは対新羅関係の悪化にあり、持統紀三年五月甲戌［二十二日］条の新羅弔使に対する持統の詔にみられる新羅を属国視する激しい対抗意識に求められる。(35) 皮肉にも浄御原令の施行された持統三年は、日本の律令制の転換点ともなった。

不比等が台頭し得た背景には父鎌足の婚姻策があった。鎌足亡き後、成長期の不比等を支えたのは氏上的立場にあった中臣大嶋や天武天皇の夫人となった二人の姉妹（氷上娘・五百重娘）であった。不比等は飛鳥の大原に拠点を構え、みずからが参加した浄御原令にもとづく藤原京の完成に伴い、官僚として鎌足の生誕地と推測される城東の地に邸宅を持ったとみられる。

以上、憶説を重ねつつ不比等の前半生に再検討を加えた。残した問題は多いが、紙幅も尽きたのでひとまず擱筆する。

注

（1）藤原不比等の生年については二説ある。①『公卿補任』、『尊卑分脈』は「六十二歳」とする。逆算すると生年は六五九年（斉明五）となる。②『懐風藻』、『扶桑略記』に「年六十三」とある。逆算すると生年は六五八年（斉明四）となる。しかし、『懐風藻』の諸本中には「六十二」とするものがあり、①に従うのが穏当であろう。以下、不比等の生年については六五九年説に立つ。

（2）薗田香融「護り刀考」（関西大学民俗学会『伝承文化研究』創刊号、一九六四年。のち同『日本古代の貴族と地方豪族』所収、塙書房、一九九二年）、上山春平『埋もれた巨像』（岩波書店、一九七七年）。

なお、藤原不比等に関する論考としては、上田正昭『藤原不比等』（朝日新聞社、一九七六年）、黛弘道「『日本書紀』と藤原不比等（上・下）」（『歴史手帖』五ノ一二、一九七七年十二月、『歴史手帖』六ノ一、一九七八年一月）。のち同『律令国家成立史の研究』所収、吉川弘文館、一九八二年）、福原栄太郎「藤原朝臣不比等の登場」（続日本紀研究会編『続日本紀の時代』塙書房、一九九四年）、土橋寛『持統天皇と藤原不比等』（中央公論社、一九九四年）、高島正人『藤原不比等』（吉川弘文館、一九九七年）、吉川真司「藤原氏の創始と発展」（同『律令官僚制の研究』塙書房、一九九八年）、大山誠一『天孫降臨の夢　藤原不比等のプロジェクト』（日本放送出版協会、二〇〇九年）、東野治之「藤原不比等伝再考」（『坪井清足先生卒寿記念論文集―埋文行政と研究のはざまで―』下巻、坪井清足先生の卒寿をお祝いする会、二〇一〇年）などを参照した。

（3）上田正昭・高島正人・福原栄太郎、土橋寛、いずれも前掲注（2）参照。

（4）青木和夫「藤原鎌足」（『日本人物史大系』一、一九六一年。のち同『日本古代の政治と人物』所収、吉川弘文館、一九七七年）、田村圓澄『藤原鎌足』（塙書房、一九六六年）、中西進『天智伝』（中央公論社、一九七五年。のち著作集二五、四季社、二〇一〇年）、前之園亮一「中臣氏について」（『東アジアの古代文化』三六号、一九八三年）、渡里恒信「地名藤原と藤原賜姓について」（『続日本紀研究』三二二号。のち同『日本古代の伝承と歴史』所収、思文閣出版、二〇〇八年）など。

（5）川﨑晃「佐保の川畔の邸宅と苑池」（『水辺の万葉集』高岡市万葉歴史館論集1、笠間書院、一九九八年）。

（6）和田萃「百済宮再考」（『明日香風』一二号、一九八四年十月）。

（7）奈良文化財研究所編『大和吉備池廃寺―百済大寺跡』（吉川弘文館、二〇〇三年）。

（8）奈良文化財研究所編『藤原宮木簡（三）』一二三六号（八木書店、二〇一二年）。この木簡は当初「□大殿□□」（『飛鳥藤原宮発掘調査出土木簡概報（五）』七頁、一九七〇年）と釈読されたが、次いで「右大殿荷八」（『飛鳥藤原宮発掘調査出土木簡概報（二十二）』二二頁、二〇〇八年）と再釈読され、さらに「右大殿□〔芹カ〕□」と再々釈読された。

（9）川﨑晃「「殿」と「殿門」について」（『高岡市万葉歴史館紀要』八、一九九八年三月。のち同『古代学論究』所収、慶應義塾大学出版会、二〇一二年）。

（10）市大樹「門牓制の運用と木簡」（『ヒストリア』二〇七、二〇〇七年。のち市大樹『飛鳥藤原木簡の研究』所収、塙書房、二〇一〇年）。

（11）市大樹「右大殿付札考」（渡辺晃宏編『推論機能を有する木簡など出土文字資料の文字自動認識システムの開発』二〇〇八年。のち市大樹『飛鳥藤原木簡の研究』所収、塙書房、二〇一〇年）。

（12）藤原京の発掘調査が進み、宅地の実態もわずかずつではあるが明らかになりつつある。木下正史『藤原京』（中央公論社、二〇〇三年）、竹田正敬「藤原京の宅地―班給規定と宅地の実相―」（奈良県立橿原考古学研究所編『橿原考古学研究所論集』十四、八木書店、二〇〇三年）、竹田正則「発掘調査が紐解く藤原京」（『日本最初の都城　藤原京』奈良県立橿原考古学研究所東京公開講演会資料、二〇一三年）など参照。

（13）上田正昭・高島正人、いずれも前掲注（2）、渡里恒信・前掲注（4）、吉川真司・前掲注（2）など。

（14）青木和夫・前掲注（4）。

（15）銘文の写真は文化庁監修『国宝』12考古（毎日新聞社、一九八四年）、奈良国立博物館編『図録　談山神社の名宝』（二〇

〇四年）を、釈文は岡崎敬「日本の古代金石文」（『古代の日本』９研究資料、角川書店、一九七一年）、奈良国立博物館編『発掘された古代の在銘遺宝』（一九八九年）などを参照した。

(16) 允恭皇后（忍坂大中姫命）の妹、衣通姫を召すために近江坂田まで迎えに行った中臣烏賊津使主の伝承は（允恭紀七年）『日本書紀』にのみみえる伝承である。烏賊津は皇后の嫉妬を恐れ藤原の地に居住させたという。忍坂の近辺に拠点を持つ大嶋が『日本書紀』の筆録に直接関わっていることからすると、中臣烏賊津を藤原と結びつけたのは大嶋が関与した可能性がある。

(17) 「命婦」の訓をヒメトネとする説は、角田文衞「後宮職員令」（律令研究会編『訳註日本律令』十、東京堂出版、一九八九年）、『時代別国語大辞典　上代編』（三省堂、一九六七年）など。

(18) 東野治之「大宝令前の官職をめぐる二、三の問題」（狩野久編『日本古代の都城と国家』所収、塙書房、一九八四年。のち東野『長屋王家木簡の研究』所収、塙書房、一九九六年）。

(19) 吉川真司氏に同様の指摘がある（「律令国家の女官」女性史総合研究会編『日本女性生活史』一、東京大学出版会、一九九〇年。のち同『律令官僚制の研究』所収、塙書房、一九九八年、一〇七頁注（５））。なお長屋王家木簡の「春日女旦臣」（『平城木簡概報』25・五頁上３）も「春日ノヒメマヘツキミ（命婦）」と訓む可能性があろう。

(20) 「比売朝臣額田」については①大嶋の室もしくはむすめとする説（福山敏男「粟原寺」『奈良朝寺院の研究』所収、綜芸舎、一九七八年。原本一九四八年）、②大嶋のむすめとする説（藪田嘉一郎『日本上代金石叢考』河原書店、一九四九年。同「粟原寺塔銘について」『考古学雑誌』三七―四、一九五一年。岸哲男「「比売朝臣額田」について―粟原寺三重塔伏鉢銘の意味―」『二松学舎大学論集（昭和五十一年度）』所収、一九七七年三月）、③大嶋の室で、額田王が大嶋と再婚したとする説などがある。③には江戸末期、紀州藩の加納諸平《もろひら》「額田鏡王考」（野々口隆正『嚶々筆語《おうおうひつご》』日本随筆大成第一期９所収、吉川弘文館、一九七五年）を初めとして、尾山篤二郎「額田ノ姫王攷」（『万葉集大成』九、平凡社、一九五三年）、神田秀夫『初期万葉の女王たち』（塙書房、一九六九年）などがある。「朝臣」を姓と理解する点では共通する。

(21) 直木孝次郎『額田王』吉川弘文館、二〇〇七年。

(22) 神田秀夫・前掲注（20）。

(23) 右は年齢による可能性であり、当然のことながら、政治情勢が関係することは、いうまでもない。例えば亀田隆之氏は二人の娘が天武の室になったのは、天智七年（六六八）七月、酒宴で大海人皇子が長槍で敷板を貫いた事件で鎌足が大海人をかばって以後間もない天智九年（六七〇）頃とされる（亀田隆之『皇位継承の古代史』吉川弘文館、一九九六年、七四頁）。

(24) 奈良県明日香村に所在する竹田遺跡（字飛鳥・東山）は新田部皇子の宮の候補とされる（『飛鳥の考古学２００８』飛鳥資料館、二〇〇九年）。

(25) 奈良文化財研究所編『飛鳥藤原京木簡（一）飛鳥池・山田寺木簡』吉川弘文館、二〇〇七年。

(26) 飛鳥池遺跡から「少子了殿」、「大原殿」など「殿」と記載された墨書土器が出土していることを寺崎保広氏にご教示いただき、拙著に補注の形ではあるが気づいたことを覚書風に綴っておいた（前掲注（9））。また今回、出土地点を奈良文化財研究所の山本崇氏にご教示いただいた。記して感謝申し上げる。なお、市大樹「木簡からみた飛鳥池工房」（同『飛鳥藤原木簡の研究』塙書房、二〇一〇年）一八六頁・註（19）参照。

(27) 吉川真司「飛鳥池遺跡と飛鳥寺・大原第」（直木孝次郎・鈴木重治編『飛鳥池遺跡と亀形石―発掘の成果と遺跡に学ぶ』ケイ・アイ・メディア、二〇〇一年）。

(28) 「判事」については東野治之・前掲注（2）「藤原不比等再考」、新川登亀男『道鏡をめぐる攻防―日本の君王、道士の法を崇めず』（大修館書店・一九九九年）を参照した。新川氏は法的裁定のみならず、個人の知識技能による判断が求められる任であったとされる。

(29) 加藤謙吉氏は鎌足・不比等と田辺史の人的交流に注目されているが、田辺史が不比等と県犬養三千代の女・安宿媛（光明子）の養育氏族であった可能性を指摘されている（加藤謙吉「初期の藤原氏と渡来人の交流」佐伯有清編『日本古代中世の政治と宗教』所収、吉川弘文館、二〇〇二年）。

(30) 新日本古典文学大系『続日本紀（一）』（岩波書店、一九八九年）補注2ノ四六（三〇九～三一〇頁）。

(31) 『日本世記』に関する戦後の研究としては、池内宏「百済滅亡後の動乱及び唐・羅・日三国の関係」（『満鮮史研究　上世第二冊』吉川弘文館、一九六〇年）、志水正司「日本書紀考証二題」（『史学』四四巻三号、一九七二年、のち同『日本古代史の検証』所収、東京堂出版、一九九四年）、國書逸文研究会編『新訂増補　國書逸文』（国書刊行会、一九九五年）、加茂正典「高麗沙門道顕『日本世紀』補考」（所功先生還暦記念会編『國書・逸文の研究』臨川書店、二〇〇一年）、三品泰子「釈道顕の予言と「日本世記」―『日本書紀』本文と「日本世記曰く」の関係をめぐって」（『古代文学』四一、二〇〇一年）、遠藤慶太「入唐僧貞恵と藤原鎌足―『家伝』と「日本世記」との接点」、榊原史子「『藤氏家伝』に見える道顕の文章と『日本世記』」（いずれも篠川賢・増尾伸一郎編『藤氏家伝を読む』所収、吉川弘文館、二〇一一年）などがある。

(32) 川崎晃「国号「日本」の成立に関する覚書」（『学習院史学』一二号、一九七六年二月。のち同『古代学論究』所収、慶應義塾大学出版会、二〇一二年）。

（33）　東野治之「百済人祢軍墓誌の「日本」」（『図書』第七五六号、岩波書店、二〇一二年二月）、東野治之「日本國號の研究動向と課題」（『東方學』第一二五輯、二〇一三年一月）。

（34）　浄御原令については諸説があるが、私は亡国の危機の中で制定された単行法令の集成である「近江朝廷の令」（『類聚三代格』所引弘仁格式序）を法源として改訂・体系化したもので、新羅をはじめとする朝鮮諸国・中国南北朝期の法制の影響を多分に受けたものであったと推測している。

（35）　新羅を蕃国と位置づけて優位に立つことは唐令のもつ帝国構造からも不可欠であった。新生「日本」への国号改称は当面する外交課題からまず新羅に告げられたと考えた（川崎晃・前掲注（31））。なお、鐘江宏之「藤原京造営期の日本における外来知識の摂取と内政方針」（鐘江宏之・鶴間和幸編著『東アジア海をめぐる交流の歴史的展開』東方書店、二〇一〇年）は、朝鮮方式（浄御原令以前）から中国方式（大宝律令）への転換を主導したのは藤原不比等であると指摘されている。

五紀暦併用と宣明暦採用とに関する一考察——その実態と意義について——

湯浅　吉美

一、はじめに

平安時代前期、九世紀の半ばを過ぎた頃、暦法史の上で大きな変革があった。大衍暦から宣明暦への改暦である。大衍暦は唐僧一行が玄宗の勅命により撰修した暦法で、唐・開元十七年（七二九）から三十三年間にわたって行用された。進歩した機器を用いた優秀な観測に基づいており、また日蝕・月蝕の計算方法にも飛躍的な進歩が見られ、唐代でも最も勝れた暦法といわれる。日本には早くも天平七年（七三五）に請来されたものの、習得する者がなく、かなり遅れて天平宝字八年（七六四）から施行された。[1] 一方、宣明暦は徐昂によって撰せられ、唐では長慶二年（八二二）から七十一年間用いられた。これも優れた暦法で、日本では貞観四年（八六二）から施行され、貞享改暦（二年、一六八五）まで八百年以上も使用された。ちなみに先年、映画化されて当たりをとった冲方丁の『天地明察』は、この貞享改暦にまつわる渋川春海の苦心譚である。[2]

ところで、大衍暦から宣明暦への移行に際し、奇妙なことが伝えられている。それは、大衍暦行用の最後となる天安二年（八五八）から貞観三年（八六一）までの四年間、五紀暦が併用された、というものである。なぜ奇妙なのかというと、両暦とも等しく唐の太陰太陽暦法だから、暦日の枠組が大きく異なることはありえず、したがって「併用」する意味が奈辺に存するかわからない。また、もしも暦日に相違が生ずるとしても、いずれにせよ一方を選択せざるを得ないわけで、そもそも「併用」ということは原理的に不可能ではなかろうか。

これが、現代の日本でも見られるように、新暦（グレゴリオ暦＝太陽暦）と旧暦（天保暦＝太陰太陽暦）との共存であれば、理解もできるし、それなりの意味も認められる。実際の社会生活では、無論もっぱら新暦に従い、旧慣を遵守する年中行事や民俗行事においては旧暦に従うものもある。あえて「公私」と言ってもよいであろう、両者の使い分けが明確に了解されている。新暦の元日は国の定める祝日だが、いわゆる旧正月は、地域によってはさまざまな行事があるとしても、現在の日本では決して公的に祝日・休日として扱われることはない。むしろ全く組み立ての異なる二つの暦法だからこそ共存できるのであって、原理が等しく計算結果も相似たものとなる二つの暦法では、かえっておかしなことが起こりうる――たとえば、ある月の朔日が一日違いで算出されたとして、二日続けて告朔を行なうなど考えられない。

暦学史の言わば通説として「大衍暦と五紀暦とを併用した」と記述されてきたが、いつか一度、調べておく必要がある、だいぶ前から筆者はそう考えていた。好い機会なので、小稿ではこの件について一瞥し、併せて、続く宣明暦採用にまつわる事情を垣間見て、わずかばかりの私見を提示するつもりである。

二、国史の記事から

まずは当然の手続きとして、そのいわゆる「併用」は、史料上どのように記されているのであろうか。国史に見られる記事を次に掲げる。なお、とくに正字である必要は無いので、適宜、通行字体に改めた（傍点は引用者による）。

＊史料①『日本文徳天皇実録』天安元年（八五七）正月丙辰（十七日）条(3)

（前略）先是。暦博士大春日朝臣真野麻呂上請。以開元大衍暦経造暦年久。而今検大唐開成四年・大中三年両年暦。注月大小。頗有相謬。覆審其由。依五紀暦経造之。望也依件経術将造進。今日仍許之。真野麻呂暦術独歩。能襲祖業。相伝此道。于今五世也。

＊史料②『日本三代実録』貞観三年（八六一）六月十六日己未条(4)

始頒行長慶宣明暦経。先是。陰陽頭従五位下兼行暦博士大春日朝臣真野麻呂奏言。謹検。（中略）厥後。宝亀十一年。遣唐使録事故従五位下行内薬正羽栗臣翼貢宝応五紀暦経云。大唐今停大衍暦。唯用此経。天応元年。有勅令拠彼経造暦日。無人習学。不得伝業。猶用大衍暦経。已及百年。真野麻呂。去斉衡三年。申請用彼五紀暦。朝庭議云。国家拠大衍暦経。造暦日尚矣。去聖已遠。義貴両存。宜暫相兼不得偏用。貞観元年。渤海国大使烏孝慎新貢長慶宣明暦経云。是大唐新用経也。真野麻呂試加覆勘。理当固然。仍以彼新暦。比校大衍五紀等両経。且察天文。且参時候。両経之術。漸以麁疎。令朔節気既有差。又勘大唐開成四年・大中十二年等暦。不復与彼新暦相違。暦議曰。陰陽之運。随動而差。差而不已。遂与暦錯者。方今大唐開元以来。三改暦術。本朝天平以降。猶用一経。静言事理。実不可然。請停旧用新。欽若天歩。詔従之。

また、史料②を編述する際に典拠資料とされたであろう太政官符が、幸いにして『類聚三代格』に収載されて伝わっている。当然のことながら本文部分はほぼ同一だが、その性格上、『三代実録』のほうにはやや省略が見られるので、いささか事々しいけれども、官符のほうも示しておきたい。

＊史料③『類聚三代格』巻十七・文書并印事(5)

太政官符

応用長慶宣明暦経事

右陰陽頭従五位下兼行暦博士大春日朝臣真野麿解状偁。謹検古記。(中略) 厥後。宝亀十一年。遣唐使録事内薬正従五位下羽栗臣翼貢宝応五紀暦経。申云。大唐今停大衍暦。唯用件経者。天応元年。有勅令拠件経造暦。無人習学。不得講成。猶拠大衍暦経。勘造暦日。已及百年。真野麿去斉衡三年申請可以五紀暦作暦之状。而太政官四年正月十七日符偁。国家拠大衍暦経。作暦尚矣。去聖已遠。義貴両存。宜暫相副令作進者。依件符旨。大衍五紀相副作進二箇年也。去貞観元年渤海大使烏孝慎新貢長慶宣明暦経言。是大唐新用経也。真野麿試加覆勘理当固然。仍以件新暦。比校大衍五紀等両経。且察天文。且参時候。両経之術。漸似麁疎。令朔節気。既有相差。又勘大唐開成四年大中十二年等暦。不復与彼新暦相違。暦議曰。陰陽之運。随動而差。差而不已。遂与暦錯者。方今大唐開元以来三改暦術。而我国天平以降。猶用一経。静言事理。実不可然。望請。停旧用新。欽若天歩。謹請　官裁者。右大臣宣。奉　勅。依請。

貞観三年六月十六日

これら三史料から知られることを時間軸に沿って整理すると、以下のようになる。

・宝亀十一年（七八〇）…遣唐使録事羽栗翼が五紀暦を請来した。
・天応元年（七八一）…五紀暦に拠って造暦すべく勅あるも、習学する者なく、引き続き大衍暦を用いた。
・斉衡三年（八五六）…暦博士大春日真野麻呂が、五紀暦に拠って造暦するよう奏上した。
・天安元年（八五七）…太政官符が発せられ、大衍・五紀、両方に拠る暦を「相副作進」することとなった。(6)
・貞観元年（八五九）…渤海大使烏孝慎が宣明暦を齎したので、真野麻呂がこれを試験的に用いてみた。
・貞観三年（八六一）…大衍・五紀両暦と比べて宣明暦が優秀であるとの見極めがついたとして、真野麻呂は宣明暦を用いるよう奏上、これが認められた。この結果、翌四年から宣明暦が施行されることとなった。

周知の如く、暦は暦博士が中心となって一年をかけて翌年のものを造り、原則として十一月一日とされている御暦奏を経て頒布される。ゆえに、大衍暦と五紀暦とによる暦が両方造進されたのは、天安二年（八五八）暦から貞観三年（八六一）暦まで、となる。従来言われてきた両暦併用ということは、以上のように確認される。なお、史料③に「依件符旨。大衍五紀相副作進二箇年也」とあるのは、続いて登場する渤海使による宣明暦貢献に先立つ、天安二年と同三年（＝貞観元年）の「二箇年」との謂であろう。(7)

しかしながら具に見ると、右の史料にはいくつかの疑問点がある。それを見ておこう。

第一に、史料①において、（大衍暦による日本の暦と）唐の開成四年（八三九）、大中三年（八四九）の暦と比べると、月の大小に違いがあり、その理由は、彼の地では五紀暦を用いているからだ、という。しかし、これは明らかな錯誤である。唐ではすでに長慶二年（八二二）から宣明暦に移行しており、五紀暦ではない。唐での宣明暦行用開始から三十五年を経た天安元年（八五七）になってなおこのような発言が見られるのは、最新情報に疎かったと評さざるを得ないであろう。無論この頃には遣唐使の発遣がなく、いわゆる「承和の遣唐使」のみであったという事情はある。とはいえ、渤海使の来航はたびたびあり、現にこのあと、渤海使が宣明暦を齎したのだから、暦法自体が伝わるかどうかはさておき、「唐ではすでに改暦されている」との情報くらいは知っていてもよさそうに思う。(8)

第二に、史料②・③に見える文言、「去聖已遠。義貴両存」というのは趣意不明である。そもそも暦が、社会に時間的枠組を与えるものである以上、もしわずかでも異なる暦が二つながら存しては混乱を招く。必然的に一つに決めなければならないことは自明であろう。なぜに両存を貴ぶというのか、その意図するところが理解できない。強いて弁護的に見るならば、確認のためであったといえようか。つまり、二つの暦法の計算結果が一致していれば、正しいものとして安心して使用できる、そう考えたのかもしれない。だとすると、いかにも頼りない話ではあるけれども……。

さらに第三点。やはり史料②・③において、唐の開成四年（八三九）、大中十二年（八五八）等の暦と突き合わせて見たところ、相違しなかったと言っているが、それらは元々、宣明暦法に拠っているのであるから一致するのは当然であって、わざわざ言うほどのことではない。むしろ、かえって愚かしい発言ではなかろうか。あるいは、この文言は、次のように解釈できるのかもしれない。すなわち、真野麻呂の計算結果と彼の地の暦とが一致したことにより、真野麻呂が宣明暦法を正しく理解し運用できることが示された、それをアピールしているのだと考えられる。筆者はこの文言を以って、宣明暦への改暦を提唱した真野麻呂の自己ＰＲであったと見たい。(9)

このように疑問点はあるものの、とにもかくにも、以上のような経緯を辿って最終的に宣明暦が用いられるに至ったのである。

三、両暦の比較および併用の検討

では、大衍暦と五紀暦とで実際の計算結果はどう違うのか、あるいは違わないのか、具体的に比較してみよう。二つの表を掲げる。これらのデータは、再現性を高めるため文献4に基づき、必要に応じてアレンジした（データそのものは改変していない）。

表1は毎月の朔日干支を比較したもので、『三代実録』に記載されている干支と両暦の計算結果を並べている。大余というのは、暦計算の最終段階において日法（一日を何分とするかを意味する定数）で割った商であって、「日」を表すことになる。この場合、00を甲子、01を乙丑、……、59を癸亥とする。小余というのは時刻を意味する数値で、前記の除算の余りとして求まる。大衍暦では一日を三〇四〇分、五紀暦では一三四〇分としているので、たとえば、大衍暦で小余八九三とあれば、これは一日が三〇四〇分あるうちの八九三分だけ経過した時という意味で、三〇四〇分の八九三×二四（時間）＝七・〇五、すなわち今の時計で七時三分に相当する。小余が同じ八九三でも、それが五紀暦ならば分母は一三四〇なので、一五・九九、今の時計で十六時少し前になる。[10] さらに、進朔について進〇、否×を示した。進朔というのは、朔となる時刻が遅い場合、前月晦日にわずかながら月が見えてしまうのを避けるため、朔日を一日先に進めて、計算では朔日となっている日を前月晦日とする、という暦法上の技法である。基本的には日法の四分の三を超えている場合に行なわれるから、大衍暦では一日＝三〇四〇分の四分の三で二二八〇、五紀暦では一日＝一三四〇分の四分の三で一〇〇五、それぞれ小余がこれを超えている月について進否を示した。[11]

表1　朔日干支の比較

	月	三実	大衍暦		五紀暦		異同
			大余-小余	進朔	大余-小余	進朔	
天安2年	1	甲午	30- 893		30- 457		
	2	甲子	59-2856	○	59-1299	○	
	閏2	癸巳	29-1371		29- 652		
	3	壬戌	58-2628	×	58-1211	×	
	4	壬辰	28- 582		28- 298		
	5	辛酉	57-1342		57- 622		
	6	庚寅	26-2150		26- 978		
	7	庚申	56- 190		56- 122		
	8	己丑	25-1534		25- 744		
	9	己未	55- 249		55- 166		
	10	戊子	24-2299	×	24-1070	×	
	11	戊午	54-1603		54- 770		
	12	戊子	24-1096		24- 552		
貞観元年	1	戊午	54- 374		54- 236		
	2	丁亥	23-2417	×	23-1127	×	
	3	丁巳	53-1143		53- 543		
	4	丙戌	22-2503	×	22-1153	×	
	5	丙辰	52- 533		52- 289		
	6	乙酉	21-1362		21- 641		
	7	甲寅	50-2175		50- 988		
	8	甲申	20- 136		20- 89		
	9	癸丑	49-1398		49- 656		
	10	癸未	18-2932	○	19- 20		①
	11	壬子	48-1861		48- 875		
	12	壬午	18-1095		18- 538		
貞観2年	1	壬子	48- 391		48- 236		
	2	壬午	17-2710	○	17-1263	○	
	3	辛亥	47-1788		47- 858		
	4	辛巳	17- 600		17- 327		
	5	庚戌	46-2183		46- 995		
	6	庚辰	16- 302		16- 183		
	7	己酉	45-1331		45- 638		
	8	戊寅	14-2316	×	14-1060	×	
	9	戊申	44- 260		44- 144		
	10	丁丑	13-1449		13- 667		
	閏10	丁未	42-2908	○	42-1321	○	
	11	丁丑	12-1628		12- 790		
	12	丙午	42- 674		42- 351		
貞観3年	1	丙子	11-2776	○	11-1280	○	
	2	乙巳	41-1879		41- 892		
	3	乙亥	11- 976		11- 499		
	4	乙巳	40-2910	○	41- 14		②
	5	甲戌	10-1533		10- 737		
	6	甲辰	39-2990	○	40- 9		③
	7	癸酉	09-1206		09- 581		
	8	壬寅	38-2405	×	38-1111	×	
	9	壬申	08- 516		08- 266		
	10	辛丑	37-1684		37- 771		
	11	辛未	07- 42		07- 48		
	12	庚子	36-1692		36- 786		

表２　二十四気の比較

		大衍暦	五紀暦	
天安２年	立春	43	43	
	雨水	58	58	
	驚蟄	13	13	
	春分	28	28	
	清明	44	44	
	穀雨	59	59	
	立夏	14	14	
	小満	29	29	
	芒種	44	45	相違
	夏至	00	00	
	小暑	15	15	
	大暑	30	30	
	立秋	45	45	
	処暑	00	01	相違
	白露	16	16	
	秋分	31	31	
	寒露	46	46	
	霜降	01	02	相違
	立冬	17	17	
	小雪	32	32	
	大雪	47	47	
	冬至	02	02	
	小寒	17	18	相違
	大寒	33	33	
	立春	48	48	
貞観元年	雨水	03	03	
	驚蟄	18	19	相違
	春分	34	34	
	清明	49	49	
	穀雨	04	04	
	立夏	19	19	
	小満	34	35	相違
	芒種	50	50	
	夏至	05	05	
	小暑	20	20	
	大暑	35	35	
	立秋	51	51	
	処暑	06	06	
	白露	21	21	
	秋分	36	36	
	寒露	51	52	相違
	霜降	07	07	
	立冬	22	22	
	小雪	37	37	
	大雪	52	52	
	冬至	07	08	相違
	小寒	23	23	
	大寒	38	38	
貞観２年	立春	53	53	
	雨水	08	09	相違
	驚蟄	24	24	
	春分	39	39	
	清明	54	54	
	穀雨	09	09	
	立夏	24	25	相違
	小満	40	40	
	芒種	55	55	
	夏至	10	10	
	小暑	25	25	
	大暑	41	41	
	立秋	56	56	
	処暑	11	11	
	白露	26	26	
	秋分	41	42	相違
	寒露	57	57	
	霜降	12	12	
	立冬	27	27	
	小雪	42	42	
	大雪	58	58	
	冬至	13	13	
	小寒	28	28	
	大寒	43	43	
	立春	58	59	相違
貞観３年	雨水	14	14	
	驚蟄	29	29	
	春分	44	44	
	清明	59	59	
	穀雨	14	15	相違
	立夏	30	30	
	小満	45	45	
	芒種	00	00	
	夏至	15	16	相違
	小暑	31	31	
	大暑	46	46	
	立秋	01	01	
	処暑	16	16	
	白露	31	32	相違
	秋分	47	47	
	寒露	02	02	
	霜降	17	17	
	立冬	32	32	
	小雪	48	48	
	大雪	03	03	
	冬至	18	18	
	小寒	33	33	
	大寒	48	49	相違
	立春	04	04	

表2は同じく二十四気の該当日を比較したもので、異同さえわかれば事足りるので、両暦による計算結果の大余のみを示している。

まず表1について見ると、①②③の三回、朔の大余が相違している。しかしながら、いずれの場合も、大衍暦での小余は二九〇〇台で推定進朔限（二六六〇）に対して十分に大きいから、進朔したと考えなければならない。結果として、すべての朔日干支が両暦で一致する、ということになる。

次に表2について見ると、年に四回、四年間で合計十六回の相違が見られるものの、残念なことに国史では二十四気の該当日を記載することがきわめて稀であって、現に当該年間においても、それは所見が無い。したがって、この点からも、両暦併用に関して何らかの知見が得られることはなかった。

もともと両暦の違いは定数の値にあるとはいえ、その差は大きなものではない。したがって、朔や二十四気の計算結果はほぼ同一になって当然である。それよりも顕著に違いが現れる可能性があるのは日蝕・月蝕の計算で、実際、中国王朝における改暦の中心的課題は蝕予報の精密化にあるといってよいが、日本ではそれに対する意識が低い。というよりも、当時の日本では、既存の暦法に従って計算することはできても、独自に暦法（蝕計算を含む）を改良したり、まして編纂したりすることはできなかった。史料②・③に蝕についての言及が無いことは、おそらく書き漏らしや偶然ではあるまい。少しく酷評ではあるけれども、関心の在りどころが、もっぱら朔と二十四気に止まっていたのである。

以上を要するに、月朔と二十四気という暦日の基本的要素から、二つの暦法を併用したことにどのような意義があったかを知ることはできないのである。あえて言えば、暦学的に見て何らの意義も無かった、ということを以って結論としてもよかろう。

なお、いま一つ指摘できることがある。それは、史料②・③に見られる「而我国天平以降。猶用一経」という文言である。ごく些細な一言に拘る嫌いはあるけれども、この言葉はこれより先に五紀暦採用を奏上した真野麻呂によって発せられている。「併用」ということが、実際面では形骸に過ぎなかったこと、すなわち、この四年間についても暦日の柱は大衍暦であったことを、端無くも物語るものといってよかろう。

もともと五紀暦は、計算に用いる定数の値を古い儀鳳暦（唐の麟徳暦）のものに戻し、用語や計算方法は大衍暦に従うという、まことに独自性に欠ける暦法である。重要な定数について比較してみると、次のようになる（小数にて示し、傍点を付した桁が異なる）。

1朔望月

大衍暦　二九・五三〇五九二日

五紀暦　二九・五三〇五九七日

宣明暦　二九・五三〇五九五日

現在値　二九・五三〇五八九日

1太陽年

大衍暦　三六五・二四四四日

五紀暦　三六五・二四四八日

宣明暦　三六五・二四四六日

現在値　三六五・二四二二日（グレゴリオ暦では三六五・二四二五日）

話を簡単にするため現在値と比較したが、1朔望月、1太陽年ともに、五紀暦よりも大衍暦のほうが精度の高いことがわかる。大衍暦を止めて五紀暦を用うべしと唱えた大春日真野麻呂の提言は、暦学的にはむしろ誤りであったというべきであろう。では、なぜに？　ということが検討されねばならない。

四、貞観二年の朔旦冬至

そこで一つ興味を惹くのが、貞観二年（八六〇）の朔旦冬至である。朔旦冬至とは、冬至が十一月一日（朔日）に当たることとで、慶事として大いに祝賀された。日本では延暦三年（七八四）を初例として慶祝され、そのたびごとに大赦などが行なわれたことは、史上、枚挙に遑がない。十九年ごとに朔旦冬至となる（ことが期待される）ので、延暦三年以降、同二十二年（八〇三）、弘仁十三年（八二二）、承和八年（八四一）と、続いて実現してきた。ところが、その次の機会である貞観二年（八六〇）には、それが実現しないという事態が起こったのである。[12]　それを巡る史料を以下に示す。

＊史料④『三代実録』貞観二年（八六〇）閏十月二十三日己巳条[13]

勅従四位下行文章博士兼播磨権守菅原朝臣是善。正五位下守権左中弁兼行式部少輔大枝朝臣音人。正五位下守右中弁藤原朝臣冬緒。従五位上行大学博士大春日朝臣雄継。従五位下守主計頭兼行木工助算博士有宗宿禰益門等曰。今年一章十九年。准拠先例。当有朔旦冬至。而暦博士真野麻呂等所上暦日。冬至在十一月二日。若於経史。有可進退之理乎。宜議而奏之。是善等議曰。謹案。真野麻呂所執。以為。依日分小余不足。不得合朔。論

之暦術。理若当然。但案暦経注云。月行遅疾。暦則有三大二小。以日行盈縮増損之云々。（中略）而今当年暦
八月大。九月小。十月大。閏十月小。然則以一小月為大。自得朔旦冬至。（中略）
又 勅従五位下行暦博士兼備後介大春日朝臣真野麻呂。外従五位下行陰陽助兼権陰陽博士笠朝臣名高等曰。令
諸有識等僉議云。今年可置朔旦冬至。若依此説。逐吉置朔者。於後年暦。得節気不錯謬歟。真野麻呂等奏言。
謹検術法。無依吉進退之文。仍今年不置朔旦冬至。但依群臣議置之。可無弦望晦朔之差。於是。詔従是善等
之議焉。

＊史料⑤『三代実録』同年月二十五日辛未条(14)

宣 詔百官及五畿七道諸国云。今年当有朔旦冬至。而暦家偏依日分不足。置於二日。今稽之故実。既有改定之
理。宜改閏十月為大。即以十一月一日丁丑為朔旦冬至。

二つの記事から要点をまとめると、以下のようになろう。

・菅原是善・大江音人らに勅して、当年は朔旦冬至となるべきだが、暦では十一月二日に冬至となっている。それを動かして朔旦冬至を実現するとしたら、（その典拠となる理が）経史にあるかどうか議奏するよう命ぜられた。
・是善らは、八月大、九月小、十月大、閏十月小となっているうち、一方の小月を大とすれば、朔旦冬至となることを奏上した。
・一方、（造暦官たる）大春日真野麻呂らに対しては、是善らの議に基づいて朔旦冬至を実現した場合、後々不都

合が生じないかどうか、勅問があった。

・真野麻呂は、吉を逐って（朔旦冬至を実現するために）朔を動かすのは典拠が無いため、朔旦冬至としなかった旨を答えた。

・結論としては、是善らの進言どおり、暦日を操作して朔旦冬至を実現させた。

実際の手順としては、小月の閏十月を大とすることにより、十一月の朔日を一日進め、暦の上では十一月二日に当たっていた冬至と十一月一日とを合致させた。この議が起こったのがすでに閏十月であったから、九月小を変更することはできなかったのである。この一件は、以後頻繁に行なわれた朔旦冬至がらみの暦日操作の初例となった。(15) 要するに、いわゆる文人官僚たちが朔旦冬至の実現を主張するのに対して、造暦官側は難色を示したのであった。

ここに登場する人物がなかなかに興味深いのではないだろうか。というのは、まず大江音人は、後に清和天皇となる惟仁親王の立太子とともに東宮学士となり、清和即位後は侍読を務め、藤原良房の顧問として活躍しており、参議就任は藤原基経と同時という人物。次に藤原冬緒は、惟仁立太子に際して春宮亮・次侍従となっている。菅原是善、大春日雄継、有宗益門らには北家藤原氏との際立った親近性は窺えないものの、この勅問が全体として初めから（良房の意を体した）かなり作意的なものであったことを看取してもよいと思う。

清和天皇がどのような経緯で即位するに至ったか、それを今更ここでとやかく述べる必要はあるまい。良房としては、考えうるかぎりの機会を捉えて、清和による皇位継承が順当かつ慶賀すべきものであることをアピールしたかった。即位からまだ日の浅い貞観二年に朔旦冬至となることは、まことに時宜に適ったことであるし、逆に、十九年目のこの年、朔旦冬至にならないとすれば、それは到底看過できないことであろう。しかるに、当年の暦は朔旦冬至となっていなかった。そこで急遽、名儒の誉れ高い文人たちを動かして、この挙に及んだのである。[16]

ところが、肝心の司暦らは、それに難色を示した。暦学的に理に合わないことはもちろんであるが、それ以上に、一旦「可」とされて現に施行している当年の暦を途中で改変するという、無茶ともいうべき操作をすることに対する抵抗感、さらに言えば、司暦としての面子があったに相違ない。史料①に見えるように「暦術独歩」とまで称えられた大春日真野麻呂としては、暦法には素人であるはずの儒官などから横槍を入れられて、それを肯んずることなど、何としてもできなかったのである。それが暦家としての矜持であろうし、深読みの謗りを恐れずにいうならば、良房による強引な実権掌握の動きに反感を抱いていたと見ることもできよう。[17]

実際、菅原是善らも無理は承知していたと見える。史料④に（朔旦冬至となっていないのは）「論之暦術。理若当然」（これを暦術に論ずるに、理として当然たるがごとし）といっているし、それに続けて「但案暦経注云。月行遅疾。暦則有三大二小。以日行盈縮増損之云々」と述べるところは、この問題に関して的を射ているとはいえない。[18] さらに、「依日分小余不足。不得合朔」、あるいは史料⑤に「而暦家偏依日分不足。置於二日」と述べているのは、筆者には理解不能である。無理に解釈すれば、（計算上の第十二月の）小余が不足であったがゆえに（進朔することができず）、冬至が十一月二日となって朔旦冬至にならなかった、という意味に受け取れるが、表1に見られる如く、当該月の朔小余は、大衍暦で一六二八、五紀暦で七九〇であって、それぞれの日法、三〇四〇および一三四〇と比べて、とても進朔が云々されるような値ではない。しかも史料⑤では、「暦家、偏に日分不足に依り、（冬至を）二日に置く」と、半ば司暦を責めているかのようなニュアンスを感ずる。相当に無理な議論といわざるをえない。史料⑤に「今、これを故実に稽《かんが》ふるに、既に改定の理有り」というけれども、どこにも「改定の理」など無いし、いわゆる「故実」も何の根拠にもなっていない――暦法の異なる二百年以上も前の唐・貞観十四年（六四〇）の例など示したところで無意味である（当時は戊寅暦）。

さらに、真野麻呂らへの勅問は、朔旦冬至を実現する理があるか否かではなく――それは是善ら儒家に問うた――、実現した場合に後々不都合が生じないか？　である。朔旦冬至をつくりだす意思ははじめから固まっており、その点に反論の余地は無かった。真野麻呂の答申「但依群臣議置之。可無弦望晦朔之差」は、「そのように恣意的に暦日を操作しては、朔も弦も望も晦も（つまり暦そのものが）滅茶苦茶になってしまう」という、実に悲痛な反論と読めるのではなかろうか。

以上を要するに、貞観二年の朔旦冬至は、清和天皇の即位を寿ぐ一大イベントとして、良房の強硬な意向により実現したものだといえる。その背後には、大江音人ら文人官僚の知恵袋があった。一方で暦家の大春日真野麻呂は、頑として暦計算の結果を尊重し、以って反良房の態度を鮮明に示したと見ることができよう。

そのうえでの、真野麻呂による宣明暦への改暦奏上なのである。彼の真意を物語る史料は無いけれども、朔旦冬至の実現・不実現ということを大きく意識していたと考えられ、それは次のことから窺われる。

貞観二年のあと、宣明暦が採用されてから最初の「十九年目」（章首）は元慶三年（八七九）になる。また、貞観二年の一件の次に暦日変更を行なって章首の朔旦冬至を実現したのは、永承五年（一〇五〇）である。その間、元慶三年から長元四年（一〇三一）までの九回を見ると、一回を除いて八回は人為的操作を行なわずに朔旦冬至となった[19]。これは注意すべきことだと思う。貞観二年の朔旦冬至で苦い思いをした真野麻呂は、この点に注目して宣明暦への改暦を奏上したのではないか。つまり、宣明暦に拠れば、さしたる無理なく、少なくとも向こう百数十年にわたって、十九年ごとに自然と朔旦冬至になる、そう考えたと見られる。強いて根拠を求めるならば、史料②・③にいう「両経之術。漸以麁疎。令朔節気既有差」、すなわち「（大衍・五紀の）両経の術、漸く以って麁疎にして、朔・節気、既に差有らしむ」を指摘できる。この部分は、より一般的な論として、朔や二十四気が正しく計算されない、という意味ではあろうが、少し深読みをすると、（合致すべき章首の）十一月朔日と冬至とが合わないことを強く念頭に置いているように思える。かくして真野麻呂は、宣明暦採用を提唱したのである。(20)

五、両暦併用の意味――むすびにかえて

ここであらためて、大衍・五紀両暦を併用する意味を考えてみよう。それは一方では、大春日真野麻呂が五紀暦採用を提唱した理由を窺うことであり、他方では、なぜそれがすんなりと通らなかったのかを探ることである、そう言い換えることができる。

天応元年（七八一）に初めて五紀暦採用の動きがあったことは史料②・③に拠って知られる。その点については、細井浩志氏が文献2（一二四～一二七頁）で述べているように、桓武天皇の即位をめぐる政治的意図を汲み取ってよいであろう。しかし実際には、依然として大衍暦が用いられ続けた。そこに再び五紀暦採用を提言したのは、当時最高の暦家と謳われた大春日真野麻呂である。斉衡三年（八五六）のことであった。

五紀暦は、暦法としては大衍暦よりも退歩しており、暦学的に見て真野麻呂は判断を誤ったと評せる。にもかかわらず、真野麻呂が五紀暦の採用を提唱したのは、「良房の意向を受け、良房の治世の到来を印象づけるため」であったと細井氏は述べている。たしかに、時期的には蓋然性のある見方といえる。しかし、だとすると、「政府が大衍暦との併用を命じた点にも、良房の意向が反映されていたはず」で、「天皇の即位でもないのに完全に暦法をとりかえることは、さすがに遠慮した」と見るのは、いささか回りくどいのではなかろうか。一面では新暦法の採用を期待、

もしくは後押ししながら、もう一面では「併用」という奇妙な施策でそれに待ったをかけるというのは、いかに策士良房でも自然ではない。

筆者としては、真野麻呂が五紀暦を推奨したのは、純粋に暦家としての新暦法信奉――それは妥当ではなかったが――に基づくものだったと考える。そのうえで、「併用」は良房の意向によるという見方を受け容れよう。ただし、それは「遠慮」という性格ではない。少しずつ着々と外戚の地位を手にすべく画策してきた北家良房にとって重要なことは、斉衡三年の時点では、新しい世の到来を印象づけることよりも、むしろ今上（文徳）が正当な皇位継承者であることを納得させることであったろう。そのためには、改暦を断行するよりも、百年来使われてきた大衍暦を使い続けるほうが好都合だったのだと見る。そして清和の即位後、貞観二年の朔旦冬至を演出したときこそが「良房の治世の到来を印象づける」機会だったのではないか(21)。

つまり、両暦併用という事態は、本音では「暦法の継承＝正当な皇位継承」であることを示したいと考えつつも、専門の暦家による新暦推奨を黙しがたく感じた良房の、言わば苦肉の折衷案であった。そしてそれに続く宣明暦への移行は、暦家真野麻呂の意地ともいうべき一打であったと見たい(22)。

以上のような考察が中っているかどうか、いずれにせよ、暦というものは社会の時間軸を規定するものとして、きわめて重要な意味をもつものである。それらの方術はみな、当時最新最高の「科学」であったことを忘れてはならない。したがって、そこに活動する暦家や陰陽師といった人々もまた、ありとあらゆる社会の事象を動かす、隠れた動力源として大いに注意されねばなるまい。暦や陰陽道など、一見、迷信的なものも、政治史を中心とする社会万般について何事かを示唆する便となりうるのである。

注

（1）日本に大衍暦を齎したのは吉備真備である。十七年に及ぶ真備の在唐中、彼の地では麟徳暦（日本では儀鳳暦と呼ぶ）から大衍暦への改暦が行なわれた。正に時宜を得たという時勢であったといえよう。真備の帰国に際し、大衍暦経一巻および同立成十二巻が請来された。暦経は計算の手順書、立成は計算に必要な数表である。その他に、略例と暦議といって理論・沿革の解説書があるが、暦議は天平宝字元年（七五七）に伝来した。少し乱暴な言い方をすると、略例・暦議は無くとも、暦経と立成とがあれば、さしあたり計算して運用することはできる。ある意味、真備の慧眼とも評せよう。いずれにせよ、当時の暦生にとって大衍暦は、甚だ高度かつ難解なものであったことが窺われる。なお、大衍暦経・立成の請来は『続日本紀』天平七年（七三五）四月辛亥（二十六日）条に、暦議伝来は同天平宝字元年十一月癸未（九日）条に、始用は同天平宝字七年八月戊子（十八日）条に、それぞれ見える。

（2）あらゆる暦法の定数値には多かれ少なかれ誤差がある。宣明暦の場合、顕著なものとしては、太陽年の誤差が指摘される。その累積は四百年で一日となるから、貞享頃には八百年を経て二日、実際の天度とずれていた。とくに冬至のズレ、ひいては二十四気のズレが大きく影響する。また、日蝕の計算方法も旧式で粗漏のあることに春海は気付き、紆余曲折の末に貞享改暦を実現した。

（3）『新訂増補国史大系』普及版、八八頁。異本注記の頭注が二件ある。①「望也」の「也」に対し「広本傍書、印本傍書、内本作請」。②「能襲祖業」の「襲」に対し「紀略作熟」。いずれもこの件には影響しない。前略部分には、天皇が豊楽院に幸せず、大射を観ることを止めた記事がある。

（4）『新訂増補国史大系』普及版、前篇七六頁。異本注記の頭注が五件ある。①「無人習学」の前の「日」に対し「三代格无」。②「不得伝業」の「伝業」に対し「三代格作講成」。③「国家拠大衍暦経」の「暦」に対し「今意補」。④「漸以侴疎」の「以」に対し「三代格作似」。⑤「大中十二年」の「大中」に対し「原作天平、拠三代格改」。いずれも大系本文で難はあるまい。中略部分には、百済僧観勒による暦術伝来から大衍暦始用までの沿革が述べられている。

（5）『新訂増補国史大系』普及版、後篇五三五頁。『三代実録』との校異注記が少なからずあるが、煩を避けて略す。中略部分については前注と同じ。

（6）この際の官符が史料③の文中に見える「斉衡四年（＝天安元年）正月十七日官符」で、それに拠って史料①が記述されたことになる。

(7) このときの渤海使は、前年八月に文徳先帝が崩じた諒闇中であること、災害頻発のため人民を煩わすことはできないことなどを理由として、入京させることなく帰国させた。宣明暦経その他の貢物は、存問兼領渤海客使安倍清行らが加賀国で受領して持ち帰ったものと考えられる(同編集委員会編『対外関係史総合年表』〈吉川弘文館、一九九九年〉。その八八〜八九頁)。

(8) 承和の遣唐使では、暦法を学ぶ用意はあった。というのは、『続日本後紀』承和六年(八三九)三月丁酉(十六日)条に、暦請益刀岐直雄貞、暦留学生佐伯直安道らが、「不遂王命。相共亡匿」として佐渡に配流となった記事があるからである。この両名だけが暦学関連の人員であったかどうかはわからないが、ともかく新暦法を請来するつもりであったことは知られる。しかしながら、彼らの「亡匿」により、結局は新暦法が学ばれることはなかったと見るべきであろう。

(9) ある暦法がいつから施行されたかということは、暦経を見て計算を行なう者には自動的にわかる。というのは、暦経の最初には必ず積年なる定数が規定されているからである。積年とは、甲子夜半朔旦冬至(太古に想定される、諸天体の運行開始点。言わば、時間の原点)から、造暦しようとする年の前年の冬至まで、何年経っているかを意味する定数で、当該暦法施行の前年冬至までの年数が示されている。以降は毎年、一を加えたものが積年の値となる。したがって、少なくとも真野麻呂は、唐において宣明暦がいつから用いられたかを承知していたはずである——いつまで使われたかはわからない。

(10) 小余によって示される時刻は、夜半(午前零時ちょうど)を起点とする定時法である。周知の如く、古代・中世・近世を通じて普段の生活では、日の出を一日の始まりとする不定時法が用いられたが、暦や天文の計算では、終始一貫、夜半起点の定時法を用いた。なお、余事ながら一言。大余はいわゆる干支番号だが、これを1から60とするものをしばしば見る。しかし、これは理論的には60で割った余りを意味するものなので、0(ゼロ)から59でないと理屈に合わない。実質的にはどちらでもよいことではあるが……。

(11) 規則どおりに進朔法が適用されたのは、日本では宣明暦のみである。貞享暦以降は進朔法そのものが廃された。問題があるのは大衍暦で、小余がどれくらいなら進朔するかという「進朔限」が確定していない。定法である「日法の四分の三」よりもかなり大きく、また時期により動いていると見られる。詳細は文献2(一一一〜一一三頁)、文献5(第Ⅱ部第一章)を参照のこと。今は進朔そのものを論ずることが目的ではないので、定法どおりの数値として進否を示した。なお、文献5において筆者は、大まかな進朔限として二八〇〇を結論としたが、より精密に検討された文献2に従い、二六六〇を採用する。

また、五紀暦の進朔限についても、きちんと論じたものを見ないようである。表1を見るに、進朔したケースで最小の小余は一二六三(日法の〇・九三)、逆に進朔していないケースで最大の小余は一二一一(日法の〇・九〇)なので、この間に進朔限が想定される。大衍暦の進朔限は二六六〇（日法の〇・八七五）と推定されるから、いずれにせよ、それよりもさらに大きく、進朔限としては異常な値だといえる。日本では、進朔の理が十分に理解されていなかったのであろうか。

(12) 朔旦冬至が十九年ごとに起こる理由を簡潔に説明する。いかなる天の配剤か、地球から見る太陽と月の運行は、19太陽年と235朔望月がほぼ等しいという関係にある。これをメトン周期と呼ぶが、要するに、太陽と月と地球、三者の位置関係によって起こる天体現象（たとえば日蝕、人為的なものでは閏月）は、概ね十九年周期で繰り返すことになる。ただし、「ほぼ等しい」とはいっても少々の端数が出るため、完全に周期的現象となるわけではない。中国流の太陰太陽暦では、古くはこれをイコールとして扱った（章法という）けれども、やがて端数の問題に気付いて章法を捨てた。それを破章法という。日本の暦法史でいえば、儀鳳暦からが破章法に拠っている。朔旦冬至は章法の下での章の始まり（章首）であって、破章法では必ずしも十九年ごとに起こらないし、慶賀すべき謂れもない。そのため、ここに述べるような無理が生ずる。日本で宣明暦行用期中に行なわれた暦日の人為的変更は、大半が朔旦冬至がらみの操作だといえる。

(13) 『新訂増補国史大系』普及版、前篇五七頁。校異頭注がいくつかあるが、大系本文で差し支えないと考えるので略す。中略部分には、暦術的な引証と、唐太宗の貞観十四年（六四〇）の前例を挙げての議論がある。

(14) 『新訂増補国史大系』普及版、前篇五八頁。「閏十月」の「十」、大系本文では「小」に作るが、「要略作十」との頭注に従って改めた。そのほうが文言として素直であろう。

(15) 朔旦冬至を実現するための暦日変更は、ふつう次のように操作される。

- 大半の場合、計算では冬至が十一月三十日に当たっており、閏十一月がある。
- 第十二月（計算上の閏十一月）の朔日を一日前に動かして、冬至と一致させる。
- すると、月名決定・置閏の原則により、この月が十一月中気の冬至を含むので、十一月になる。
- 同じく、前月は中気を含まなくなり、閏十月となる。

一例として、延久元年（一〇六九）のケースを掲げると、

- 計算では、冬至が癸巳(29)、第十一月朔が甲子(00)、第十二月朔が甲午(30)となっている。この状態では、冬至は十一月三十日に当たり、閏十一月がある。
- 計算上の第十二月の朔日を一日前に動かすと癸巳で、冬至と一致する。ゆえにこの月が十一月となる。
- 計算上の第十一月は中気を含まなくなり、これが閏十月となる。

このようにして実現される。

(16) もう少しスマートにやっていたならば、とは思う。つまり、前年の十一月には御暦奏があって翌年の暦がわかるわけだし、十九年目ということは承知していたはずである。良房の政治力を以ってすれば、事前に司暦に念を押したり、あるいは予めその意を含ませておくことも、十分に可能だったに違いない。良房の周章狼狽が窺われよう。

(17) その点、細井浩志氏が文献2(一二六～一二七頁)に記すところの、真野麻呂が良房寄りの人物であるとの見方は、少なくともこの一件に関しては、当たらないと思う。真野麻呂はむしろ、良房に利用されることを潔しとしていないであろう。

(18) この引用文は、たしかに大衍暦経の注文にある。ただしそれは「歩月離術」という、経朔(平均朔望月の等間隔で求める便宜的な朔)に月の運行の遅速を加減して、定朔(実際に即した精確な朔)を求めるステップの中にあり、無関係ではないまでも、この問題に直接関係するところではない。単に大月が三か月続く場合もありうるということを示しただけである――九月を大に変えることによって朔旦冬至を実現しようとすると、八、九、十月が連続して大となる。ちなみに、大衍暦経は『旧唐書』暦志三、『新唐書』暦志四上に収載されている。

(19) 例外の一回は承平六年(九三六)である。このときも他と同様の変更を加えれば、容易に朔旦冬至を実現することができるが、そうはしなかった。すでに前年二月以降、東国で平将門の乱が起こっており、朔旦冬至どころではなかったのかもしれない。ちなみに、「十九年目ごと」の最後は応仁二年(一四六八)で、元慶三年から数えると三十二回。そのうち、暦日変更なく朔旦冬至となったのが十四回、暦日変更を行なって朔旦冬至としたのが十六回、まったく朔旦冬至としなかったのが二回である。また、周期に合わない臨時朔旦冬至を避けるための暦日変更が四回行なわれ、臨時を避けなかったことが一回ある。

(20) このことを証明するためには、大衍暦や五紀暦による計算を行なってみて、それらでは朔旦冬至の実現に人為的操作が必要となることを示さなければならない。筆者はかつて、それらの暦法の計算を復元したコンピュータ・プログラムを作成したことがあるが、大学の汎用大型計算機を用いるものであったため、諸般の事情から今それを試してみることができなかった。とはいえ、真野麻呂の胸中を察するに、このまま大衍暦等を使い続けるのは不可ということがすでに既定であっただろうから、仮に大衍暦等でも問題ないというシミュレーション結果が出ても、それは顧慮に価しないであろう。

(21) 文徳天皇は、恒貞親王が承和の変で廃されたのに代わって立太子し、即位した。母は冬嗣の娘順子なので良房の甥に当たり、良房の娘明子を入れて惟仁(のち清和)を儲けた。良房の本命は惟仁であり、文徳はそれまでの間の繋ぎに過ぎない。

(22) 一つ気になるのは、『三代実録』を見るに、問題の朔旦冬至の直後、貞観二年十一月二十七日に真野麻呂が、暦博士を兼帯したまま陰陽頭に任ぜられていることである(国史大系本前篇六二頁)。これを朔旦冬至に関わる論功行賞と見るならば、真野麻呂は親良房派であって朔旦冬至実現に協力したのだと評せる。しかし筆者は、この人事は真野麻呂を「黙らせる」ためであったと考える。「彼奴は暦の専門家だが、とかく堅物でうるさいからな…」と囁く、したたかな良房の俤を見るのである。

参考文献（順不同）

1．岡田芳朗ほか編『暦の大事典』（朝倉書店、二〇一四年）
2．細井浩志『日本史を学ぶための〈古代の暦〉入門』（吉川弘文館、二〇一四年）
3．内田正男『暦と時の事典』（雄山閣出版、一九八六年）
4．内田正男『日本暦日原典』（雄山閣出版、初版一九七五年、四版二刷一九九四年）
5．湯浅吉美『暦と天文の古代中世史』（吉川弘文館、二〇〇九年）

大江匡衡と藤原実資——『小右記』長和元年の記事に見る——

加藤順一

一、はじめに

近時、世界記憶遺産に藤原道長の『御堂関白記』が登録され、古記録の文化財的価値に対する認識の深まりが期待されている。言うまでもなく『御堂関白記』は藤原実資『小右記』および藤原行成『権記』と並んで摂関期の基本史料として研究上欠かせないものであり、これらが活字化されたものでは大日本古記録・史料纂集の行き届いた校訂本の他に、『御堂関白記』は現存する記載期間全体に及ぶ詳細な注釈および現代語訳が刊行されている。(1)『権記』には注釈書はないものの現存する記載期間をカバーする現代語訳があり、(2)『小右記』には長元四年（一〇三一）の一年分を対象とする解説編付きの注釈書が刊行されている。(3)

古記録は、重要な歴史的事実の究明はもちろんであるが、それに留まらず、記載されている登場人物のやりとりや記主の記録の態度・表現などから生活意識を読み取ることも可能である。上述の『小右記』注釈書の解説編はそのような取り組みの一つであるが、単行論文でも、『小右記』における実資の大臣昇進に関する一連の記事を読み込むこ

とによって、人事に一喜一憂する公卿の意識に迫ったものがある。(4)

本稿も『小右記』の記事を題材に同様の試みをするものであり、長和元年（寛弘九年十二月に改元、一〇一二）夏における実資と大江匡衡との交渉を取り上げる。この年は三条天皇の即位二年目に当たり、前代以来の最高実力者・左大臣藤原道長を一上に戴く体制が続いていたが、後述するように政治的に波乱含みの出来事が続き、貴族・官人層の間に少なからぬ心理的影響を与えていた。これは実資と匡衡との交渉についても言えることで、公卿と中級官人（文人官僚）というそれぞれの立場によって立つ意識のあり方にも関係するものであった。

なお、表題を「大江匡衡と藤原実資」としたのは、両者の交渉が主として匡衡の側からの働きかけによって展開したことによっている。記事の内容の検討に入る前に匡衡と実資のプロフィールを整理するが、行論の関係上、匡衡の方をより詳しく説明しておく。

大江匡衡　天暦六（九五二）～寛弘九（長和元、一〇一二）　大江音人・朝綱・維時・斉光を輩出した平安期文人官僚の名門に生まれる。この年正四位下・式部大輔兼文章博士・侍従・丹波守、六十一歳。丹波守には寛弘七年（一〇一〇）三月に尾張守から遷任。既に式部大輔兼文章博士に在職しているので、都との往復の便宜を考慮した人事である。(5)同年十一月に侍従を兼ねる。『江吏部集』等に収録される作品群や、長保・寛弘の年号勘申、一条天皇の侍読（講書）、敦成・敦良親王の御名撰定、『本朝文粋』に収録される上級貴族の表・奏・願文等の執筆などの実績は、『続本朝往生伝』に一条朝を代表する文士の一人に挙げられるように、十世紀末から十一世紀初めの翰林の第一人者に相応しいものであった。しかし、家門継承と家学興隆への強固な意識に支えられた匡衡はその境遇に満足することなく、祖父維時の先蹤を追って卿相に列する夢を晩年まで追い続けた。(6)

維時は江納言と称された、晩年中納言にまで上って大江家の全盛をもたらした名儒である。匡衡は、十三歳の元服の時に祖父から寄せられたとする「困難に立ち向かえ。自分は学問にうちこむことによって公卿に列することができた。お前には帝王の師たる資質が備わっているから、必ず実現の機会があるだろう」という教えを学に志す原点に位置付けている。(7)また、彼の作品には自らの先蹤を祖父に求める文言がよく現れる。例えば寛弘二年（一〇〇五）に敦康親王の読書始の侍読を務めた際に作詩した「冬日、飛香舎に侍りて第一皇子の初めて御注孝経を読むを聴く」（『本朝麗藻』巻下、書籍部）は自身の栄誉の先人として周の呂尚・後漢の桓栄・日本の大江維時を列挙する内容で、その注には維時が醍醐朝で天皇・東宮・皇子いずれもの師となったことは中国にも故事がないことを述べるという異例の作品であった。(8)また、敦成・敦良両親王の名を勘進したことについても、維時が朱雀・村上・冷泉・円融の歴代天皇の皇子名を命名した例を挙げて江家の家風を顕揚する一事とする作品を残している。(9)

このような祖父・維時への意識は、その活躍年代である延喜・天暦期を儒家・文士が「稽古の力」によって卿相を望むことができた時代として理想視することにもなった。いわゆる「延喜天暦聖代観」は十世紀の後半に文人官僚（文人貴族）の間から見られるようになったもので匡衡はその代表的人物に挙げられるが、彼の作品に頻出する「延喜天暦聖代観」は、現実には自身や継嗣・挙周の出世に結びついた主張を支える基盤となり、ことごとに「聖代」と大江家の伝統とを結び付けて現在の自己の主張を合理化し補強するとともに家門・家学の発展を切望する方向に働いた。それは官職・収入の現状に対する不満の裏返しでもあった。(10)それゆえ、彼の作品には現実の境遇に対する不満と失意、自分や子弟の出世や顕職を兼務することへの願い、官を得た喜びなどが頻りに表れる。例えば寛弘三年（一〇〇六）三月四日に挙周が式部丞から蔵人に抜擢されると、匡衡は「寛弘三年三月四日、聖上、左相府の東三条第に花宴を行なはる。余、序者と為り、兼ねて詩を講ず。詩を講ずる間、左丞相勅語を伝へて曰はく、式部丞挙周を以て蔵人に補す、てへり。風月以来、未だ嘗て此の例を聞かず。時人之を栄とす。感躍に堪へず、懐ひを書きて相府の壁上に題す」(『江吏部集』巻中、人倫部)という長い題の詩を詠んでいるが、その中の「愚息恩に遇ふことの至れるかな」「江家の眉目時有りて開く」などの句にはあふれんばかりの喜びが表れている。文章の力が子の昇進を招き寄せることは好文の代の理想的な姿と思われたであろう。また、詩の第三聯「誠に漢主の風教を明らかにすといへども　多くは是れ周公の露才を重んずるなり」の「漢主」は一条天皇、「周公」は左大臣藤原道長に擬えるが、この度の挙周の抜擢は、天皇ではなく道長の恩顧によるものだと明言している。(11)

匡衡が維時以降の大江家が歴代天皇の侍読を務めて来たことを家門の誉として矜持していたことは事実だが、同時に藤原良房から道長に至る歴代の摂関に代々顧問の役として奉仕してきたことも誇っている。官人の人事が摂関の意向に左右される現実からすれば、大江家伝統の地位を廟堂に確保するためには摂関の家の忠実な臣であることに家運を賭けざるをえなくなっていた。匡衡が最も親しく仕えていたのは道長であり、自ら「相府の家臣として時々下問に備へ、発明する所有り」と語っている。(12)彼は道長が権中納言の頃からその邸の詩宴に参列して威徳を寿ぐとともに、官位の昇進も訴えていた。道長の上表や願文を制作し、道長家の行事には常に出席して作詩し、継嗣・頼通の教育にも携わった。匡衡が道長に近侍する契機は、妻・赤染衛門が道長の妻・源倫子に仕えていたことから、道長と倫子が結婚した永延元年(九八七)頃に遡ると考えられる。(13)

ちなみに、匡衡は易学にも通じており占いを能くした。儒者の学問が漢籍全般に渉るものであることからすれば当然のことではあるが、道長の諮問に際し易筮によって問題解決に寄与したことや、東三条院の病悩について易占をしたこと、道長の命により一条天皇の譲位を占ったことなど彼にはいくつかの著名な事例がある。(14)そして、本稿の主題である匡衡と実資との交渉にも、彼のこの面での才能が重要な意味を持っている。

藤原実資　天徳元（九五七）～寛徳三（永承元、一〇四六）　参議藤原斉敏の子に生まれ、祖父実頼（清慎公、摂政・太政大臣）の養子となって小野宮流を継承する。治安元年（一〇二一）に右大臣に昇進後は世に「賢人右府」と称され、政務・儀式に精通し、故実知識の深さに基づく識見によって重んじられた。実頼の弟師輔の九条流が道長の代に全盛を迎える中、これと協調を保ちつつ、小野宮の嫡流の誇りによる反骨心を胸に秘めながら、抗せず媚びず、常に道理を旨に振る舞う剛直さはしばしば指摘されてきたところである。(15)　正二位・大納言兼右近衛大将、五十六歳。ちなみにこの年の公卿の構成は『公卿補任』によると次の通りであった。(16)

左大臣正二位　藤原道長（四十七歳）
右大臣正二位　藤原顕光（六十九歳）東宮傅
内大臣正二位　藤原公季（五十七歳）左近衛大将
大納言正二位　藤原道綱（五十八歳）中宮大夫
同　　正二位　藤原実資（五十六歳）右近衛大将、按察使　＊按察使は離任
権大納言正二位　藤原斉信（四十六歳）春宮大夫
同　　従二位　藤原公任（四十七歳）太皇太后宮大夫　＊十二月叙正二位
権中納言正二位　源　俊賢（五十四歳）治部卿、皇太后宮大夫
同　　正二位　藤原頼通（二十一歳）左衛門督、東宮権大夫
中納言従二位　藤原隆家（三十四歳）按察使、皇后宮大夫
権中納言従二位　藤原行成（四十一歳）太皇太后宮権大夫、侍従

中納言正三位　藤原時光（六十五歳）弾正尹
権中納言正三位　藤原忠輔（六十九歳）兵部卿
参　議従二位　藤原懐平（六十歳）　右衛門督、検非違使別当、播磨権守
同　従三位　藤原兼隆（二十八歳）右近衛権中将、伊予守
同　従三位　藤原正光（五十六歳）大蔵卿、美作権守
同　従三位　源　経房（四十四歳）左近衛中将、丹波権守、中宮権大夫　＊十一月叙正三位
同　従三位　藤原実成（三十八歳）左兵衛督、美作守
同　正四位下　源　頼定（三十六歳）伊予権守
同　従四位下　藤原通任（三十九歳）修理大夫　＊正月叙従三位
同　正四位上　源　道方（四十五歳）左大弁、宮内卿、勘解由長官、播磨守　＊十二月任参議

主だったところの係累関係を道長と実資を中心に整理しておくと、顕光は道長の従兄弟（父兼家の兄兼通の子）、公季は道長の叔父（父兼家の弟）、頼通は道長の子、道綱は道長の異母兄、斉信は道長の従兄弟（父兼家の弟為光の子）、公任は実資の従兄弟（父斉敏の兄頼忠の子）、俊賢は道長の従兄弟（父兼家の姉妹の子）にして妻（源明子）の弟、隆家は道長の甥（兄道隆の子）、行成は道長の従兄弟義孝の子（父兼家の兄伊尹の孫）、時光は道長の従兄弟（顕光の弟）、懐平は実資の兄、兼隆は道長の甥（兄道兼の子）、正光は道長の従兄弟（顕光の弟）、源経房は道長の従兄弟（父兼家の姉妹の子）、実成は道長の従兄弟（公季の子）、頼定は実資の妻（婉子女王）の兄弟である。道長を中心とする九条流（師輔流）に属するかそれに連なる顔ぶれが主体となって構成されていることが改めて確認できる。

二、匡衡と実資の交渉の推移――「蜈蚣」を占う

三条天皇の治世二年目に当たる寛弘九年（一〇一二）は、大嘗会を終えた後の十二月二十五日に改元されて長和元年となった。その大嘗会の上卿を務めた実資は、この年七月十六日に死去した匡衡の訃報に接した所感を七月十七日条に次のように記している（本文は大日本古記録の校訂に従った。〔　〕内も同じ）。

昨夕丹波守匡衡卒、年、当時名儒無人比肩、文道滅亡、匡衡帯数官、無〔所ヵ〕謂式部大輔、文章博士、侍従、丹波守等也、丹波守主基国也、

――昨夕丹波守匡衡卒す。年。当時の名儒、比肩する人無し。文道滅亡す。匡衡数官を帯す。所謂式部大輔、文章博士、侍従、丹波守等なり。丹波守は主基の国なり。

当代随一の名儒であり、その死は文道の滅亡に等しい、とは匡衡に対する高い評価を物語る。また、匡衡が当時準備の進行中であった大嘗会の主基国に指定されている丹波国の国守に在職中であったことから、その死は他人事ではなかったであろう(17)。

しかし、『小右記』が記すこの年の匡衡と実資との交渉を辿ってみると、匡衡の死は、一般的あるいは職務上の関係だけに留まらないある感慨を実資にもたらしたように考えられる。

『小右記』における匡衡と実資の個人的な交渉の記事の初見は、その前年、寛弘八年（一〇一一）八月九日条である。

丹波守匡衡談雑事次、有所云之事、所疑者若夢想歟、将易筮歟、詳無所陳、只見気色而已、

――丹波守匡衡雑事を談ずる次でに、云ふ所の事有り。疑ふ所は夢想のごとくか、はたまた易筮か。詳かに陳ぶる所無く、只だ気色を見るのみ。

匡衡が実資と雑事を談じるついでに話した事柄がまるで夢か易筮の内容を語るようなもので、しかも詳しい説明抜きでただ実資の気色を見るばかりであったという。それまで両者の直接の交渉は現存する『小右記』の記事には見られないが、個人的な接点がなかったということではもちろんない。例えば長徳五年（九九九）七月三日に実資が亡妻婉子女王の一周忌の法要を行った際の願文を執筆したのは匡衡であり、(18)その依頼を通じて両者の間には接触があったはずだがそれについての記事はなく、単に記さなかっただけに過ぎないのであろう。同様のことは他にもあったことと思われるが、この日の匡衡の態度は特に記し残すほど異様で、印象深く感じられたのかもしれない。

次に両者の交渉が現れるのは長和元年（一〇一二）五月十一日条である。これに先立つ四月二十七日、実資はこの日立后した娍子の皇后宮職の除目に奉仕して執筆を務めていたところ、硯の近くを体長八寸ばかりの蜈蚣《むかで》が北の方角へ這って行くのに目を止めた。そのとき彼は胸に引っかかるようなものを感じ、神のお告げを得たような心地がしたので陰陽道の大家である賀茂光栄に占わせたところ、五月四日に「重ねて天子の福慶を蒙る象か」との所見が届いた。(19)その後十一日夜に来訪した匡衡との会話の中で、実資がこのことに触れると、匡衡は蜈蚣について次のように解釈を述べた。

呉字者天載口、公字者三公也、出自天口可為三公歟、呉者期十二月可無疑、彼日甲子、物始被行除目、可謂事始也、亦初行皇后宮除目、皇者御門也、后者きさき、帝后相兼除目有事相、亦大夫名隆家、訓読云、伊部乎さ加や加寸、尤有興事也、又云、周公並呉公也、彼家周公也、予家呉公也、左右思慮、昇三公可在近者、

――呉の字は天に口を載せ、公の字は三公なり。天口より出でて、三公と為るべきか。呉《くれ》は十二月を期す。彼

の日甲子疑い無かるべし。物の始めに除目を行わるるは、事の始めと謂ふべきなり。また初めて皇后宮の除目を行ふ。皇は御門《みかど》なり、后はきさき、帝后《みかどきさき》相兼ね除目の事有るの相なり。また大夫（＝皇后宮大夫）の名は隆家、訓読して云はく、伊部乎さ加や加寸《いへをさかやかす》、尤も興有る事なり。又云はく、周公は呉公と並ぶなり、彼の家は周公なり、予の家は呉公なり、左右《とこう》を思慮するに、三公に昇ること近くに在るべきか、てへり。

「蜈蚣」の虫偏を取り除いて「呉（吴）公」と解いた匡衡の解釈の要点は、「天口より出でて、三公と為るべきか」と「三公に昇ること近くに在るべきか」にあり、除目の場に現れた蜈蚣は実資が近く大臣に昇進することの兆しだとする。また、皇后宮大夫となった中納言藤原隆家の名である「隆家」を和訓で「いへをさかやかす（＝家を隆盛させる）」と読み解いて興味を示し、隆家の中関白家と実資の小野宮家を古代中国の周王朝の下で共に王室を出自とする周公と呉公が相並ぶ姿になぞらえてもいる。(20) 記事は続けて次の通りに記す。

識者言、為後鑑聯所記置、件匡衡月来不食有恙、而隠夜所来也者、

——識者の言、後鑑の為にいささか記し置く所なり。件の匡衡月来食せず恙有り。而るに夜に隠れて来たる所なり、てへり。

ここ一月ばかり体調を崩して食事もろくに咽喉を通らないような状態であるにもかかわらず夜陰に乗じてわざわざ訪ねてきた匡衡が示したこうした解釈を聞いて、七日前に蜈蚣は「天子の福慶を蒙るの象」であるとする光栄の所見を受けている実資が心を動かされたであろうことは想像に難くない。実資はこれを当代一流の有識者が彼に与えた予言と理解し、後にその当否が明らかになる日に備えてこれを書きつけた。

ちなみに、匡衡が易に通じていたことは既に述べたが、彼には貴人の夢や奇事の事象を表す語を構成する文字を読み解くことによって瑞兆を予言する逸話が『江談抄』に伝わっている。(21) 同書第一「大入道殿夢想事」には、まだ大臣

にも上っていない時分の藤原兼家が合（逢）坂関を通り過ぎるところで大雪が降って道が真っ白になった夢を見た旨を匡衡に話したところ、彼が「合坂の関は関白の関の字なり。雪は白の字なり。必ず関白に到らしむべし」と読み解いた話が見える。また同書第二「上東門院御帳内犬出来事」には、上東門院彰子が一条天皇の女御であった時にその帳内に子犬が不慮に入ったことについて匡衡が「皇子出で来たらしめ給ふべき徴なり。犬の字は、これ点を大の字の下に付くれば、太の字なり。上に付くれば、天の字なり。これをもって謂ふに、皇子出で来給ふべし。さて、太子に立ち、必ず天子に至り給はんか」と道長に予言し、後に後朱雀天皇となる敦良親王が生まれたとの話が見える。(22) 実資が匡衡の予言を「識者の言」として強く意識したのは、このような逸話が成立する背景にある匡衡の能力に対する信頼があったからであろう。

その後匡衡は、五月十五日に予定されていた皇太后彰子の法華八講の願文執筆を、病気を理由に辞退するほど健康状態を悪化させていたが、(23) 六月一日に実資に書状を送っている。同日条には次の通り記す。

丹波守朝臣送書状云、久不蒙温言、明日夕参啓如何、呉公不違欤者、其状不署、又不注月日、披見此書、深有所恃、只今識者又無人耳、若是神告欤、

——丹波守朝臣書状を送りて云はく。久しく温言を蒙らず、明日夕参り啓するは如何。呉公違はざるか。てへり。其の状署せず、又月日を注せず。此の書を披見し、深く恃む所有り。只今は識者に又人無きのみ。是れ神告のごときか。

送られてきた書状は「久しくお言葉を頂戴しておりませんので、明日の夕べにお伺いしてもよろしいですか。呉公のことは間違いないのではないでしょうか」とだけ書かれていて差出人である匡衡の署名がなく、日付も記されていない異例のものであった。しかしこの書状を一見した実資は、匡衡を他に並ぶ者のないほどの識者と確信し、彼が述

べた呉公の予言を神のお告げのごとく思って深く頼みとする気持ちを抱いている。

このような実資の心境に大きく関わっているものは、同じ六月一日条の、上に掲げた匡衡の書状の到来のことを挟んで書かれた記事に記された出来事――道長の発病であった。前日の五月二十九日夕から道長が急に重い病を発病した旨の第一報が早朝に届いたが、実資は物忌明けの翌日でなお外出を控えなければならないため、代わりに資平を道長邸に遣わして様子を伺わせた。やがて資平が道長邸から戻り、昨夜はひどく苦しんでいたが今朝になって回復したこと、しかし再び苦しみだして重態に陥っていることとの情報をもたらした。匡衡の書状が届いたのは資平が道長邸に遣わされてから帰ってくるまでの間のことであった。

さらに具体的な病状は翌二日条に実資自身が道長邸を訪ねて聞かされたことが書かれている。それによると、五月から体調を崩していた道長は二十九日の内裏における臨時御読経結願の最中に頭が割れんばかりの頭痛に襲われ、焼香が終わって急ぎ帰宅の後に人事不省となった。六月一日の朝になって一旦回復を見せたがまもなく症状が再び悪化、二日に実資が訪問したときには来客に面会できる状態ではなくなっており、周囲では左大臣辞任の上表の準備が始まっていた。

道長はそれまでにもしばしば健康状態を悪化させることがあったが今回はかなりの重症であった。もし彼がこのまま死去すれば大臣が一人欠員となり、大納言である実資に大臣昇進の芽が出てくるので、匡衡の予言はにわかに現実味を帯びてきた。時期や事の性質から考えて、匡衡にせよ実資にせよ、周囲に対する神経の遣い方は並大抵のものではなかったように推測される。道長との関係の深さからしてその発病を逸早く知りうる立場にある匡衡が実資に宛てた書状の趣意は、道長の死によって彼の予言どおりになる流れが生まれていることを示唆するものと見てよい。署名も日付も記さなかったのは、他聞を憚ってのことであろう。

この頃実資は三条天皇の大嘗会行事の上卿の任にあった(24)。六月二日条によれば、この日実資は悠紀行事弁である左中弁朝経に大嘗会行事所始のことを奏せしめ、四日に執り行われるこの行事に関する細々とした指示を悠紀・主基の行事弁に下している。この流れを受けて六月四日条には大嘗会行事始の記事が見える。参内して仗座に着座した実資に主基行事弁である右中弁重尹が同行事史の竹田宣理が重病で職務に堪えない旨を報告してきたので右大史伊岐善政を充てるよう指示を与え、行事所の雑事始の日時勘文と共に左中弁朝経から道長に報告させている。折り返し朝経は日時勘文の奏聞を指示し、主基行事史の人事を了解する旨の道長の返答を持ち帰って来たが、夕暮れも近い申時になると資平から道長の病状がまた悪化したとの連絡が届く。道長邸には見舞いの卿相・諸大夫が詰めかけていた。頼通は父の容態に堪えかねて簾中で泣き出し、病気平癒の御修法を依頼された権僧正慶円は、道長の病の原因を叡山に騎馬で登ったことによる日吉社の祟りであると言ったために道長と大声で言い合いになり、修法を拒んで帰ってしまう有様であった。こうした大嘗会行事所と道長の病悩の記事が大半を占める六月四日条の最後には、匡衡の許から実資にもたらされたある知らせについての記事が続いている。

丹波守匡衡差人云、病已臨急、非常在近、挙周及其母必可相顧者、乍驚遣義行朝臣、其報如初、入夜挙周朝臣東宮学士来、即相逢、父▲▼(傷悲?)云、命已欲殞、彼呉公事先日給書、已欲奉答、可申此由者、識者遺言無相違歟、

——丹波守匡衡人を差して云はく、病已に急に臨み、非常のこと近きに在り。挙周及び其の母を必ず相顧みるべし、てへり。驚きながら義行朝臣を遣はすに、其の報初めの如し。夜に入りて挙周朝臣東宮学士来る。即ち相逢ふ。父▲▼(傷悲?)云はく、命已に殞ちむと欲す、彼の呉公の事先日書を給ひ、已に答え奉らむと欲す、此の由を申すべしと、てへり。識者の遺言に相違無きか。

匡衡の使いの者が彼の言葉を伝えるために実資の許にやって来た。それは、「病はすでに急速に悪化しており、最

期の時が近づいています。私の死後は必ず挙周（東宮学士）とその母（妻・赤染衛門）の後ろ盾となって下さいますようお願いします」というものだった。驚いた実資が家司の宮道義行を匡衡の許へ確認に行かせると、同じ内容の知らせを持ち帰ってきた。夜に入って挙周が訪ねてきたので対面すると、「自分の命は既に尽き果てようとしております。彼の呉公の事について先日書状を頂いたのでお答えしようと思っています。この旨を申し上げるようにと言付かっています」と言った。

一日に届いた匡衡の書状には翌二日の夕べに実資を訪問したい旨が述べられていたが、結局実現しなかった。二人は匡衡が予言を語った五月十一日の晩以降は面会しておらず、その間道長の発病と重態という情勢を受けて実資に匡衡の予言を重んじる意識が強まったことは六月一日条の「深く恃む所有り」以下の文言に表れている。それゆえ、予言の内容を問い合わせる書状が実資から匡衡の許へ送られていたのであろう。しかしそれに答えられぬまま一両日の間に匡衡の病状が進行し、死期を自覚せざるを得ない状態に陥った。気がかりなのは妻子の今後である。特に儒門の意識が高く、家学の継承と発展を強く願う匡衡にとっては挙周を引き立ててくれる有力者は何よりも必要であった。従来の庇護者であった道長は重病の床にあり、自身の予言に確信を持つならばもはや妻子の今後を託すことは難しい。道長に代わってこれからの大江家が頼るべき者は、近い将来に大臣へ昇進することが確実視される実資に他ならない。実資に妻子に対する後見を懇請した匡衡の心境については以上のように考えられる。そして実資は、死期を悟り自らに妻子を託した上でなお自らの説明に執念を見せる匡衡の言葉を「識者の遺言に相違なきか」と重く受け止めている。

その後、匡衡の容態はしばらく小康を保ったようで、記事によると匡衡から四通の来信があった。

六月十四日　匡衡から「哲人命長くして忽ち利有り」との文言だけが書かれていて月日付と署名のない書状が届き、同時に「虫一名なり」との知らせがあった。実資はこれについて、「呉公を筮ふか」と推測している。

十九日　匡衡から、一時よくなったものの昨日からまた飲食を受け付けない状態に陥ったこと、これまで度々差し上げてきた書状は他見無用のことなどを綴った書状が届いた。書状の礼紙には、「緯家之説（＝予言）について申し上げたいことがありますが他人に見られては困りますので暫く止めておきます」という意味の文が書かれており、これに対して実資は「長者已に呉公を筮ふを知る」との理解を述べて記事を締めくくっている。

廿　日　早朝、昨日の書状に対する返書として実資から匡衡に飲食ができないことを見舞う書状を送ると、署名も日付もなく「今日かくのごとき少々の事を始むるか」とだけ書いた返書が届いた。実資はそれを予言に関することと解釈して、「弥《いよいよ》鬱々なる所、識者の告ぐる所を信ずべし」と書きつけている。

廿四日　匡衡から、「一日少々の事を始むるの由の啓を執るに、其の事已に符合す。参りて具なる由を啓し、且つ処分を蒙らん」と書いた書状が届いた。何が何と符合するのか実資には図りかねたが、書状には来訪の意向が示されているので、実資は「相逢ふの後、案内を聞くべし」と匡衡との対面の実現に希望をつないでいる。

先の「遺言」に続く一連の書状の往復をめぐる記事からは匡衡の予言に対する実資の関心と再会への期待を窺うことができるが、匡衡の側においても、実資に再会して予言について詳説したいという希望を抱き続けていることが読み取れる。彼は六月二十五日付けで北野天神に対し祭文を奉っているが（中原長国代筆「北野天神に御幣并びに種々の物を供する文」、『本朝文粋』巻十三）、それは人生の終幕を自覚しつつ「文道の大祖、風月の本主」として尊崇される天神への帰依を述べ、その眷顧を求めるものであった。(25)かかる状態にあればこそ、匡衡にとってそれは最後の心残りであったように思われる。

しかし両者の再会はかなわなかった。六月廿四日条を最後に匡衡の予言に関する記事は絶え、次に彼の名を『小右記』に認めることができるのは、その死去を伝える前出の七月十七日条である。実資が匡衡から「案内を聞く」機会は永久に失われた。

三、匡衡と実資の交渉の周辺――藤原道長の病悩

一方、同じ時期の道長の病状も一進一退を続けていた。(26) 六月五日から七月十七日までの小右記の記事から要点を整理してみよう。

六月五日　道長、左大臣辞任の上表を提出するも、即時返給される。

六　日　道長邸にて法華三十講。道長、頼通・教通の介添により病をおして聴講。病苦に呻吟する声に、同席の卿相たちは「皆云はく、存し難きか云々」と。

七　日　道長の容態が落ち着きを見せ、昨日に続き堂の講説の場に向かう。しかし公任の情報によれば「猶ほ昨日の余気あり」と。

八　日　昼頃から道長の病状が悪化。六日の状態の十倍の酷さで、「非例」の言葉を吐いて周囲を嘆息させ、「狂ひ言」にも似た尋常ならざる発言も口にする。その症状には瘧病（マラリア）の疑いも持たれている。夜に入り、戌刻に皇太后彰子が道長邸に行啓。道長は再び辞任の上表を提出する。この日は朝から道長邸や比叡山で様々な怪異や奇事が続き、特に道長の居所（西対）の屋上に人魂が現れ北に向け飛び去ったという話も聞く。

九　日　道長、邸を訪問した実資と面会し、心中を語る。今日の気分は良いが病体はいつどう変わるかわからない、今さら思う所もなく命を惜しむべきではないが皇太后・中宮（妍子）・東宮（敦成）や子供たちのうち嘆かわしいのは皇太后のことに他ならない、昨年故院（一条院）に死別したばかりで悲しみの心が休まらないうちに父親を亡くすことになれば一層気を落とすことであろう、悲しいのはこのことで他には嘆くべきことはない、だからあなたが皇太后のことを気にかけて下さるのであればこれほどうれしいことはない、との内容で涙を流しながら話す。また、前日提出した二度目の上表は、天皇の許に収められたままであるとのこと。

十　日　道長の病に瘧の疑いが強まり、法性寺に参詣する。このたびの症状は憑き物に取りつかれたような状態であるとのこと。

十一日　十日と九日の道長に関する情報。十日は症状の改善と悪化を繰り返していたことと、法性寺の堂内で読経を聴いている間に大きな蛇が堂上に落ちる怪異があったこと。九日の未明に光栄が西対の南庭で反閇をしているとき、庭を歩いていた道長の二三歩前に鵄が鼠の死骸を落とし、吉凶は光栄が調べていること。

十二日　昼過ぎから道長の病が再発したこと。

十四日　道長の病は発症していないが、気分はすぐれないとのこと。
＊この日、匡衡から「哲人命長くして忽ち利有り」との来信あり。

十五日　道長の病中は顕光が一上の職務を執行すべきことが命じられた、との情報が寄せられた（後日、これは事実無根であることが明らかになった）。道長の体調は回復していないが、食事はとれるようになったとのこと。

十六日　去る十二日に春日社で見られた怪異に関する光栄の占文によると、氏長者及び卯酉丑未年の男性、巳亥卯酉年の女性に病の事がある徴とのこと。

十七日　道長の病が平癒したとの噂が広がる。民部大輔藤原為任が五人の陰陽師を使って道長を呪詛しているとする落書が道長邸にあったとのこと。

十九日　光栄が、十二日にあった春日社の怪異は不吉であると実資に述べる。

＊この日、匡衡から、自身の容態とこれまでの書状は他見無用の旨を述べた来信あり。その礼紙には「緯家の説、啓すべきのこと有りと雖も人見を恐れむが為暫く停止す」と記す。

廿　日　道長邸から帰った資平が、今日の講説の場に出席していた道長の様子は普通であったと言い、さらに、道長の病を喜ぶ五人の卿相がいるとの噂が流れている旨を述べる。その五人とは、大納言道綱と実資、中納言隆家、参議懐平と通任であるとのこと。その噂を聞いた実資は、娍子立后の儀に勅命により参入するという（道長に対立的な）行動をとったからそのようなことを言われるのか、と感想を記し、続けて「天運に任すべし。心神を悩ます所や、無益無益」と書きつけている。

＊この日、実資の見舞いに対して「今日かくのごとき少々の事を始むるか」とだけ記した匡衡の返信があり、これを予言に関することと解釈した実資は「弥《いよいよ》欝々なる所、識者の告ぐる所を信ずべし」との思いを抱く。

廿一日　道長、未刻に加持を行う。「気色頗る不予」と。

廿三日　卿相たちと共に道長邸を訪ね、三十講論義の討論を聴く。それに先立ち道長とも会話するが、夜になると症状が出て苦しんでいると話すその顔色は憔悴しており、気分がよくないと言って簾中に入ったあとは講師たちの討論中もそこに力なくぐったりとした様子で横たわっていて、道長がまだ回復していないことを知る。

＊翌廿四日、匡衡から予言について詳説するため来訪の意向を伝える書状が届き、実資は再会に期待を寄せるが、これが最後の来信となる。

廿六日　前日夜から道長の病が再発したとの情報が届く。

廿八日　道長、頼通、源師房、藤原穆子（道長姑）の邸に虹が立つ怪があった。占うと道長・頼通邸の虹は甚だ不吉と出たという。

廿九日　昨日資平が源師房から聞かされたところによると、先日噂に上った、道長の病を悦ぶ五人の公卿のうち実資に関する悪い噂について、道長は、実資は皇太后のために特に心を寄せてくれているので自分の病を悦ぶはずがない、と言って相手にしていないとのことであった。実資は、悪い噂は事実無根なので恐れることはないとの旨を書きつけている。この日資平を頼通の許に遣って聞いて来たところでは、道長の病状は昨日から回復しているとのことであった。また、昨日虹が立ったのは道長邸以外に十七カ所で、その多くは道長に近しい者の邸宅であった。特に道長邸では三カ所から虹が立ち、持仏の御前に置かれた念誦の円座の上に犬が大小便をもらす怪もあった。

七月五日　道長邸で法華三十講の結願があり、卿相たちと共に道長邸を訪れた。病はようやく回復してきたが時々気分が悪くなることがある、久しく大いに苦しんでいて股の肉が削げてしまったが腕はそうはなっていない、と話す道長の顔色はよくなり、大嘗会に関する打ち合わせにも元気そうに答えるようになったので、実資は、今となっては左大臣を辞する気持ちはなさそうだとの感想を抱く。

八　日　道長の二度目の上表に対し、これを許さずとする勅答が下された（この日の『御堂関白記』によれば、勅答作成の上卿は実資）。夕方皇太后が道長邸に行啓し亥時に還御した。実資も道長邸に参入すると、邸内では邪気を調伏する声が聞こえ、まだ「霊物」が去らずに留まっているようであった。道長は早朝から病を発しているため、一行の前に出てくることはできなかった。

十三日　前日、道長が申刻に発病したので勅使が遣わされたが、その夜半に天皇が熱を発した。この日実資が天皇の病状につき懐平に問い合わせると、特にお変わりはないがとした上で、「御風病」であるとする女房からの情報を知らせてきた。

＊この日をもって道長の病悩の記事は終わる。彼が平常に復して政務を処理する姿は、廿日条から見ることができる。

十七日　頭弁朝経より、十二日の亥時から天皇が病み始めており、一日おきに発症することから瘧の病のようであるとの知らせが来る。ちなみにこの日は発症しなかった。また興福寺権別当扶公が実資に語って言うには、前日の夕に道長が参内する車に阿闍梨心誉が同乗したところ、道長が心誉に、八日の道長邸への皇太后行啓に心誉が随行したこと——邪気調伏の修法を行ったことを意味するか——を深く喜んでいたとのことであった。

＊この日の冒頭の記事に、前日の夕に大江匡衡が死去したこととそれに対する実資の所感が記されている。

匡衡と実資の交渉と道長の病状を時系列上に重ね合わせると、自らの大臣昇進を言い当てる匡衡の予言に対する実資の関心が否応なく高まらざるをえない状況を理解することができる。しかもそれは道長が病の亢進により再起不能に至ることと裏腹の関係にあるだけに、この間の実資の心中には揺れ動くものがあったことであろう。例えば六月廿日条では「今日かくのごとき少々の事を始むるか」とだけ書いた匡衡の書状を読んだ実資がそれを予言に関することと解釈して、「弥《いよいよ》鬱々なる所、識者の告ぐる所を信ずべし」と書きつけているが、その「鬱々な」精神状態は、同じ日に彼が道長の病に「喜悦」する五人の卿相の中に数えられている噂があることを知らされ、「天運に任すべし。心神を悩ます所や、無益無益」と書きつけていることと無関係ではあるまい。また、一時は平癒の情報が流れたこともある道長の実際の状態がそれとは程遠いものであることを自らの眼で確認した翌日に匡衡から近く再会して予言の内容を詳説することを希望する書状が届くと、実資は「相逢ふの後、案内を聞くべし」との期待感を表している。

その後も六月末までは道長が病に苦しんだり彼の邸に不吉な虹や怪異が現れたりするなどの記事が見えるが、七月に入ると道長は回復の色を見せ始め、三条天皇が彼と同様な瘧の病を発するのと入れ替わるように本復し、政務に復帰する。これに対して大江匡衡はついに道長のように病を克服するには至らず、死を迎えた。奇しくもその頃、道長は参内の車中に同乗させた心誉阿闍梨に、彼が回復するために修法で貢献したことへの感謝の言葉を述べていたのであった。

四、匡衡と実資の交渉の背景

『御堂関白記』の長和元年分では、円教寺で故一条天皇の法事が行われた五月二十七日の後は日記が再開されるのは法華三十講が結願した七月五日で、病悩に陥っていた六月の記事が全くない。それだけこの一月余りは苦しみの連続であったが、それゆえに道長の病悩は当時の政界に重く影を落としていたと言えよう。

前年即位した三条天皇と道長の間に対立が兆していたことは広く知られているところであるが、この年二月から四月にかけて起こった妍子・娍子立后問題は両者の関係を悪化させていた。道長の娘・妍子を二月に中宮に立て、故大納言藤原済時の娘・娍子を四月に皇后に立てることで一条朝の「一帝二后」を再現したことは、娍子が東宮時代以来の寵妃であったとはいえ貴族社会の常識を逸脱する面は否定できない。娍子立后の儀が行われる四月二十七日に道長が妍子の内裏参入を実施すると多くの公卿は妍子側の行事に参列してしまう。立后行事に参入した公卿は、上卿の実資のほかは、皇后宮大夫を拝命した中関白家の隆家、実資の兄懐平、娍子の異母弟の通任の四人だけで、官人の欠席も多かった。(27)

三条天皇は一条天皇と比べて道長とのミウチ的つながりが弱く、父院（冷泉上皇）も母后（道長の姉妹・超子）も既に亡くしていた。天皇とのミウチ関係から道長に対抗できる貴族もおらず、次代の外祖父で一上として政務を掌握する道長を脅かす個人も勢力もいなかった。ここに、道長が天皇と正面から衝突して強い圧力を加えることが可能になった原因があると考えられている。(28)それだけに、彼が重病から再起不能となった場合の権力関係の変動を思えば、公卿・官人層の間には少なからぬ不安や動揺とともに様々な思惑が掻き立てられたことであろう。実資が『小右記』に書き留めた、道長の病脳をめぐる噂・情報・言動の数々はそのような空気をよく表しているものと思われるが、実資自身もその空気にとらわれていた言うべきであろう。

実資が外では道長と協調し、内では『小右記』に道長批判を記録する態度はよく知られている。それは娍子立后と妍子の内裏参入をめぐっても同様であった。一方、三条天皇は道長との対立を感じるほどに実資を頼りにした。天皇は即位当初から故実に明るい実資の意見を取り入れるべく密奏を許していたが、妍子・娍子立后問題では実資に対して厳しい道長批判を伝えるとともに彼を「方人（味方）」と呼んで信頼を寄せ、さらに娍子立后の翌四月二十八日には、皇位に上ったからには自分の意に任せて政治を行うべきであると述べた上で「然るべきの時有らば」という表現を用いて将来の政権運営を彼に相談する意向まで示している。(29) 実資が蜈蚣を目撃したのはまさにその立后に伴う皇后宮職の除目の場であり、それを大臣昇進の兆しと読み解く予言を彼に授けたのが大江匡衡であった。そして道長は重い病に襲われる。「然るべきの時有らば」の恩詔を資平から伝え聞いたときには「努めて力めて妻子に談ずべからず」と強く戒めた実資であったが、(30) その天皇の大嘗会の準備に勤しみつつ道長の病状をめぐる情報を収集する彼の脳裏には、匡衡の予言と並んでかかる恩詔が再び浮かぶこともあったのではないか。

関口力氏は、実資が娍子立后に対して奉仕した理由を「旧摂関家小野宮流の傷つけられたプライドの屈折作用」に求めているが、(31) そのような本流意識に基づく屈折したプライドを抱いていたとすれば、予言の現実味をめぐって一層運命的な所感にとらわれていたことも考えられる。匡衡の予言は娍子立后の際に皇后宮大夫となった隆家の中関白家と実資の小野宮家とを周王朝の周公と呉公に擬えて相並ぶ形で捉えているが、中関白家が九条流の中においては道長に対して本流意識を抱く側にあり、個人的にも隆家と実資との間には深い信頼関係が存在していた。(32) 道長の重しが取れて、ミウチの掣肘も受ける立場にない天皇が自分の意に任せて政治を行うとき、それまで陰に隠れていた「旧本流」が再び脚光を浴びる——そのような日が現実のものとなる「然るべきの時」が近づいている可能性を意識することもありえたであろう。

実資が日記に記す道長批判は主としてその政治姿勢や手法をめぐるものであって能力を問題にしているわけではないが、もし道長が姿を消した場合に実資の上位に残る者たちとなれば話は別である。顕光の無能ぶりは独り実資のみならず当時の貴族社会では周知のことであった。公季についてはこの頃は実資が彼の資質を問題にしたことは特になかったが[33]、大臣に欠員が生じた場合には実資と競合することが想定される道綱に対しては手厳しく、彼に対する貴族社会での評価も芳しくなかったようである[34]。道長の実力には一目おくとしても、それ以外の公卿に対しておくれをとる意識は実資の中にはなかったはずである。そのような宮廷政治家としての実力とプライドを念頭に置くならば、「道長の病を悦ぶ五人の公卿」と噂された中に自身が含まれていることへの反応に見られるように他人の不幸を自分の出世に直結させて悦に入るような人物でないことは確かであるが、この噂を黙殺せずに書き留めたうえで所感を述べるという態度には、道長の病が極まった場合の後に待ち受ける情勢に向けて複雑な思いにとらわれる心中を窺うことも可能であろう。

では、匡衡の立場から道長の病悩をめぐる情勢を捉えるとすればどのように考えることができるであろうか。既に述べてきたことと併せて改めてまとめてみよう。

匡衡の名は漢の名儒にして丞相の匡衡に由来し[35]、早くから祖父の江納言維時より将来を嘱望されていた。大江家の全盛期に生を享けた彼は「稽古の力」をもって祖父のように卿相に上る夢を追い続けたが、家格化・階層化が進む官人社会の現実はそれを容易に許すものではなかった。しかしその現実は同時に彼をして強固な家門意識を抱かせるものでもあり、それは自らの地位の上昇と子孫による学統の継承を志向する方向に作用した[36]。そのためには彼のような中級官人は有力公卿との紐帯を絶えず保っておかなくてはならない。特に大江家は、音人が良房に、維時が忠平に結びついていたように代々の摂関との関係が深かった。匡衡にとっては、妻の所縁を辿って早くから親交を結んでいた道長とのつながりが自身と子孫の将来を保証する最も依るべき根拠と思われたことであろう。寛弘の末、三条朝を迎えた時点では、自身の地位についてはなお理想との間に距離はあったが、継嗣挙周は式部少丞・蔵人・侍読・敦成親

王家家司・東宮学士と着実に歩みを進めており、その背後に道長の支持があることは匡衡の強く意識するところであった。(37)

実資に対して呉公の予言を授けた頃、匡衡は既に健康を害していたが道長はそうではなかった。しかし間もなく道長は発病した。彼は自らの予言に確信を抱いたことであろう。匡衡はこれまでにも自身や子供たちの出世の為に数々の露骨なアピールや強烈な自己主張を周囲に対して繰り返し働きかけてきた。(38)今度はそれが実資に向けられたのである。道長が再起不能になった場合、継嗣頼通はまだ若く、顕光・道綱については先に述べたとおりで、公季にも決め手がない。隆家を除き道長の求心力の下に束ねられてきた観のある九条流の公卿たちの中に大江家の将来を託せる実力者が果たして居るかどうか。道長と並行して自らの病が深まるほどに、匡衡には小野宮流の実資の存在が大きく感じられるようになったであろう。

ただし二人の関係は実利にのみ基づくものではなかったと思われる。実資は匡衡を「識者」と称し、他に比肩する者なき名儒であってその死は文道の滅亡に等しいと述べている。亡くなった先妻の法要に捧げる願文の執筆を匡衡に依頼していることからも、実資の匡衡に対する敬意と評価を知ることができる。さらに、実資は匡衡と同様に延喜・天暦の昔を聖代視する思想の持ち主でもあった。(39)この頃の貴族社会に存在した「延喜天暦聖代観」の根拠は文運隆昌や人事の公平さにあり、為政者の専権や人事に対する不満と裏腹の関係にあった。(40)身分・階層は異なるもののある部分での政治的な価値観を共有する両者の間には、現存する記録の上では明記されていないものも含めた交流に基づく信頼関係があったようにも考えられる。

五、おわりに

摂関期の政権構造は天皇と摂関との「ミウチ関係」に基づく「権力の環」[41]を主軸とし天皇とのミウチ関係の強弱が政権の政務運営の円滑度を大きく左右したが、長和元年（一〇一二）という年は、その前半において、独自の政治意志を持っていた壮年の三条天皇と紐帯となるべき母院の存在を欠いたミウチ関係に位置する最高実力者である藤原道長との間に蹉跌と確執が表面化した年であった[42]。両者の政治的力関係は次代の外祖父として公卿の大半の支持を得た道長の優勢に推移し[43]、結局は長和三年（一〇一四）に始まる天皇の眼病の進行によって後一条天皇の即位に帰結する。しかしながら、長和元年夏の道長の病悩は、その帰趨によっては三条朝の権力関係に変動をもたらす可能性を孕んだ事件であった。

権力者が病に倒れることが政局に及ぼす影響の大きさを示す例は枚挙に暇がないが、そもそも道長の権力掌握自体が長徳元年（九九五）の赤斑瘡の流行によって兄の道隆・道兼両関白が相次いで死去したことを契機とするものであり、その後の道長の栄華と道隆の中関白家の没落が対をなしたことは、官人たちの記憶にも新しいところである。翰林の棟梁と謳われ、その学識を買われて多くの廷臣たちと交流を持った匡衡であっても、早くから道長と近い関係にあってその庇護と後援に与ってきただけに、この情勢には敏感にならざるを得ないだろう。ましてや自身は健康を害し、家門と学統の継続が最大の関心事になっている折からである。呉公の予言は初めからこの日のあることを予見してのものではないだけに、六月に入ってからの実資への働きかけは切なるものがあったと思われる。

元来、匡衡のように儒学と詩文によって立つ「文士」たる官人は、国政と外交に活躍の舞台を持っていた。しかし国政からは貴族社会の家格化・階層化の進行によって大きく後退し、外交からは渤海との交渉途絶によって舞台自体を失ってしまった[44]。今や宮廷と貴族社会における風雅の場と、摂関をはじめとする権門の顧問に備わることが官人としての主な活動領域であった。その領域を維持し、かつその中で上昇するためには権力の座にある者との紐帯が欠かせない。自らが発した呉公の予言に道長の病という情勢が重なったことにより、匡衡は新しい紐帯を実資に求めた。その学をもって帝王の師範となり、翰林の棟梁・一代の名儒と称されても、その本質は終始中級官人の行動様式を出ることはなかったのであった[45]。

結局、道長が病から回復したために、呉公の予言は外れる結果となった。実資の大臣昇進が現実のものになるのはその九年後、治安元年（一〇二一）のことである。匡衡が実資に後事を託した挙周や赤染衛門と実資とのその後の関係について現存する『小右記』からは特に読み取れる記事はない。記録に残らない私的な往来の存否までを断ずることはできないが、予言が外れた以上、実資には匡衡に対する特別な義理は残るまい。その後の挙周の出世も、道長の支援の下で後一条天皇に近侍してその信任を得たことによるものであって[46]、特に実資の介在を想定する必要はないであろう。

注

（1）山中裕編『御堂関白記全註釈（全十六冊）』（国書刊行会・高科書店・思文閣出版、二〇一〇年完結）。倉本一宏訳『藤原道長「御堂関白記」全現代語訳』上・中・下（講談社学術文庫、二〇〇九年）。

（2）倉本一宏訳『藤原行成「権記」全現代語訳』上・中・下（講談社学術文庫、二〇一一〜一二年）。

（3）小右記講読会（黒板伸夫監修・三橋正編）『小右記註釈　長元四年』上巻・下巻（八木書店、二〇〇八年）。

（4）　倉本一宏「『小右記』に見える大臣闕員騒動」（『摂関政治と王朝貴族』吉川弘文館、二〇〇〇年、初出は一九九三年）。
（5）　『御堂関白記』寛弘七年三月三十日条。匡衡の履歴については後藤昭雄『大江匡衡』（吉川弘文館、二〇〇六年）。
（6）　後藤昭雄「大江匡衡―卿相を夢見た人」（『平安朝文人志』吉川弘文館、一九九三年、初出は一九九〇年。大曽根章介「大江匡衡」（『日本漢文学論集』第二巻、汲古書院、一九九九年、初出は一九六二年。フランシーヌ・エライユ「文人官僚・大江匡衡」（三保元訳『貴族たち、官僚たち』平凡社、一九九七年）。後藤前掲注（5）書、二〇八頁。井上辰雄「大江匡衡―道長の政治顧問」（『平安儒者の家　大江家のひとびと』塙書房、二〇一四年）。
（7）　「努力可攻堅、我以稽古力、早備公卿員、汝有帝師体、必遇文王田」（「述懐古調詩、一百韻」『江吏部集』巻中、人倫部）。但し匡衡十三歳の時には維時は既に死去しているので、元服時という設定は虚構であろう（後藤前掲注（5）書、一三頁）。
（8）　本来ならば親王の孝心や学才などを詠むべき場で、江家の侍読としての功績の顕揚に終始している（後藤前掲注（5）書、一四九～一五一頁）。
（9）　後藤、前掲注（5）書、一七三～一七四頁。
（10）　林陸朗「所謂『延喜天暦聖代』説の成立」（『上代政治社会の研究』吉川弘文館、一九六九年）。
（11）　「今年両度慰心緒　愚息遇恩之至哉　正月除書為李部　暮春花宴上蓬莱　誠雖漢主明風教　多是周公重露才　桓郁侍中栄不見　江家眉目有時間」（後藤前掲注（5）書、一五二～一五四頁）。
（12）　井上前掲注（6）論文。
（13）　後藤前掲注（5）書、四二頁。匡衡が道長の詩宴に参加している初見は永延二年（九八八）三月三日のものである。その後の道長との関係の個別事例は後藤前掲注（5）書を参照されたい。
（14）　後藤前掲注（5）書、一八〇～一八二頁。
（15）　実資の政治的立場については、主な論考では朧谷寿「藤原実資論―円融・花山・一条天皇時代」上・下（『古代文化』三〇―四・五、一九七八年）、赤木志津子「小野宮家二代」（『摂関時代の諸相』近藤出版社、一九八八年）、松薗斉「藤原実資―小野宮右大臣」（元木泰雄編『古代の人物6　王朝の変容と武者』清文堂、二〇〇五年）、関口力「藤原実資」（『摂関時代文化史研究』思文閣出版、二〇〇七年）、三橋正「藤原実資と『小右記』」（前掲注（3）書）。概説書では土田直鎮『日本の歴史5　王朝の貴族』（中央公論社、一九六五年）、村井康彦『平安貴族の世界　上巻』（徳間文庫、一九八六年、初版は一九六八年）、大津透『日本の歴史06　道長と宮廷社会』（講談社、二〇〇一年）。
（16）　『公卿補任』寛弘九年・長和元年条。但し藤原公季と通任の年齢は生年により改めた。

（17）七月廿二日条によれば、殿上間にて道長から主基国司の前例を問われた実資は悠紀国・主基国の指定は卜定によるところなので国司の死去に影響されることはないと答えており、さらに顕光が兼隆に主基国の変更を指示したことを後日伝え聞いて「愚かなことだ」と追記している。

（18）長徳五年七月三日条。以下、出典が『小右記』の場合は書名を略す。

（19）長和元年五月四日条。

（20）周公は周の文王の子・武王の弟である周公旦に始まり、呉公は周の太王の子である呉太伯・仲雍兄弟に始まる。

（21）後藤昭雄・池上洵一・山根對助校注『新日本古典文学大系32　江談抄　中外抄　富家語』（岩波書店、一九九七年）。

（22）「大入道殿夢想事」については『諸法要略抄』には道長と藤原資業の間のこととして類話が見えるので史実かどうかは疑われる逸話であるが、匡衡が字解きに基づく予言を能くしたことを踏まえて伝えられた話と考えることはできる（前掲注（21）書、二二頁）。一方、大江家に伝えられた秘事とされている「上東門院御帳内犬出来事」については、敦良親王の幼名はこのことと関わりがあるのかどうか犬宮と名付けられ（『御堂関白記』寛弘六年十二月七日条、誕生は十一月二十五日条）、敦良の名は匡衡が撰進している（『御堂関白記』寛弘六年十二月十四日条）。

（23）長和元年五月十五日条。

（24）寛弘八年八月十六日条に権中納言左衛門督頼通・参議左兵衛督実成と共に大嘗会検校に任じられた旨が見え、併せて悠紀・主基の行事弁以下の担当官の役職と名が列記されている。同年予定されていた大嘗会は十月に冷泉上皇が崩御したことによって延期されたため、実資の任も二年越しのものであった。

（25）後藤前掲注（5）書、一八九頁。

（26）小右記の記事を利用してこのときの道長の病状を述べたものに、村井前掲注（15）書、二二六〜二二八頁、山中裕「藤原道長とその時代」（『平安時代の古記録と貴族文化』思文閣出版、一九八八年）、朧谷寿『藤原道長』（ミネルヴァ書房、二〇〇七年）二三二〜二三六頁、倉本一宏『三条天皇』（ミネルヴァ書房、二〇一〇年）一三三〜一三四頁、同『藤原道長の日常生活』（講談社現代新書、二〇一三年）二四六〜二四八頁、同『藤原道長の権力と欲望』（文春新書、二〇一三年）一五一〜一五四頁。

（27）妍子・娍子立后問題に言及するものは数多いが、ここでは次のものを挙げておく。土田前掲注（15）書、村井前掲注（15）書、山中裕「藤原道長とその時代」『御堂関白記』と藤原道長の人間像」（前掲注（26）書）、大津前掲注（15）書、関口前掲注（15）論文、朧谷前掲注（26）書、山中裕『藤原道長』（吉川弘文館、二〇〇八年）、倉本前掲注（26）『三条天皇』

『藤原道長の権力と欲望』、倉本一宏『藤原道長「御堂関白記」を読む』（講談社選書メチエ、二〇一三年）。

（28）元木泰雄「三条朝の藤原道長」（『院政期政治史研究』思文閣出版、一九九六年）。

（29）倉本前掲注（26）『三条天皇』一〇三頁、一一五～一一六頁、一二八～一二九頁。

（30）長和元年四月廿八日条。

（31）関口前掲注（15）論文。この意識は同じく参入した実資の兄・懐平にも共有されていたとする。

（32）関口力「藤原隆家」（前掲注（15）書）。隆家が特に深い関わりがあったわけではない娍子立后に奉仕した理由も、本質的には実資と変わらないとする。また、この結論を導く過程で、隆家が実資に常に信従し、実資もまた隆家とその家族に対して深い心情を抱いていることを明らかにしている。

（33）後のことになるが、寛仁三年（一〇一九）二月廿二日条と万寿四年（一〇二七）八月十日条には、人事および居宅の移転をめぐって公季の見識のなさを非難する記述が見える。

（34）実資の道綱観については、倉本前掲注（4）論文。実資は、長徳三年（九九七）に道綱に大納言を越任されたときに日記（七月五日条）で彼のことを無能と詰って以降は一貫して道綱に対して含むところがあったようである。後の長和二年二月三日条では祈年祭に先立つ公役を勤めなかったことを非難し、その後も公事の場での失態をあげつらうことがあった。寛仁三年夏に右大臣顕光の辞職が取り沙汰された際に、道綱が政務に関与しないことを条件に大臣昇進を望んでいる情報が耳に入ると、「一文不通の人」を大臣に任じることは世間が許すまい、との批判を六月十五日条に書きつけている。また『古事談』には道綱の素行の悪さを「禽獣に異ならず」と表現する逸話が収められており（第一、王道后宮「道綱放言事」）、実資のみならず貴族社会における評価も低かったようである。

（35）大曽根前掲注（6）論文。後藤前掲注（5）書、一一五頁。

（36）大曽根前掲注（6）論文。後藤前掲注（5）書、二〇五～二〇七頁。

（37）挙周については、木本好信「大江挙周—後一条天皇信任の学士」（『平安朝官人と記録の研究』おうふう、二〇〇〇年、初出は一九八九）がある。匡衡存命中の履歴や動向なら後藤前掲注（5）書にも詳しい。

（38）大曽根前掲注（6）論文。また後藤前掲注（5）書には随所に例が上がっている。

（39）林前掲注（10）論文。

（40）田島公「延喜・天暦の「聖代」観」（『岩波講座日本通史第5巻　古代4』岩波書店、一九九五年）。

（41）黒板伸夫「藤原忠平政権に対する一考察」（『摂関時代史論集』吉川弘文館、一九八〇年、初出は一九六九年）。

(42) 三条天皇をめぐるミウチ関係の特質は、倉本一宏「摂関期の政権構造―天皇と摂関とのミウチ意識を中心として」(前掲注(4)書、初出は一九九一年)。

(43) 元木前掲注(28)論文。

(44) 加藤順一「文士と外交」(三田古代史研究会編『政治と宗教の古代史』慶應義塾大学出版会、二〇〇四年)。桑原朝子『平安朝の漢詩と「法」』(東京大学出版会、二〇〇五年)四〇八~四〇九頁。

(45) フランシーヌ・エライユ氏は、「結局のところ、当時の社会で匡衡は高官の支持を得ようと努めるすべての中級官僚たちと同じ行動をとったのである」と評し(前掲注(6)論文)、大曽根章介氏は、「江家の嫡男として、儒門の繁栄を夢み努力してきた彼にとっては、時代が余りにも残酷すぎたのである」と述べている(前掲注(6)論文)。また後藤昭雄氏は、「江家の伝統が匡衡の生き方を支え、また呪縛した。彼の思考と行動を規制した。たとえば時代のあり方に疑問を抱いて退隠(出家)するなどということは、もちろん考えようもないことであり、斜に構えるという姿勢もない。あくまでも体制内にあって上昇を志向した」とその生き方を纏めている(前掲注(5)書、二〇七頁)。

(46) 木本前掲注(37)論文。

第三部　生活と信仰

須佐之男命の啼泣と「悪神の音」
——『古事記』における秩序／無秩序をめぐって——

松田　浩

一、『古事記』の語る二つの「無秩序」

『古事記』において、須佐之男命の啼泣（「啼きいさち」）は「悪神の音は、狭蠅なす皆満ち、万の物の妖悉くに発」るという事態を招くものとして語られる。

（A）次、詔二建速須佐之男命一、「汝命者、(ア)所レ知二海原一矣」、事依也。故、各随二依賜之命一、所レ知看之中、速須佐之男命、(イ)不レ治二所レ命之国一而、(ウ)八拳須至二于心前一、啼伊佐知伎也。〈自レ「伊」下四字、以レ音。下效レ此。〉(エ)其泣状者、青山如二枯山一泣枯、河海者悉泣乾。是以、(オ)悪神之音、如二狭蠅一皆満、万物之妖、悉発。

（『古事記』上巻「三貴子の分治」五四頁）(1)

須佐之男命はその父伊耶那岐命より海原を治めるように「事依さし」（言葉による任命）を受けたものの——（ア）、その海原を治めることなく——（イ）、髭を立派に蓄えるほどの成人となるまで、ずっと「啼きいさち」続ける——（ウ）。その「泣く状」は、青山を枯らせ、河海を乾してしまうという様態のものであった——（エ）。そして「是を以て」、すなわち、須佐之男命が統治をせずに、（エ）の如き様態を持った「啼きいさち」という行為を行ったことを原因として、[2] 悪神の音が五月の蠅のように騒がしく満ち溢れ、様々なものの災禍が悉くに発生するという事態が引き起こされた——（オ）、と『古事記』は語る——（A）。（オ）の描写は、西郷信綱『古事記注釈』が『日本書紀』の「多《さは》に螢火《ほたるび》の光《かがや》く神、及び蠅声《さばへな》す邪《あ》しき神有り」（神代下・正文）[3] などの天孫降臨以前の葦原中国に対する描写を引きあいに出しつつ「騒然たる混沌や無秩序をいいあらわす神話的な決まり文句の一種」[4] と説くのを始めとして、『新編全集』頭注などにおいても「無秩序・混沌」と捉えられているように、ひとまずは「混沌・無秩序」の様態を表したものと見做してよかろう。[5]

しかし、『古事記』の語る神話の文脈においては、当該の「混沌・無秩序」の状態の描写は、これを単なる「神話的な決まり文句の一種」としてやり過ごすことのできない重みを持つ。それは、この「混沌・無秩序」の状態に極めて近似する描写が、『古事記』において王権を神話的に支える根幹をなす存在たる天照大御神に関わって再び現れるからである。かかる状況は、天照大御神の石屋戸隠り、すなわち天照大御神の不在によって導かれる——（B）。

（B）故於レ是、天照大御神、見畏、開二天石屋戸一而、刺許母理〈此三字以レ音〉坐也。爾、（カ）高天原皆暗、葦原中国悉闇。（キ）因レ此而常夜往。於レ是、（ク）万神之声者、狭蠅那須〈此二字以レ音〉満、万妖、悉発。

（『古事記』上巻「天の石屋」六二頁）

右の（ク）における「無秩序」の表現、「万の神の声は狭蠅なす満ち、万の妖悉く発りき」が、須佐之男命の将来した（オ）のそれに近似することは論を俟たない。この近似を以て、この「無秩序」の原因を（オ）と等しく須佐之男命に求める説も見られるが、[6]（ク）が天照大御神の石屋戸隠りに因ることは文脈に照らして明らかである。（ク）の「無秩序」が惹起するに至る因果関係を、右の引用に即して確認しておこう。

天照大御神が石屋戸に隠ると、高天原が暗闇に包まれ、それに伴って葦原中国も暗黒の世界となり——（カ）、「此に因りて」、すなわちこのことを原因として昼夜の交替は無くなり、夜の状態が常に続く状態が現れる―（キ）。そして「是に於いて」、その「常夜」なる状態は、（ク）の「無秩序」を惹起することとなる。こうした因果関係を以て、世界の暗黒化に端を発する（カ）から（ク）の事象が語られるのであり、その暗黒は、天照大御神が天石屋戸に隠れることによって現れたものであった(7)。この文脈では須佐之男命の乱行は、その石屋戸隠りを引き起こす契機であり、（ク）の惹起にとってはあくまでも遠因、あるいは間接的な要因としてあるに留まる。

　こうして（ク）の「無秩序」を天照大御神の不在を原因とするものであると確認することで、『古事記』においては、須佐之男命の啼泣によって引き起こされる事態―（オ）と、天照大御神の不在によって引き起こされる事態―（ク）とが、およそ同類の「混沌・無秩序」として語られているのだと把握することが可能となる。そして、須佐之男命の関与による（オ）の状態と天照大御神の不在に起因する（ク）の状態との類似は、二柱の神を対蹠的な存在として位置づけることとなる。かくして『古事記』は、須佐之男命を「無秩序」を体現する存在として、そしてその対極にあるものとしての天照大御神を「秩序」を体現する存在として、それぞれ描き出しているのだと捉えることができる(8)。

　右のような軸で『古事記』における（オ・ク）二つの「無秩序」を捉えるときに問われるべきは、その「無秩序」がいかなるものであったのかということ、すなわち『古事記』という文字テキストが語る（オ・ク）の表現の具体である。こうした問題設定のうえで、本稿では『古事記』の文字表現に寄り添いつつ、その「無秩序」の最初の現れとして語られる（Aオ）の具体を、これを惹起させる須佐之男命の「啼きいさち」との関連の中に捉えることを目的とする。当然、この命題は、同時にその対極にある『古事記』にとっての「秩序」――それは、王権を支える理念でもある――とは何かを捉えることにも繋がろう。

　とはいえ、この「無秩序」の具体を論ずるためには、従来の諸注釈・諸論において同一のものと見做され、一括りに扱われてきた（オ・ク）二つの「無秩序」が、同一の構造を持ちながらも看過できない相違を持っていることにも目を向けねばならない。まずは、（オ・ク）両者の比較から論を進めることとしたい。

二、さばへなす「音」、さばへなす「声」

先に示した、二つの「無秩序」の状態を並べて示せば、

（オ）悪神之音　、如二狭蝿一　皆満、　万物之妖悉発。——須佐之男命の啼泣

（ク）万神之声者、狭蝿那須　　満、　万　妖悉発。——天照大御神の不在

となる。（オ・ク）は、いずれも神々が五月蝿のごとき騒擾をなし、それと共に様々な妖《わざわい》が発生することを語る。その点において須佐之男命の啼泣がもたらした事態と、天照大御神の不在によるそれとが近似したものであることは間違いない。それ故にこの二つの「無秩序」は、同一のものとして扱われてきた。かつて本居宣長『古事記伝』が二つの「無秩序」を「同ジ事」とした上で、（ク）の「万神」を（オ）に引き比べて「悪神」の誤りかと説いたのも、その早い例ということができる。[9] しかし、（オ）「悪《あ》しき神」と（ク）「万の神」では明らかに擾乱をなす神々に対する価値付けが異なるのであって、両者をすぐさま同一と見做すことはできない。一方が「悪しき」神と位置づけられる点に注意しながら、これを比較してみたい。

　須佐之男命の啼泣においては「悪しき神の音」が、「さ蝿なす」満ちるが、石屋戸神話において「さ蝿なす」満ちるのは「万の神の声」であった。両者において「さ蝿なす」は騒乱・喧噪の形容として神々の擾乱の様態を示しているが、その擾乱は、須佐之男命が将来した（オ）においては神々の「音」によって成るものであり、一方、天照大御

神の不在が招いた（ク）においては神々の「声」によるものであった。そして更に、ここに見られる「音／声」の相違は、それぞれと共に現れる災禍の質をも違えたものとしている。すなわち、神々の「さ蠅なす声（ク）」がさまざまな災禍の発生と繋がるのに対し、神々の「さ蠅なす音（オ）」に繋がるものは、単なる災禍ではなく、さまざまな「物《モノ》」の災禍であったのだと記されているのである。(10) そして『古事記』は、「物」の災禍と紐帯を結ぶ「音」の騒擾をなす神々を「悪しき神」と位置づけているのである。

このように災禍と繋がる「さ蠅なす声」と、「物（モノ）」の災禍と繋がる「さ蠅なす音」とが書き分けられている時、この「音／声」とは、『古事記』においていかなる相違を持つものであるのか、更には「音」と紐帯を結ぶ「物の妖」のモノとはいかなるものであったのか、という点が問題となろう。諸注釈書においては、（オ・ク）で使い分けられる「音／声」に対して両者ともに「おとなひ」の訓が与えられるか、あるいは両者ともに「こゑ」の訓が与えられているが、そこには、（オ・ク）の事象を可能な限り同一の訓（すなわち解釈）で読み解こうとする姿勢が見られる。(11) また、そうした潮流に反して『思想大系』は一定の漢字に一定の訓を見出そうとする立場によって、(12) 両者を「音―おト」・「声―コゑ」と訓み分けるものの、やはりその解釈上の相違に触れることはない。しかし、『古事記』の語る二つの「無秩序」において如上の相違を見せる「音」と「声」とに、同一の解釈（訓）を与えることはできない。あるいはまた、これらに異なる和語を宛てたとしても、それによって解釈がどのように異なるのかが問われなければならないだろう。以下、この点を考えるために、『古事記』における「音」と「声」との相違をその用例に沿って確認してみよう。

『古事記』における「音」の用例は、当該の（ア）のほか、訓注における「音を以ゐよ」の三〇八例、および歌謡における発音注記「音引け」の二例を除き、以下の四例である。

(1)爾、天佐具売、〈此三字以レ音。〉聞二此鳥言一而、語二天若日子一言、「此鳥者、其鳴音甚悪。故、可二射殺一」云進。
(上巻「天若日子の派遣」一〇二頁)

(2)然、是御子、八拳鬚至二于心前一、真事登波受。〈此三字以レ音。〉故、今聞二高往鵠之音一、始為二阿芸登比一。〈自レ「阿」下四字以レ音。〉
(中巻・垂仁天皇「本牟智和気の御子」二〇四頁)

(3)故、未幾久而、不レ聞二御琴之音一。即挙レ火見者、既崩訖。
(中巻・仲哀天皇「仲哀天皇の崩御と神託」二四四頁)

(4)茲船、破壊以、焼レ塩、取二其焼遺木一、作レ琴、其音、響二七里一。
(下巻・仁徳天皇「枯野という船」三〇四頁)

(5)故、天若日子之妻、下照比売之哭声、与レ風響到レ天。
(上巻「天若日子の派遣」一〇二頁)

(1・2)の用例では、「此の鳥は、其の鳴く音、甚悪し(1)」、また「高く往く鵠の音を聞き(2)」とあるように鳥の鳴き声に対して「音」が用いられており、(3・4)では「御琴の音聞えず(3)」、「琴を作るに、其の音、七里に響きき(4)」と琴の音に用いられる。一方、『古事記』における「声」の用例は(ク)「万神の声」のほかには、(5)を見るのみである。ここでは下照比売の「哭声」が「声」字で表される。用例が限られている故に、一見したところでは「音」と「声」との相違は捉えがたくも見えるが、両者の比較にあたっては(1)の雉の「鳴く音」に対する『新編全集』の頭注が大いに参考となる。『新編全集』頭注は、「『記』では「音」はオト、「声」はコヱを表すのが原則。上代語では、生物の声であっても、単に無意味な音響として聞く時にはオトという」(傍点は引用者)ことを指摘する。この指摘を承けつつ、(1)「音」と(5)「声」の用例を前後の文脈を踏まえながら分析してみよう。

(1)の用例は、天孫降臨に先立って葦原中国平定を命ぜられたものの、これを遂行しない天若日子に対し、天照大御神・高御産巣日神が雉を使者として地上に下す場面において見られるものである。前後を補いつつ、ここに示せば、

(C) 詔之、「汝、行、問㆓天若日子㆒状者、(ケ)『汝所㆔‐以使㆓葦原中国㆒者、言㆓‐趣‐和其国之荒振神等㆒之者也。何至㆓于八年㆒、不㆓復奏㆒』」。

故爾、鳴女、自㆑天降到、居㆓天若日子之門湯津楓上㆒而、(コ)言委曲、如㆓天神之詔命㆒。爾、天佐具売、〈此三字以㆑音。〉(サ)聞㆓此鳥言㆒而、語㆓天若日子㆒言、「(1)此鳥者、其鳴音甚悪。故、可㆓射殺㆒」、云進、即天若日子、持㆓天神所㆑賜天之波士弓・天之加久矢㆒、射㆓‐殺其雉㆒。

（上巻「天若日子の派遣」一〇〇～二頁）

となる。天照大御神・高御産巣日神は使者たる雉、鳴女に対して言づてを命ずるが、それは、(ケ)「汝《なむち》を葦原中国に使はせる所以《ゆゑ》は、其の国の荒振《あらぶ》る神等《かみども》を言趣《ことむ》け和《やは》せとぞ。何とかも八年に至るまで復奏《かへりごとまを》さぬ」という言葉を、そのまま天若日子に問えというものであった。これを承けて雉鳴女は(コ)「言の委曲《つばひら》けきこと、天つ神の詔命《みことのり》の如し」とあるように、天照大御神・高御産巣日神の言葉をそのまま細部に渡るまで等しく伝える。本来は「隠密のものを探り出す霊力[13]」を備え、神や異界からのメッセージを感知する巫女、「探女」たる天佐具売は、神の言葉を委細漏らさず写しとった雉の「言（＝言葉）」を聞きながらも――(サ)、その言葉を(1)「此の鳥は、其の鳴く音、甚悪し」と聞きなしてしまう。天若日子は、己の抱える巫女が、天つ神の下した譴告《けんこく》の言葉を神の言葉として理解できずに「音」と聞いてしまったが故に、悲劇の結末を迎えることとなる。この用例においては、「言」が言葉として意味伝達をなさない状態、解釈ができないものとして受け止められた際に「音」と表現されているのである。同様に(2)の鳥の「音」、(3)(4)の琴の「音」もまた、直接的には言葉としての機能を担っていない音であると言いうるであろう。

対する「声」の用例(5)の文脈を確認しておこう。同じく天若日子神話の一節で、天若日子が高木神の還矢によって命を奪われ、地上界における妻、下照比売が哭泣する場面である。

（D）故、天若日子之妻、(5)下照比売之哭声、(シ)与レ風響到レ天。於レ是、(ス)在レ天、天若日子之父天津国玉神、及其妻子、聞而、(セ)降来、哭悲、乃於二其処一作二喪屋一而、（以下略）

（上巻「天若日子の派遣」一〇二頁）

天若日子の死を悼んで下照比売は地上界で（5）「哭声」を発する。するとその「哭声」は風に乗って天上界まで至る―（シ）。天上界に居る天若日子の父、天津国玉神と天若日子の妻子は、その「哭声」を聞き―（ス）、地上に降り来たって哭き悲しんで喪屋を作る―（セ）。ここには、下照比売の哭の「声」を聞いたことにより、天津国玉神・妻子たちが天若日子の死を理解し、地上に降りたという明確な因果関係が見られる。天上界に届いた哭の「声」は、地上界において下照比売が天若日子の死を悼んでいることを天若日子の父・妻子に確かに伝えたのである。次節に述べるように、『古事記』における「哭」字は、喪葬儀礼としての「御哭」における特殊な発声を意識した用字であることが既に木村龍司によって指摘されているが、[14] ここでは死者を悼む際の泣き方としての「哭」の声であるが故に、その父・妻子は天若日子の死を理解することができたのである。

すなわち（5）の例では、一見したところ意味伝達機能を持つようには見えない泣き声が「哭」のそれとしての意味伝達機能を担う、解釈可能なものとして発声された場面において「声」と表現されているのである。

右のように（1）「音」、（5）「声」を分析することによって、『古事記』における「音」とは言葉としての伝達機能を発揮できぬ状態、解釈を施せない状態の音響であり、対する「声」とは意味伝達機能を担う音声であると捉えることができる。この「音／声」との対比が、『古事記』における二つの「無秩序」（オ・ク）に刻印されていることには注意が必要であろう。

須佐之男命の啼泣がもたらした「無秩序」状態（オ）は、神々の「さ蠅なす音」、すなわち解釈不能の「音」がつくり出す擾乱であり、そこには単なる災禍ではない「物《もの》」の災禍が発生するのである。（オ）における「物《モノ》」は「霊《モノ》」

であり、「万の物の妖」は「たくさんの悪霊邪鬼による災禍」(15)と解釈されるものであるが、モノという語がコトに対して意味以前、「個別化され名辞化される以前にとらえられる何ものか」をさすことばであることにも注意が必要であろう。(16)「モノの妖」が「声」の擾乱には現れず、「音」の擾乱とともに発生することに鑑みれば、それは言葉で捉えることのできない、正体不明の精霊たちの為す災禍であると解釈すべきものとなろう。そうした「物の妖」の発生とともに生起する、「音」をなす神々が、『古事記』においては「悪」として位置づけられているのである。対して神々の「声」による擾乱は、災禍を及ぼすものではあるが、それはモノの災禍ではなかった。そして、そうした「声」をなす神々には「悪」という評価は与えられていない。

二つの「無秩序」の対比によって、須佐之男命の啼泣が招いた(オ)の「無秩序」を右のように把握した上で、こうした「音—物」によって成る「無秩序」を惹起する須佐之男命の啼泣—「啼きいさちる」という行為を検討することとしたい。

三、『古事記』における「哭」——「哭きいさちる」須佐之男命

「音/声」の文字に質的相違を見ることによって、『古事記』における二つの「無秩序」は、構造を等しくする極めて近似した「無秩序」でありつつも、一方は解釈可能な擾乱状態(ク)であり、他方が解釈不可能なそれ(オ)であると弁別すべきものであることが明らかになる。『古事記』におけるこうした文字の使用意識を踏まえたとき、「音—物」の擾乱を導いた須佐之男命の啼泣、「啼きいさち」はいかなるものとして見えてくるであろうか。

『古事記』において「なきいさちる」という語は、須佐之男命の当該の行為に限定して用いられるが、そこには三

例の「なきいさちる」の語が見られる。そして、その「なき」に対しては、それぞれ以下の文字が宛てられている。

（6）〔啼〕速須佐之男命、（中略）（ウ）八拳須至二于心前一、啼伊佐知伎也。（再掲・上巻「三貴子の分治」五四頁）

（7）〔哭〕故、伊耶那岐大御神、詔二速須佐之男命一、「何由以、汝、不レ治下所二事依一之国上而、（ソ）哭伊佐知流」。爾、答白、「僕者、欲レ罷二妣国根之堅州国一。（タ）故哭」。（上巻「三貴子の分治」五四頁）

（8）〔哭〕爾、速須佐之男命答白、「僕者、無二邪心一。唯大御神之命以、問二賜僕之（チ）哭伊佐知流之事一。故、白都良久、〈三字以レ音〉『僕、欲レ往二妣国一以、（ツ）哭。』」（上巻「須佐之男命の昇天」五六頁）

本稿が課題とする（6ウ）「啼きいさちき」は既に見て来たように、解釈不能な「音―物」の「無秩序」を惹起させる文脈に置かれており、ここでは「啼」が用いられている。（7ソ）「哭きいさちる」は須佐之男命の父、伊耶那岐命がその啼泣の理由を問う言葉の中に見えるものであり、（8チ）「哭きいさちる」は、須佐之男命が自らの昇天してきた理由を天照大御神に語るに際して、伊耶那岐命に問われた内容を引用して繰り返した言葉の中に現れるものである。（7ソ・8チ）ともに「なきいさちる」の「なき」には「哭」が用いられており、いずれにおいても父・伊耶那岐命が須佐之男命の啼泣を「哭きいさちる」と捉え、更に須佐之男命がそれを「哭」の語で承けている―（7タ・8ツ）。

右に見るように、同じ「なきいさちる」という行為でありながらも、その「なき」の表記は「啼」（6ウ）、「哭」（7・8）に分けることができる。同一の和語「なきいさちる」に対して「啼・哭」の二字が用いられることは、一見したところ「啼・哭」が同義として用いられているようにも見えるが、『古事記』において同一の和語を表記するに際して複数の文字が用いられる場合、そこには多く使い分けの意識が見られる。[17] よって、右に見る「なきいさちる」における「啼／哭」の間にも、文字によって表される意味の差異を考える必要があろう。特に「音―物」の「無秩序」を導き出す文脈で用いられる「啼きいさちる」に見る「啼」字による和語「なく」の表記は、『古事記』の

「なく」（四四例）の中でも唯一の用字である。これに鑑みれば、そこには「哭」ではなく「啼」でなければ表現できなかった「音―物」の「無秩序」を導く文脈における「啼きいさち」の特質というものが見出されねばならないだろう。そのためには、「啼・哭」の示す質の相違を捉える必要があるが、まずは『古事記』においてある程度の用例が見られる「哭」の性質を把握することから始めたい。

『古事記』における和語「なく」の表記には、当該の「啼」のほか、鳥が鳴く場合のみに用いる「鳴」（五例）[18]、そして人・神が「なく」際に用いる「泣」（二〇例）・「哭」（一八例）がある。「鳴」の使用意識に関しては、後漢・許慎『説文解字』に「鳴、鳥声也」とあるように[19]、その字義に則ったものであり、人・神の「なく」行為を表記する「泣・哭」とは明確な区別を認めることができる。よって「哭」の性質はまずもって「泣」との相違の中に把握されるべきものとなる。

「泣」字は『説文解字』の説くところによれば「無レ声出レ涕者、曰レ泣」とあるように、声無く涙（涕）を流すという泣き方を示す字であり、「哭」字は同じく『説文解字』に「哀声也」とあることに拠れば、哀しみの声をあげて泣くことを指す。両者は、ともに和語で「なく」と訓ぜられるものの、字義の上では、「泣」は「なく」行為の涙を流すことに、「哭」はその哀しき泣き声をあげることに、それぞれの重点がある。これを踏まえつつ、『古事記』の用例を確認しておきたい。

『古事記』における「泣」の初出は、神名表記の「泣沢女神」である。泣沢女神は、伊耶那岐命がその妻、伊耶那美命を失って「哭」いた際の記述に「御涙に成れる神は、香山《かぐやま》の畝尾《うねを》の木本《このもと》に坐す、名は泣沢女神」とあるように、その涙から化成した神である。「泣・哭」の字義に鑑みれば、ここでは、この神がその泣き声（「哭」）からではなく、涙から化成したことによって「泣沢女神」の表記があると見ることができる[20]。その他にも「泣」に伴って「涙」が流れることが記述される例は、「泣く涙（泣涙）、御面に落ち溢れき」（一九八頁）、「赤猪子の泣く涙（泣涙）、悉くに其の服たる丹揩の袖を湿しき」（三四二頁）などに見られる。(21) そして、その一方で「泣」字のみで「なく」ことを表す例には泣き声を描写するものは存在しない。(22) 対する「哭」の用例では、「泣」字が併用されない限りはこれに「涙」の描写を伴う例が存在せず、先掲（5）の天若日子神話における下照比売がその夫の死を悼んで泣いた際の「哭声」、あるいはまた、多遅摩毛理が垂仁天皇の崩御を悲しんで泣いた際の「叫び哭きて（叫哭）」（二一〇頁）のように、声をあげて泣く描写に用いられる例を見る。

如上のように涙の描写が「泣」のみに限定して現れていること、更には泣き声の描写を伴う例が「哭」のみに限定して見られることに照らして、『古事記』における「泣／哭」の使い分けは、ほぼその字義に添っていると見做すことが可能である。(23)

このように「哭」が「哀声」を発する行為を示すものとして用いられていることを確認した上で、更に『古事記』においては、こうした「哀声」が発せられる場面に顕著な傾向が見られることには注意を払いたい。『古事記』における「哭」は先掲（7ソ・タ、8チ・ツ）四例のほかに一四例（9～22）、全一八例を数えるが、以下の用例に見る如く、その内の（22）を例外として一七例までが、人あるいは神の死の場面における「なく」行為の表記に用いられるという特徴を持つ。

（9）故爾、伊耶那岐命詔之、「愛我那邇妹命乎、謂レ易二子之一木一乎」、乃匍二匐御枕方一、匍二匐御足方一而哭時、

（上巻「伊耶那美命の死」四二頁）

（10・11）即於二其石一所二焼著一而死。爾、其御祖命、(10)哭患而、（中略）即打二離其氷目矢一而、拷殺也。爾、亦、其御祖命、(11)哭乍求者、

（上巻「根の堅州国訪問」七八～八〇頁）

(12) 其妻須世理毘売者、持二喪具一而哭来、其父大神者、思二已死訖一、（上巻「根の堅州国訪問」八二頁）

(13〜17) 故、天若日子之妻、下照比売之(13)哭声、与レ風響到レ天。於レ是、在レ天、天若日子之父・天津国玉神、及其妻子、聞而、降来、(14)哭悲、乃於二其処一作二喪屋一而、（中略）(15)雉為二哭女一、如レ此行定而、日八日夜八夜以、遊也。（中略）天若日子之父、亦、其妻、(16)皆哭云、「我子者、不レ死有祁理。我君者、不レ死坐祁理」云、取二懸手足一而(17)哭悲也。（上巻「天若日子の派遣」一〇二〜四頁）

(18・19) 爾、多遅摩毛理、（中略）以二縵四縵・矛四矛一、献二置天皇之御陵戸一而、擎二其木実一、(18)叫哭以白、「常世国之登岐士玖能迦玖能木実持、参上侍」、遂(19)叫哭死也。（中巻・垂仁天皇「多遅摩毛理」二一〇頁）

(20・21) 坐レ倭后等及御子等、諸下到而、作二御陵一、即匍二匐廻其地之那豆岐田一而、(20)哭為レ歌曰、（中略）其后及御子等、於二其小竹之苅杙一、雖二足跳破一、忘二其痛一以、(21)哭追。此時、歌曰、（中巻・景行天皇「八尋の白千鳥」二三四頁）

(22) 亦、問、「汝哭由者何」。答白言、「我之女者、自レ本在二八稚女一。是、高志之八俣遠呂知、毎レ年来喫。今其可レ来時。故泣」。（上巻「八俣の大蛇退治」六八頁）

右に掲げた「哭」の事例を概観しておこう。用例（9〜21）が、神・人の死の場面、あるいは喪葬の場における「哭」である。（9）は、伊耶那岐命が妻・伊耶那美命の死を悲しみ、その枕元・足元で匍匐して「哭」いたことを語るもので、『古事記』における「哭」の初出例となる。（10〜12）の例は、いずれも大穴牟遅神の死に関わるもので、（10）では大穴牟遅神が、八十神の策謀によって焼かれた石に「焼き著《つ》けらえて死」した後に、あるいはまた（11）では八十神に「拷《う》ち殺」された後に、その御祖の命が「哭」く。（12）は、根の堅州国において大穴牟遅神が須佐之男命から火攻めを受けた直後の記述である。ここでは、大穴牟遅神は実際には命を落としてはいないが、その妻、須世理毘売が喪具を持って「哭」くことによって、須佐之男命（父大神）は「已《すで》に死《し》に訖《おは》りぬと思」ったとある。（13〜17）の用例は、天若日子の死とその喪葬儀礼の場を舞台としたものである。地上界の妻・下照姫が（13）「哭声」を発し、天上界の父・妻子が（14）「哭き悲し」んで喪屋を造り、その喪葬儀礼で雉に（15）「哭女」の役割をあてる。（16・17）は父神と妻が、天若日子が死なずにあったと思って「哭」く場面であるが、やはりこれも喪葬儀礼の場である。（18・19）では、多遅摩毛理が垂仁天皇の崩御を知って、その御陵で「哭」き、（20・21）では、倭建命の「御葬」の場において、その后・御子たちが「哭」きつつ歌う。

先掲（7・8）における「哭きいさちる／哭く」の用例では、父伊耶那岐命に「哭きいさちる」理由を問われた須佐之男命が、「妣《はは》が国」に行きたいがために「哭」くのであると答えていた―（7タ・8ツ）。ここにいう「妣」とは『礼記』「曲礼下」に「生曰父、曰母、曰妻。死曰考、曰妣、曰嬪」[24]とあるように、生きている母に対して亡き母をさすものであり、須佐之男命は亡き母を求めて「哭」いていたということが分かる。

唯一の例外である（22）は、櫛名田比売を八俣遠呂知の生贄に供するにあたって、その父母が泣く様子に対し、須佐之男命がなぜ「哭」くのかと問うものである。この用例のみが死や喪葬・葬送の場ではない「哭」の用例となる。[25]

右に見るように、「哭」一八例のうち、一七例までが、死を悼む、あるいは喪葬の場における「なく」行為を表していた。対して「哭」を伴わずに「泣」のみで表される「なく」行為には、死を悼むものや喪葬の場におけるものは存在していない。[26]『古事記』における死を悲しみ泣く場面には「哭」という「哀声」が響いていたのである。

『古事記』におけるこうした「哭」の使用傾向を踏まえるとき、木村龍司先掲論文の「死に臨んでのナキが、葬儀の際の「哭女」に象徴されるように、本来、特異な発声を伴う行為であり、それは、「哭」の用字によって表現されるという認識が強くかかわっていると思われる」[27]との指摘は首肯されるべきであろう。

このように『古事記』における「哭」の使用意識に、右のような喪葬儀礼における特殊な「なき」方を見るとき、次に問題となるのは、その「なき」方がなぜ「哭」字で記されるのかという点である。これを考えるためにも喪葬儀礼との関わりにおいて「哭」字が抱えるコンテクストを捉える必要がある。

四、「哭」と「啼」と――「啼きいさちる」須佐之男命

「哭」の葬送儀礼的側面は、「哭」の初出例である伊耶那岐の「なく」行為に明確に看取される。伊耶那美命を失った伊耶那岐命の「哭」は、(9)「御枕方に匍匐《はらば》ひ、御足方に匍匐ひて哭くというものであった。ここでは「哭」するに伴って「匍匐」という行為が行われるが、死を悼みつつ「匍匐」して「哭」くという行為は、倭建命の死の場面(20)においても、その后と御子たちが「御陵を作りて、即ち其地のなづき田を匍匐ひ廻りて哭きて、歌よみして曰く」のように繰り返される。

西郷信綱『古事記注釈』は、伊耶那岐命の「哭」を「葬儀における一つの儀礼的表現」、倭建命の后達の「哭」を「后たちが儀礼としての哀哭を行なう意」として慎重に区別した上で、後者における「哭」という行為が、殯宮の場における儀礼の所作としての「御哭《ミネ》」であろうと述べる。[28]この点、その際に歌われた歌四首が「是の四つの歌は、皆其の御葬に歌ひき。故、今に至るまで其の歌は、天皇の大御葬に歌ひき」とあるように、明確に葬送儀礼の歌として規定されていることからも間違いない。その儀礼の所作と同じ「匍匐―哭」の動作が伊耶那岐命の「哭」においても語られることは、おそらく伊耶那岐の「哭」が葬送儀礼における「哭」の起原に位置づけられているということを示すと見て良いだろう。[29]西郷はこれに続けて「匍匐―哭」が儀礼行為としていかなるものであったかについて「どんな

風に匍匐するかは判然としないけれど、腰をまげ鳥のような恰好をして歩行し舞踊するのであったらしく、礼記にいう「哭踊」にそれは近いと推測される」との見解を示す。西郷が当該の「哭」の儀礼的所作として想定した『礼記』の「哭踊」には「匍匐」という要素がないため、(30)これをそのまま採用することはできないが、「匍匐—哭」の儀礼的所作については、やはり西郷の指摘したように『礼記』に明確な用例を見ることができる。

或問曰、「死三日而后斂者、何也」。曰、「孝子親死、悲哀志懣、故(テ)匍匐而哭レ之、(ト)若レ将二復生一然、安可レ得二奪而斂レ之也。故曰、(ナ)三日而后斂者、以俟二其生一也」。（『礼記正義』「問喪　巻第三五」一七九二頁）

右は死して後、三日目にして遺体を柩に納める儀礼「斂《れん》（大斂）」を行う理由を述べたものである。孝子は親が死んだときには悲哀が胸の内でもだえる。そのために、親が蘇ることを切望するように—(ト)、「匍匐」して「哭」する—(テ)。そして、その柩に納めるまでの三日とは、親の蘇りを待つ期間であるという—(ナ)。『礼記』における「匍匐」と「哭」との関連を踏まえれば、伊耶那岐命の「匍匐」して「哭」するという行為にも、倭建命の后・御子たちのそれにも、悲哀に悶えつつその蘇りを切望するという意味を認めるべきであろう。伊耶那岐命は、「匍匐—哭」を行い、続いて亡き妻を連れ戻そうと黄泉国を訪問するのであり、倭建命の后たちは「匍匐—哭」を行い、白智鳥と化した倭建命の魂を追いかけ、求めてゆくのである。『古事記』における「哭」の初出が伊耶那岐命のそれであることを踏まえれば、その行為はまさに死者への儀礼的所作としての「哭」を語る起原とでも言うべきものとなる。

『古事記』において「なく」行為が死と関わる場合にのみ「哭」と記されることは、右に見たごとく、「哭」の初出たる伊耶那岐命の行為が、「哭」という儀礼の起原として働いているという関係の中で捉えることができるだろう。『古事記』における「哭」の用字には、儀礼行為における特殊な「なく」行為としての「哭」が意識されており、その「哭」には、『礼記』の説く喪葬儀礼の所作としての「哭」の把持する文脈が抱え込まれていた。須佐之男命の泣哭が亡き母を求めるがためであるという理由を語る文脈に置かれた「なきいさち」が「哭」で記されるのも、「哭」の抱えるこうしたコンテクストによろう。

右のことを踏まえつつ、（Aオ）の「無秩序」を惹起させる「なきいさち」を記すに際して用いられた「啼」字が抱える文脈を確認してみよう。

『礼記』は、「哭」との関連に於いて「啼」を以下のように定義している。

始卒主人**啼**、兄弟**哭**、婦人哭踊。

〔鄭玄注〕（ニ）悲哀有深淺也。（ヌ）若二嬰児中路失レ母。能勿レ**啼**乎。

〔孔穎達正義〕、「主人」孝子男子女子也。親始死、孝子（ネ）哀痛・嗚咽、不レ能レ哭如二嬰児失レ母。故「啼」也。

「兄弟哭」者、（ノ）有レ声曰レ「哭」。兄弟情、比二主人一為レ軽。故「哭」有レ声也。

（『礼記正義』「喪大記　第二十二」一四四四頁）

右の記事には、人の死に際してまずもって行う行為である「啼」「哭」「哭踊」の三者の相違が記される。「啼」は喪の主人（喪主）が、「哭」は兄弟が、そして「哭踊」は婦人のなすものであるが、鄭玄注は「啼」について以下のように述べている。すなわち、三者の差は、悲哀に深浅のあることによるのであり――（ニ）、「啼」は嬰児が中路にして母を失うがごときもので、「啼」せずにはいられないのだという――（ヌ）。人の死にあたって最も悲哀の深い喪主は、母を失った嬰児のように「啼」せざるを得ないというのであるが、その「啼」とはいかなるものか。孔穎達の正義によって、今少し詳しく確認してみよう。孔穎達は「啼」と「哭」との相違を以下のように説く。

喪主たる「主人」とは、「孝子」のことであり、親を亡くした孝子は、母を失った嬰児のように哀痛・嗚咽して、「哭」をすることができないという――（ネ）。この場合の「哭」とは「声」があるもの（「有声」）であり、主人（孝子）

に比して死者の兄弟の悲哀は軽く、それ故に「声」をともなう「哭」ができるというのである――(ノ)。ここでの「有声」がいかなるものかについては、同じく『礼記』の以下の記述によって明らかである。

曾申問二於曾子一曰、「(ハ)哭二父母一有二常声一乎」。曰、「中路嬰児失二其母一焉。何常声之有」

〔鄭玄注〕嬰、猶二鷖弥一也。言、其若二小児亡一レ母啼号一、安得二常声一乎。(ヒ)所謂哭不レ偯。

(『礼記正義』「雑記下　第二十一」一四一〇頁)

曾子が曾申の問いに答えるかたちで父母に対する子の「哭」について語ったものである。曾申が父母を「哭」するのに「常声」があるかを問う。その答えはやはり(ヌ)と同様で、子どもが親を「哭」することは嬰児が母を失って泣くのと同じで「常声」は無いというものである。鄭玄注によれば、そうした状況はいわゆる(ヒ)「哭して偯せず」ということをさすという。[31]その「偯」とは嘆きの気持ちを表すための哭の泣き方の様式であり、声をのばして余韻をつくる泣き方のことである。[32]つまり、「常声」とは、葬送儀礼において定められた「哭」の声の出し方のことであり、「啼」はその「常声」のないものである。よって「啼」とは、母を亡くした嬰児のごとく悲しみのあまりに、悲哀を表すための形式によって意味化を経た所作を伴うことのできない、泣くという行為である。

須佐之男命は、その誕生から「八拳須心の前に至るまで(Bイ)」、すなわち立派な髭を蓄えるような成人となるまでずっと、亡き母を求めて「啼きいさち」続けた。それはまさに、母を亡くしてこれを求める嬰児の嗚咽のごとくに、意味伝達のためのコード化を経ない「啼」という泣き方であったのである。

如上のように当該の「啼」の性質を確かめた上で次節においては、その啼泣が、「八拳須心の前に至るまで、啼きいさちき」という類型を持った表現の中で用いられることの意義を検討することとしたい。

五、須佐之男命の「啼きいさち」と言葉――『古事記』の秩序と無秩序

須佐之男命は伊耶那岐命から「事依さし」を受けた海原を治めることなく、「八拳須心の前に至るまで、啼きいさちき（Aウ）」という様子であったと『古事記』は語るが、周知のようにこの表現には以下の如き類型を見ることができる。(33)

（E）大神大穴持命御子、阿遅須伎高日子命、（フ）御須髪八握于レ生、昼夜哭坐之、辞不レ通。尓時、御祖命、御子乗レ船而、率二巡八十嶋一、宇良加志給鞆、猶（ヘ）不レ止レ哭之。大神、夢願給、「告二（ホ）御子之哭由一」夢尓願坐、則夜夢見二坐之「（マ）御子辞通一」。則寤問給、尓時「御沢」申。(34)

（『出雲国風土記』仁多郡三沢郷・二五〇頁）

（F）二十三年秋九月丙寅朔丁卯、詔二群卿一曰、「誉津別王、是生年既三十、（ミ）髯鬚八掬、猶泣如レ児。（ム）常不レ言、何由矣。（以下略）」

（『日本書紀』垂仁天皇二十三年・三一六頁）

（E）は『出雲国風土記』の阿遅須伎高日子命の記事である。ここでは、「（フ）御須髪八握に生うるまで、昼夜哭き坐して、辞通ぜず」とあるように、(35)阿遅須伎高日子が八拳須が生えるまでの間、ずっと声をあげて泣いていたということと、言葉を通じることがなかったことの二点が併記される。この二つの様態は（へ）「猶ほ哭き止まず」・（ホ）「哭く由」のように泣く行為として一括した言い方で捉えられる。しかし、泣くことで一括された二つの事態は、大穴持命への夢のお告げの中ではそれが（マ）「御子、辞通はむ」のように、「辞が通う／通わない」という問題として現れる。ここにおいては、泣くことと言葉が通じないことが、等価なものとして用いられていることを見る。（F）に示した誉津別王の場合でも、（ミ）「髯鬚《ひげ》八掬《やつか》にして泣くこと児の如し」であるという様子が、直ちに（ム）「常に

言はざる」こととして捉え返されている。

八拳須が生えるまで泣き続けるという類型表現においては、その泣く行為は言葉を通じさせない状態として捉えられるものであった。『古事記』においては、こうした類型表現と「啼」との重なるところに須佐之男命の「啼きいさち」がある。

須佐之男命の「啼きいさち」は、「啼」字によって『礼記』の「啼」の文脈を負うことで「哀声」を出そうとしても、それが「哀声」の形にならないもの、すなわち「哀声」という形式によって意味化される「哭」という泣き方に至らぬ、まさに意味化以前の泣くという行為として現れる。そして、その「啼」が（ウ）「八拳須心前に至るまで、なきいさちき」という、泣くことと言葉を話さぬこととを等価なものとして語る類型表現の中に置かれる。両者が重ねられるに至って、その「啼きいさち」は、言葉以前という相貌を露わにすることとなる。[36]

かくして、言葉以前の須佐之男命の「啼きいさち」は、「悪神」による解釈不能の「音」の擾乱、そして言《こと》としての分節ができない「モノ」の災禍という「音―物」の「無秩序」を惹起するのである。そしてこの「啼きいさち」における「泣く状」、すなわち涙を流す様態が、青山を枯らし、河海を干上がらせてしまうものであったことは、言葉以前という性質を負った「啼きいさち」が、言葉を持つ存在である人間にとってのあるべき自然の秩序を崩壊させるものであったということを表していると見てよいであろう。

須佐之男の啼泣にこうした性質を見出すとき、須佐之男命の「啼きいさち」が、（イ）「命せられし国を治めずして」と共に語られることの意味も見えてくることとなる。三貴子の父、伊耶那岐命は、三貴子に各の国を統治すべきことを言葉によって委任した（=事依さす）。そして各の神が「依さし賜ひし命《みこと》の随に、知らし看す」とあるようにその「命（=御《み》言《こと》）」に従っていた中で、ひとり須佐之男命のみは「事依さし」に従わずに「啼きいさちる」のであった。『古事記』において「事依さし（言依さし）」は、国生み神話においても天つ神が「命以ちて」、国の修理・固成を伊耶那岐・伊耶那美二神に「言依さし」することにはじまり、三貴子の分治における伊耶那岐命の「命」をもっての天照大御神らへの統治の「事依さし」、更に天孫降臨における天照大御神の命による「言因さし」という系譜をもって世界の秩序化を支える基盤となっている。その「事依さし」を受けながらも「啼きいさち」続けたのが、『古事記』における須佐之男命であった(37)。ここに、言葉の持つ秩序から逸脱した須佐之男の啼泣を見ることができる。

　須佐之男命の啼泣が抱える言葉以前という「無秩序」のありようは、『古事記』における天照大御神が体現する秩序をも照射するものとなろう。天照大御神が石屋戸に隠るという行為によって導かれたのは、夜昼の交替という自然のあるべき秩序の崩壊による「常夜」の訪れであった。だが、そこに現れる「無秩序」はあくまでも神々の「声」、すなわち言の位相における擾乱と災禍とであった。

　天照大御神は、須佐之男命の高天原での乱行を言葉による「詔り直し」によって別の行為へと転換させ秩序の回復を図る神であり、また、天孫降臨にあたっては「天照大御神之命以、『豊葦原之千秋長五百秋之水穂国者、我御子・正勝吾勝勝速日天忍穂耳命之所ㇾ知ㇾ国』、言因賜」と、「命（御言）」によって騒然たる葦原中国を予祝的に豊かな国に転換させつつ、その統治を「言因さし」する存在であった。そして『古事記』のみが地上世界の荒ぶる神々・人々を平定することを「言向け」と呼ぶことも、こうした天照大御神に体現させられた「言」による秩序に関わろう。

　須佐之男命が招いた「無秩序」と天照大御神が招いたそれとは、同じ構造を持ちつつ、互いを照らし合うことで、言葉という『古事記』における秩序のありようを浮かび上がらせている。『古事記』が語るこうした言葉の秩序が、いかにして王権を支える思想・理念として機能しているのか――、その具体を論じることが更なる課題として見えてくることとなろう。

注

(1)『古事記』の原文および訓読文は、新編日本古典文学全集1『古事記』(山口佳紀・神野志隆光校注、小学館、一九九七年)に拠り、同書の節名・該当頁を示した。なお、原文の提示にあたっては、読みやすさを考慮し、必要に応じて原文に「 」を施し、返読の際に熟語に返る場合には、「射二殺其雉一」のように「—」を用いて熟語を示すなどの処置を加え、一部句読点の位置を改めてある。また、訓読文に関しては一部改めた箇所もある。

(2)『古事記』において接続詞として「是以」が用いられる場合には、これによって結ばれる前後の文・事柄が論理的な関連を持つことは、身崎壽「軽太子物語—『古事記』と『日本書紀』と—」(古事記学会編『古事記研究大系9　古事記の歌』高科書店、一九九四年)に詳しい。一八七頁。

(3)『日本書紀』の引用は新編日本古典文学全集2〜4『日本書紀』(1〜3・小島憲之ほか校注、小学館、一九九四〜八年)に拠る。

(4)西郷信綱『古事記注釈　第一巻』平凡社、一九七五年、二四一頁。

(5)(オ)の状況は、新編古典文学全集頭注では「世界のすべての秩序が失われ、混沌と無秩序におちいっている」と説かれる。

(6)例えば、西郷信綱『古事記注釈』が、石屋戸隠りにおける(ク)の「無秩序」を「スサノヲの荒ぶるわざのもたらした混沌と危機つまりカタスツロフィ」(一巻・三六四頁)と説くほか、松本直樹「〈宇気比〉神話から〈天石屋戸〉神話へ—高天原主宰神をめぐる『古事記』の文脈について—」(『早稲田大学教育学部　学術研究』(国語・国文学編)第四一号、一九九三年)もまた、これを「スサノヲのみが活動する高天原世界が顕現した」ものであり、その「アマテラス不在の世界は、スサノヲの支配する高天原に外ならない」(一九頁)と述べる。

(7)この暗黒が天照大御神の石屋戸籠りとの因果関係を直接に結んでいることは、「因二吾隠坐一而、以二為天原自闇、亦、葦原中国皆闇一矣」(六六頁)という天照大御神の台詞、天照大御神が石屋戸から出てきた際の「天照大御神出坐之時、高天原及葦原中国、自得二照明一。」(六六頁)という記述にも明らかである。

(8)この点に関しては、新編古典文学全集の頭注が的確に指摘している。須佐之男命の啼泣の場面における(オ)の「混沌と無秩序」は、「それをもたらしたのは須佐之男命であ」ること、さらに、天照大御神の(ク)を(オ)と「同様の表現」と指摘した上で、天照大御神を「秩序原理」として説明する。『古事記』において天照大御神が「秩序」「原理」を負っていたことは、神野志隆光「アマテラス大御神」（『古事記の達成』東京大学出版会、一九八三年）が「「高天原」から「葦原中国」までをそのまま貫く秩序乃至原理をになう」（一二八頁）と指摘している通りであろう。

（9）『古事記伝』の天石屋戸段「万神」の注に「こゝと同ジ事の前にも有ルには、悪神《アラフルカミ》とあり、此《コヽ》も然《シカ》あるべきことなり、萬ノ字は誤リにはあらじか、とまれかくまれ悪神をいふなり」とある（『本居宣長全集』第九巻、筑摩書房、一九六八年、三八五頁）。

（10）倉野憲司『古事記全註釈』第二巻（三省堂、一九七四年）は（オ）「万物之妖悉発」に対して「天石屋戸の段には「万妖悉発」とあつて「物」の字が無いが、これは略いたものと思はれる」（三三九頁）と注を加えるが、（ク）において「物」を略したとする積極的な理由は存在しない。「物の妖」と「妖」との相違に意義を認めるべきであろう。

（11）「悪神の音」、「万神の声」の「音」「声」の訓については、「声」にあわせて「音」をも「こゑ」と訓ずるものに、古典文学大系、新編古典文学全集、『古事記全註釈』などが見られ、逆に「音」にあわせて「声」を「おとなひ」と訓ずるものに『古事記伝』、『古事記注釈』、新潮日本古典集成などが見られる。なお、この「音」と「声」に同一の訓を宛てる態度は、『古事記伝』が「聲は淤登那比《オトナヒ》と訓べし、其由上【傳七の二十一葉（須佐之男命の啼泣における「悪神の音」の注の項目——引用者注】にいへり」と述べていることに端的に表れているように、二つの「無秩序」を全く等しきものとして捉える視座によるものといえよう。

（12）こうした態度は「訓漢字」という術語に集約される。小林芳規「古事記訓読について」（日本思想大系1『古事記』岩波書店、一九八二年、六五一頁）に「古事記では、丁度音仮名の用法に統一が見られるように、表意の漢字の用法にも、一定漢字に一定の訓を対応させる原則に基づく、用字法の統一性が見られる。（中略）この一定訓を担った漢字のそれぞれの訓——そのような漢字を「訓漢字」と呼ぶ——（以下略）」との定義がある。本稿は「訓漢字」という捉え方をよしとはしないが、「悪神の音」と「万神の声」の「音」と「声」に異なる訓を宛てたことは正当であろう。

（13）倉野憲司『古事記全註釈』第四巻、三省堂、一九七七年、三六頁。

（14）木村龍司「『古事記』における「哭」「泣」と「悲」」古事記研究大系10『古事記の言葉』所収、高科書店、一九九五年、一二二頁。

（15）倉野憲司『古事記全註釈』「万物之妖悉発」の注。三三九頁。古典文学大系『古事記』（岩波書店、一九五八年）頭注（一九）も「いろんな悪霊邪鬼による禍害。物は霊《もの》の意」と、ほぼ同様の注を施す（七三頁）。

(16) 西條勉「モノとコトの間—モノガタリの胚胎—」『日本の文学　5』有精堂、一九八九年（のち同『古代の読み方—神話と声／文字』笠間書院、二〇〇三年、所収）、一八二頁。

(17) 山口佳紀「類義字の用法と訓読」『古事記の表現と訓読』有精堂、一九九五年、三三二頁。

(18)「鳴」による「なく」の表記五例は以下の通り。（1・2）「集二常世長鳴鳥一、令レ鳴而、」（上巻「天石屋」六四頁）、（3）「雉名鳴女」、（4）「鳴女」、（5）「此鳥者、其鳴音甚悪。」（以上（3）～（5）、上巻「天若日子の派遣」一〇〇～二頁）

(19)『説文解字』の引用は『文淵閣四庫全書』により、一部旧字を新字に改めた。以下も同様である。

(20)『古事記』の泣沢女神と「泣」字との関連については、及川智早「日本神話における「なく（泣・哭・啼）」神の諸相—スサノヲとナキサハメを中心に」（今関敏子編『涙の文化学—人はなぜ泣くのか』青簡舎、二〇〇九年）が倉野憲司『古事記全註釈』の「ナキサハは「水音のする沢」ではなく、恐らくは「泣き多」の意で、さめざめと泣くのを水に縁のある沢に引つかけたのであらうと推測される」とする見解などを引いた上で、「泣」字で記される『古事記』のナキサハメは、涙を大量に流す女神であ」ると指摘している（二一六頁）。

(21) そのほかに「涙」の記述を伴う「泣」の用例は「**泣**く涙、御面に落ち沾らしき」（二〇〇頁）を見る。

(22) 既に用例として示した「泣」と「涙」の共起する四例の他、「泣」の用例を列記すれば、①須佐之男の啼泣における「**泣**状」・「**泣**枯」・「**泣**乾」（四二頁）、②八俣遠呂智神話における足名椎・手名椎の「童女置レ中而**泣**」・「高志之八俣遠呂知、毎レ年来喫。今其可レ来時。故、**泣**。」（六八頁）、③稲羽之素兎の「痛苦**泣**伏」・「何由汝**泣**伏」・「因レ此**泣**患」、④山幸彦の「其弟、**泣**患」・「何、虚空津日高之**泣**患所由」・「故、**泣**患之」（一二六頁）、⑤倭建命の東征譚の「「猶所レ思二看吾既死一焉」。患**泣**罷」（二二二頁）、⑥宇治若郎子譚での海人の「疲二往還一而**泣**也」・「諺曰「海人乎、因二己物一而**泣**也」」、⑦秋山・春山の神神話の「其兄、患**泣**」（二八〇頁）、⑧意祁王・袁祁王が発見された際の「泣悲」（三五六頁）であり、「哭」を伴って記述される①②以外の用例では「哀声」を発する描写は存在しない。

(23) なお、青山を枯らし、河海を乾してしまうという須佐之男命の啼泣の様態を示す際の「なく」が「泣」で表記されていることにも「泣／哭」の字義による使い分けを見ることができる。「泣」くことは、体内の水分を外に流し出すことであり、それが過剰であればその身体は枯渇することとなる。青山が水分を失って枯れること、河海が水を失って乾されることは、そうした須佐之男命の「泣」く働きとの類同関係にある。及川智早前掲注（20）論文は、この点に須佐之男命が海原を統治するよう命じられた神、すなわち、水を司る神として描かれている『古事記』特有の文脈の上での須佐之男命の特質を見出している（二二二～三頁）。

（24）『礼記』の引用は十三経注疏整理本12『禮記正義』北京大学出版社によるが、一部字体を改めている部分もある（一八七頁）。以下の引用も同様である。

（25）なお、木村龍司前掲注（14）論文は、用例（22）において「哭」が使われる理由を、これまでに八俣遠呂知に喫われた「八たりの稚女」の死にかかわって「哭」くためだと解くが、これを採用することはできない。その理由については明確に「今、其（＝ヲロチ）が来べき時ぞ。故、泣く［（　）内は引用者］」と記述されており、櫛名田比売がヲロチの生贄となる（食べられてしまう）時が近づいているために「泣」いているのであり、それを須佐之男命が「哭」と聞いているのである。

（26）注（22）に掲出した「泣」の用例の内、①②には「哭」が伴う。③以下の例は「泣」のみで「なく」ことが表されるが、その中には死者を悼むものも喪葬の場におけるものも存在しない。

（27）木村龍司先掲注（14）論文一二二頁。

（28）西郷信綱『古事記注釈　第三巻』平凡社、一九八八年、三六六頁。

（29）なお、この点については用例（9）に「哭為歌曰」とある点にも注意を払いたい。猪股ときわ「アメノウズメの「所作の所作」―『古事記』における神話的な知―」（『古代文学』五一号、二〇一二年）は『古事記』においてある動作を「為す」、つまり「～することをする」と記される場合に、それがある特定の所作を為すことを示すことを指摘している。これを踏まえながら、倭建命段に記載される大御葬歌の儀礼的性質は検討されるべきものとなろうが、これについては別稿を用意したい。

（30）西郷信綱『古事記注釈　第三巻』（平凡社、一九八八年）は『礼記』「問喪　第三十五」の以下の部分を引くが、そこに「匍匐」する所作を見出すことはできない。「婦人不ㇾ宜ㇾ袒。故發㆓胸擊㆒心爵踊、殷殷田田、如㆓壞牆㆒然。悲哀痛疾之至也。故曰、「辟踊哭泣、哀以送ㇾ之」。送ㇾ形而往、迎ㇾ精而反也。其往送也、望望然、汲汲然。如㆓有ㇾ追而弗ㇾ及也。其反哭也、皇皇然。若㆓有ㇾ求而弗ㇾ得也。」（十三経注疏整理本『礼記』一七九一頁上段）。

（31）「所謂、哭不偯」とあるのは、『礼記』「雜記下第二十一」の「童子哭不偯。不踊、不杖、不菲《わらぐつ》、不廬《ろ》」（一四一七頁）の「童子哭不偯」による。童子は、「哭」をするにあたって踊や杖、菲（喪葬用の履物）を履く、喪屋に廬する、などといった葬送儀礼に定められた行為を行わないということである。

（32）『礼記』「間傳　第三十七」の「斬衰之哭、若㆓往而不ㇾ反。齊衰之哭、若㆓往而反㆒。大功之哭、三曲而偯。」の鄭玄注に「三曲一舉ㇾ声而三折也。偯声、餘從ㇾ容也」とある（一八〇七頁）。

（33）『古事記』垂仁天皇記「本牟智和気御子」の記事にも「八拳鬚心の前に至るまで真事登波受」の表現があるが、ここでは「泣く」ではなく「真言問はず」となっているために類型表現から外した。

(34)『風土記』の引用は新編日本古典文学全集5『風土記』(植垣節也校注、小学館、一九九七年)に拠った。

(35)『出雲国風土記』における「哭」には、『古事記』に見られたような死者を悼む場面・喪葬の場面で哭くといった傾向はない。声をあげて泣くという意味での使用である。

(36)この点に関して、森朝男「スサノヲの泣哭—または声とことばと—」(『恋と禁忌の古代文芸史』若草書房、二〇〇二年、初出『日本文学』第四三巻六号、一九九四年)は、「泣く」という行為の身体性という視点からスサノヲの啼泣を言語以前・意味以前を表すものとして読み解いており(三五頁)、『古事記』が抱える思想を考えるためにも重要な指摘と思われる。

(37)矢嶋泉「悪神之音如狭蠅皆満　万物之妖悉發—『古事記』神話の論理」(『聖心女子大学論叢』六七号、一九八六年)は『古事記』における二つの「無秩序」の原因を統治者の不在に見る。その点首肯すべき見解であるが、本稿ではその不在(統治をしない状態)こそが「言」による秩序を根拠づける「事依さし」を守らぬことであることに注目する。

古代の声の風景——ナクとサヘヅル——

三宅和朗

一、はじめに

本稿では、古代の人々が周囲の音や声をどのように聴いていたのかを論じてみたい。具体的には人間や動物、神などのナキ声[1]を聴くこととするが、とくにナクとサヘヅルという言葉を手がかりにする。その際、以下の二点を指摘しておきたい。

第一は、音の風景（サウンドスケープ）論である。これはカナダの作曲家、マリー・シェーファーが唱えたもの[2]で、日本でも音楽学、社会学などで継承されている[3]。音の風景論とは、音楽・騒音を含む音環境全体と人々との相互作用を歴史的、文化的に調査研究するというもので、人間はどのような音を聴いていたのか、あるいは人間は環境にどのような音を発すればよいのか（サウンドスケープ・デザイン）が議論される。このような問題が提起され、広まった背景に、近年の環境の悪化という深刻な事態があったことは忘れてはならない。

第二として、人が聴くのは音か声かという問題がある。現代では、動物が出すのは声で、無生物が出すのは音という区別するのが一般的である。しかし、時代を古く遡っていけばいくほど、すべてのものが声を出すと認識されていたのではないだろうか。(4) きわめて大まかな歴史的推移として、古くはアニミズム信仰のもと、声が基本であったのが、やがて音が区別されて、現代に至っているといっても大過ないように思われる。これに関連して、小峯和明氏の指摘(5)——「他人ではなく、〈他者〉の声をもっと聞きわけたい。たとえば、自然の音ではなく、自然の〈声〉を。木立のゆらぎそよぐ音ではなく、木々が発する〈声〉を、聞いてみたい」を引用しておこう。

ちなみに、本稿が題名を「声の風景」として、音の風景としなかったのも右の理由によることをあらかじめ申し添えておきたい。

二、ナク

そこで、はじめにナク・ナキ声(6)に関して、『古事記』と『日本書紀』神話にみえる、スサノヲのナキ声の例を取り上げることからはじめたい。

〔史料1〕……故、各依さし賜ひし命の随に、所知看す中に、速須佐之男命、所命しし国を治不而、八拳須心前に至るまで、啼き伊佐知伎。……其の泣く状者、青山は枯山如す泣き枯らし、河海者悉泣き乾しき。是を以ちて、悪しき神之音なひは、狭蠅如す皆満ち、万の物之妖悉く発りき。……

（『古事記』上）

〔史料2〕……次に素戔嗚尊を生みまつります。……此の神、勇悍くして安忍なること有り。且常に哭き泣つるを以て行とす。故、国内の人民をして、多に以て夭折なしむ。復使、青山を枯に変す。……

（『日本書紀』第五段本文）

〔史料1〕では、イザナキは竺紫の阿波岐原で禊をし、その時にアマテラス・ツキヨミ・スサノヲが生まれ、イザナキはアマテラスに高天原を、ツキヨミに夜の食国を、スサノヲに海原を治めるよう命じた。スサノヲは命じられた国を治めないで、ヒゲがみぞおちの辺りまで伸びてもなお、ナキわめいた。そのナク様によって、青山は枯山となり、河や海はすっかり乾き、悪しき神の音が満ち、万の災いがおきたとある。

〔史料2〕では、イザナキ・イザナミが国を生んだ後、さらに山川草木、日神・月神・ヒルコ・スサノヲを生んだ。スサノヲは強く残忍な性格で、常にナクことを仕事としていた。これにより、国内の人民は早死にし、青山は枯山になったという。

以上から、スサノヲは成人になるまでナク神であったこと、しかも、スサノヲはナクことで、青山を枯山にし〔史料1・2〕、河や海をナキ乾かす〔史料1〕、悪しき神の音、万の物の妖がおきる〔史料1〕、人民が夭折する〔史料2〕などといった、様々な神威が発揮されたと語られている。すなわち、スサノヲという異界の神のナキ声は現世に影響を及ぼすと観念されていたことが知られよう。

これに対して、現世のナキ声が異界へ届くと観念されるケースがあった。差しあたって該当する例を三例あげよう。

〔史料3〕……故、天若日子之妻、下照比売之哭く声、風与響きて天に到りき。於是、天に在る、天若日子が父、天津国玉神と其の妻子及、聞き而、降り来、哭き悲しびて、乃ち其処於喪屋作り而、……日八日夜八夜、以ち遊びき。（『古事記』上）

〔史料4〕……於是、其の弟、泣き患へて海辺に居ます時、塩椎神来て、問ひて曰く、……（『古事記』上）

〔史料5〕皇太子、公卿・百寮人等を率て、殯宮に適でて慟哭る。納言布勢朝臣御主人誄る。礼なり。誄畢へて衆庶発哀る。次に梵衆発哀る。是に、奉膳紀朝臣真人等、奠奉る。奠畢へて、膳部・采女等発哀る。……

（『日本書紀』持統元年〈六八七〉正月丙寅朔条）

〔史料3〕は、国譲り神話の一節で、アメノワカヒコは国譲りの使者として葦原中国に派遣されたが、オホクニヌシに国譲りをさせることに失敗し、高天原側によって殺害されてしまう。その時、妻のシタテルヒメのナク声が風に乗って響き、高天原にまで届いた。ここに天にいたアメノワカヒコの父、妻子が「聞き而」、葦原中国に降り、喪屋を作って、八日八夜遊んだとある。ここに葦原中国のシタテルヒメのナキ声が高天原という異界にまで届くという特別な声であったことが読み取れよう。

〔史料4〕は、『古事記』の海幸山幸神話。兄の釣り針を失った弟（山幸）が「泣き患へて」海辺にいる時、シホツチノ神が現れて、ワタツミノ神の宮へ行くよう教えられたという話。海辺というのは境界領域であるので、異界の神が示現するにふさわしい場所であるが、海辺でのナキ声がシホツチノ神にも聞こえ、神が姿を現したという展開であろう。ここにもナキ声が異界にまで届くという観念が読み取れるはずである。

〔史料5〕は、天武天皇の殯宮儀礼の史料の一部。持統元年正月元日、皇太子（草壁）は公卿・百寮人を率いて殯宮で「慟哭」したとある。「慟哭」「発哀」は「ミネタテマツル」と読まれるが、「ネ」（ナキ声）に天皇を尊んで「ミ」という接頭語をつけたもので、皇太子以下が亡き天皇の前で一斉にナキ声を献上して、「被葬者に対する哀傷と忠誠」を示したことに他ならない。元日朝賀儀礼が殯宮で実施されたという形であろう(7)。その後も「衆庶」や「梵衆」「膳部・采女」の「発哀」が続く。かかるナキ声も、天武のいる異界（死者の世界）に達すると考えられていたのではないだろうか。

以上、述べてきたところをまとめておく。まず、〔史料1・2〕からスサノヲのナキ声が古代の人々の耳に届いていたばかりでなく、現世にも様々な影響を与えていたこと、逆に〔史料3・4・5〕から神や人間のナキ声が異界に到達すると見なされていたことも確認された。ナキ声は神でも人でも、時には異界に到達するような呪力のある声であったと考えられていたものと思う。

なお、『古事記』『日本書紀』の中でも、ナク例は他にも少なくない。それらを逐一検討してみると、右記にあげた例に該当するところであるので、ここではこれ以上は言及しないこととする。

三、鳥のナキ声

鳥がナクということに関して、人間が鳥語を解する話について触れてみたい。そもそも古代中国では、『周礼』（秋官）に「夷隷。牧人に役し、牛馬を養い、鳥と言ふことを掌る」とあり、また、鳥語を解した人物として、伯翳（『後漢書』蔡邕列伝）や管輅（『三国志』魏書方技伝二十九、管輅別伝）などの例も知られている。その中で、解鳥語伝承のストーリーの豊かさ、後世への受容、展開という点で出色なのが公治長の話である。(8)

公治長は孔子の弟子の一人で、梁の皇侃（四八八〜五四五）著の『論語義疏』に引く『論釈』に以下のような話がある（大意）。すなわち、公治長が衛から魯に帰る途中、国境で鳥が「清渓に行って死人の肉を食べよう」と話しているのを聞いた。その後、公治長は息子を探している媼に出会い、鳥の言葉を告げると、その通り、息子が死んでいた。そこで、媼は村役人に訴え、公治長は投獄されてしまう。公治長は「鳥の言葉が分かるだけで、人殺しはしていない」といったが、獄主は「もし本当に鳥の言葉が分かるのならば釈放しよう」という。公治長は六十日間、獄に留められたが、獄の柵の上で雀がナキ交わしていたのを聞き、「白蓮水のほとりで、車がひっくり返って黍粟があたりにばらまかれ、雄牛は角を折ってどうもこうもない。つっつきに行こう」という雀の言葉を獄吏に伝えた。獄主は信じなかったが、見に行かせると、その通りの光景があった。このようなことが何度もあったので、公冶長は釈放された、というもの。

鳥語を解したばかりに罪に問われるが、その特技を生かして釈放されたという公冶長の話については、先行論文がいくつかあるが、金文京氏に示唆に富む論文があるので、ここでは金論文をもとに論点をまとめておきたい。(9)

①『論語義疏』の解鳥語の話は、後漢から魏晋の頃に公冶長に付託された。

②南宋の頃（十三世紀）には『論語義疏』も省みられなくなり、『論語義疏』そのものは亡んでしまうが、公冶長の話自体は現代の民間の口頭伝承に至るまで、形を変えながらも連綿として語り継がれた。

③日本では『本朝文粋』三（延喜八年〈九〇八〉八月十四日の対冊「鳥獣言語」）に「公冶長」のことが出てくるので、十世紀には知識人の間で知られていたことになる。しかし、何といっても圧巻なのは、明治三十五年（一九〇二）十一月一日『万朝報』に幸徳秋水が論説として「鳥語伝」として取り上げていることである。秋水の「意図が一体何であったのか、あるいは単なる戯れの筆に過ぎぬのか」（六九頁）。

④解鳥語譚は、鳥のナキ声を人間の言葉として聞く「聞きなし」と関連する。「聞きなし」は日本ばかりではなく、中国・ヨーロッパ・アフリカにも分布する。また、日本では「聴耳頭巾」という昔話があるが、これも世界的に広く分布しており、そこには鳥の声を異界からのメッセージとして受け止めていた人々、すなわち、鳥と人間とのコミュニケーションがあった。

⑤公冶長や「聴耳頭巾」の話はインドにとくに多く、「仏教の影響によりこのような話が生まれた可能性も否定できない」(10)（七九頁）。

以上が金氏の論文の概要であるが、鳥のナキ声を異界のメッセージとして聴くというのは、前章のスサノヲがナクというのと同列であろう。また、鳥のナキ声を理解する話というのは、金氏の指摘の通り、中国の公冶長の話だけではなく、「聴耳頭巾」の昔話や「聞きなし」の例まで含めると、世界的にかなり広く分布している。かかる鳥のナキ声の話を日本古代で検討してみると、関連する話としては以下のものが指摘される。

〔史料6〕故尓して、鳴女、天自り降り到り、天若日子之門の湯津楓の上に居而、言ふこと委曲に、天つ神之詔命の如し。尓して、天佐具売、……此の鳥の言を聞き而、天若日子に語りて言はく、「此の鳥は、其の鳴く音甚悪し。故、射殺す可し」と云ひ進むる、即ち、天若日子、天つ神の所賜へる天之浪士弓・天之加久矢を持ちて、其の雉を射殺す。……

（『古事記』上）

〔史料7〕皇師大きに挙りて、磯城彦を攻めむとす。先づ使者を遣して、兄磯城を徴さしむ。兄磯城命を承けず。更に、頭八咫烏を遣して召す。時に、烏其の営に到りて鳴きて曰はく、「天神の子、汝を召す。率わ、率わ」といふ。……兄磯城忿りて曰く、「天圧神至しつと聞きて、吾が慨憤みつつある時に、奈何ぞ烏鳥の若此悪しく鳴く」といひて、……乃ち弓を彎ひて射る。烏即ち避去りぬ。次て弟磯城が宅に到りて、鳴きて曰く、「天神の子、汝を召す。率わ、率わ」といふ。時に弟磯城惵然ぢて改容りて曰はく、「臣、天圧神至りますと聞きて、旦夕に畏ぢ懼る。善きかな、烏。汝が若此鳴く」といひて、即ち葉盤八枚を作し、食を盛りて饗ふ。……

（『日本書紀』神武即位前紀戊午年十一月己巳条）

〔史料8〕鳥とふ　大をそ鳥の　まさでにも　来まさぬ君を　ころくとぞ鳴く

（『万葉集』十四―三五二一）

〔史料9〕法吉の郷。郡家の正西一十四里二百卅歩なり。神魂の命の御子、宇武賀比売の命、法吉鳥と化りて飛び度り、此処に静まり坐しき。故れ、法吉と云ふ。

（『出雲国風土記』嶋根郡条）

〔史料10〕……簾巻き上げてなどあるに、この時過ぎたる鶯の、鳴き鳴きて、木の立ち枯れに、「ひとくひとく」

とのみ、いちはやく言ふにぞ、簾おろしつべくおぼゆる。そもうつし心もなきなるべし。

（『蜻蛉日記』中、天禄二年〈九七一〉六月条）

〔史料6〕は、国譲り神話の一部で、アメノワカヒコが葦原中国に降って八年たっても復命しない。そこで、高天原側は雉の「鳴女」を派遣して、高天原側の命令を伝えた。それに対して、アメノワカヒコは、雉のナキ声が悪いので射殺しなさいというアメノサグメの勧めに従って、直ちに弓矢で雉を射殺する。それを知った高天原側から矢が投げ返されて、それに当たったアメノワカヒコが死んだという話。これは雉のナキ声を正しく理解できなかったという話であるが、もし、アメノサグメが鳥語を解することができていれば、アメノワカヒコも死なずに済んだとも解釈されるのではないか。とすれば、〔史料6〕も解鳥語譚の仲間とみることができよう。

〔史料6〕と関連するのが〔史料7〕で、ここでは鳥語を正しく理解するかどうかがポイントになっている。神武一行が吉野から大和に入る際に、神武方はヤタガラスを兄磯城と弟磯城の陣営に送ったが、兄磯城の方は烏の声を不吉として矢を射かけたの対して、弟磯城の方は「善きかも、烏。汝が若此鳴く」といって、烏に料理を備えて振る舞ったとある。これは、烏のナキ声に対して、兄磯城は理解できず、弟磯城の方は烏の声の意味がわかったとみられる。ところで、烏にはナキ声が「カアカア」というハシブトカラスと、「ガアガア」と濁った声のハシボソカラスの二種類がある。〔史料7〕の「率わ、率わ」は「さあさあ」という磯城彦に降伏を勧める言葉であるが、それは同時に烏のナキ声を人間の言葉にうつしていた「聞きなし」でもあった。山口仲美氏は、「率わ、率わ」はダミ声のハシボソカラスの声で、濁ったハシボソカラスの声はいかにも不気味で、霊的能力を感じさせるものがあると指摘されている。(11)

〔史料8〕の歌は、烏という間抜けな鳥がよくもまあ、来ない君なのに、「ころく（自分から来る）」とナクことよ、という意。歌の作者の女性は、愛する男性が今来るかと待っていると、鳥が「ころく」とナクというのである。鳥のナキ声の「聞きなし」は「コロ」「カラ」で、そこから「コロク」と聞いていたことになる。また、その「聞きなし」に「ス」（鳥であることを示す接辞）がついて、カラスという鳥名が生まれたという。[12]

〔史料9〕は、法吉郷の名前が法吉鳥に由来するという話で、これも鶯のナキ声に由来するという。「ホホキドリ」の「ホホキ」を「ホーホキ」とすれば、我々が聴いている「ホーホケキョ」に通じる。[13]これは、鳥のナキ声が地名に転じた例で、『風土記』には他に馬・猿・鹿のナキ声が地名化した例もある。

〔史料10〕は、作者が夫の藤原兼家との仲がうまく行かず、悩み暮らしていたのに、鶯が立ち枯れの老木に止まって、「ひとくひとく（人来人来）」と、夫がくるはずもないのに、嫌味のようにナク。この「聞きなし」の前提は、鶯の「ピートクピートク」というナキ声であった。[14]

以上、本章で述べてきたところをまとめれば、鳥のナキ声も、異界からの声と観念されていた。したがって、古代の人々は鳥の声にも耳を傾け、鳥語として、あるいは「聞きなし」として、異界からのメッセージを受け止めていたのではないか。

四、サヘヅル

本章では、ナクとよく似た言葉としてサヘヅルを検討してみたい。『岩波古語辞典』によると、サヘヅル（リ）の語義として、「①鳥が歌う。絶えず鳴く。②節をつけて歌う。③外国人や田舎者が、訳のわからぬ言葉でしゃべる。④早口でしゃべる」の四つをあげている。

このうち、①の鳥がサヘヅル例はかなりあるので、ここでは二例だけを提示しておきたい。一つは美努連浄麻呂作「春日応詔」に「軽烟松心に入り、囀鳥葉裡に陳ぶ……」（『懐風藻』）、もう一つは、仁明天皇の四十歳の算賀に献呈された歌に「……鶯は枝に遊て飛舞て囀歌ひ……」（『続日本後紀』嘉祥二年〈八四九〉三月庚辰条）とある例。どちらも、『古語辞典』の①と同じで、鳥がナクというのと変わるところがない。

それに対して、③の外国人や田舎者がサヘヅルという例もある。たとえば、ヘロドトス『歴史』巻二には、エジプトからギリシアのドドネに連れてこられた「女たちのことをドドネ人が鳩といったのは、彼女らが異国人であったため、彼らの耳にはその言葉がさながら鳥の囀りのように響いたためであろう。しばらくしてからその鳩が人間の言葉を話した、と彼らがいうのは、その女のいうことが彼らに判るようになったからで、女が異国語を話している間は、鳥のように囀っているとしか彼らには思われなかったのである」とあった。また、一八七八年（明治十一）に来日し、三カ月かけて東京から北海道まで旅行した、イギリス人のイザベラ・バードは、秋田県北部の白沢での様子として、日本の下層階級（平民）の「たいていの言葉と音節は母音で終わりはするのだが、その会話はまるで〔英国の〕農家の庭でのガチョウの耳障りな鳴き声のようである」（『日本奥地紀行』第三十二報）と書いている。

このような人間がサヘヅルというのは洋の東西を問わず、広く見出せるかもしれないが、日本古代にもサヘヅル例はあった。〔史料11〕から〔史料16〕まで、サヘヅルとされた人間を基準に整理すると、以下の通りである。

〔史料11〕百済人

イ、……俄ありて、家の裏より来る韓婦有り。韓語を用て言はく、「汝が根を、我が根の内に入れよ」といひて、
即ち入家去ぬ。……
（『日本書紀』敏達十二年是歳条）

ロ、住吉の　波豆麻の君が　馬乗衣　さひづらふ　漢女を据ゑて　縫へる衣ぞ
（『万葉集』七―一二七三）

ハ、……あしひきの　この片山の　もむにれを　五百枝剝ぎ垂れ　天照るや　日の異に干し　さひづるや　韓臼に搗き　庭に立つ　手臼に搗き……

（『万葉集』十六―三八八六）

〔史料12〕唐人

イ、（下種唐人―引用者注）その事ともなくさへづりければ……このさへづる唐人走り出でて……

（『宇治拾遺物語』十四―六）

ロ、久寿二年（一一五五）の冬の比、鳥羽の禅定法皇熊野山に御参詣有しに、其比那智山に唐僧あり。名をば淡海沙門といふ。……唐僧なれば、いふ事を人聞知ず。鳥の囀がごとし。

（『平治物語』上〈金刀比羅本〉）

〔史料13〕胡人

イ、……聞モ不知ヌ言共ナレバ……此ノ胡ノ人一時許囀合テ、河ニハラ〳〵ト打入テ渡ケルニ……

（『今昔物語集』三十一―十一）

〔史料14〕海人

イ、（海人ども）そこはかとなくさへづるも……

（『源氏物語』〈須磨〉）

ロ、あやしき海人どもなどの……聞きも知りたまはぬことどもさへづりあへるも……

（『源氏物語』〈明石〉）

ハ、鵜飼ども召したるに、海人のさへづり思し出でらる。

（『源氏物語』〈松風〉）

〔史料15〕卑賤な人

イ、あやしきしづの男のさへづりありくけしきどもまで、色ふしに立ち顔なり。

（『紫式部日記』寛弘五年〈一〇〇八〉九月十五日）

ロ、（鯖を買ふ翁）講説の間、多く梵語を囀づる。法会の中間、高座に於て忽然と失ひ了ぬ。……

（『東大寺要録』三）

〔史料16〕畿外人

イ、（大夫の監）色あひ心地よげに、声いたう枯れてさへづりゐたり。（『源氏物語』〈玉蔓〉）

ロ、（近江の君）いとよげにいますこしさへづれば……（『源氏物語』〈常夏〉）

ハ、（常陸介の従者）例の、荒らかなる七八人、男ども多く、例の、品々しからぬけはひ、さへづりつつ入り来たれば……（『源氏物語』〈浮舟〉）

まず、〔史料11〕は百済人の言語にサヘヅルが使用されていた例。イは、百済に派遣された朝廷の使者が、韓婦が「韓語」を話しているのを聞いたとある。「汝が根を、我が根の内に入れよ」が百済語であろうが、意味は不明。『日本書紀』の古写本（平安後期の前田家本）には「韓語」に「カラサヒツリ」という古訓が付いているので、百済人の会話は何をいっているのか、よく分からない、鳥のサヘヅリのようだということである。ロ・ハの二例は枕詞で、それぞれ「漢」「韓」にかかる。これには百済、朝鮮の人はサヘヅルという理解が前提にあろう。

〔史料12〕の例は唐人がサヘヅルとされた例。イは、博多で舎人がもっていた玉を欲しがった「下種唐人」が太刀十振と交換したという話の中に、その唐人が「さへづる」という表現が二度出てくる。ロは、淡海沙門という唐僧が那智山にいた。この僧は中国で生身の観音を拝むという請願のもと日本に渡ってきたのであるが、鳥羽法皇の御前に召されたものの、唐僧であるので、「鳥の囀がごとし」とあるように言葉が通じない。唐僧は、御前の末座にいた藤原信西に対して中国のことを様々に問いかけたという。

〔史料13〕は、安倍頼時は一族を率いて胡国（アムール川周辺の沿海州地方と思われる場所）[15]に渡ったが、そこで胡国の人に出会ったという話。胡人は千騎ほどの騎馬軍団で、聞いたこともない言葉で話しているので、何といっているのかも分からない。胡人はしばらく「囀合テ」、河に馬を乗りいれて渡って行ったという話。

〔史料14〕の三例は、いずれも『源氏物語』が出典で、海人の言葉がサヘヅルとされている。海人の言語は古くから特異なものとみられていたらしい（後述）。

〔史料15〕は卑賤な人の例で、イは中宮彰子が出産した祝いの場で、身分の低いものがサヘヅルが、それも晴れがましいようだとある。ロの鯖買（売）の翁の話[16]は、『東大寺要録』はじめ、いくつかの史料に出てくるが、翁が登場するのは、東大寺開眼供養の日とする説（『今昔物語集』十二―七）と、東大寺建立の時とする説（『東大寺要録』三、『宇治拾遺物語』八―五、『古事談』三―二、『建久御巡礼記』など）と二説がある。いずれも身分の低い鯖売りの翁が突然現れて、高座に登り、梵語をサヘヅル。しかし、途中で忽然と姿を消したという。『東大寺要録』は、これを考察して華厳会の時のこととし、実際にもかかる儀がなされていたらしい。

〔史料16〕の三例は、肥後の武士の大夫の監、近江君、常陸介の従者という畿外の人たちがサヘヅルとされた例。

以上、サヘヅルとされた人々を整理すると、①百済人、②唐人、③胡人、④海人、⑤卑賤な人、⑥畿外人ということになる。これにサヘヅルの類義語の使用例を重ね合わせてみても、ほぼ同様の結論を得ることができる。

まず、①の百済人であるが、『万葉集』には「言さへく」（言葉が通じないという意）という枕詞が「つのさはふ　石見の海の　言さへく　辛の崎なる　いくりにそ　深海松生ふる……」（『万葉集』二―一三五）、「……言さへく　百済の原ゆ　神葬り　葬りいませて　あさもよし　城上の宮を　常宮と　高くしたてて……」（『万葉集』二―一九九）として、いずれも「辛」「百済」にかかる形で使用されている。これは〔史料11〕の「さひづるや」「さひづらふ」が「漢」「韓」の枕詞で用いられているのと同様であろう。

②の唐人のサヘヅリに関連して、中国の鸚鵡の話がある。すなわち、久安三年（一一四七）十一月十日、西海の荘

園から鳥羽法皇にもたらされた孔雀・鸚鵡（『台記』久安三年十一月庚午条）のうち、鸚鵡は同月二十八日に法皇から禅閤（藤原忠実）のもとへ貸し出され、頼長も鸚鵡を見た。「（中国の鸚鵡の）舌人の如し、能く言ふは是の故歟。但し其の鳴くを聞くに言語無し。疑ふらくは是漢語に依り、日域の人は聞き知らず歟」（『台記』久安四年〈一一四八〉十一月戊子条）とあるように、頼長の観察では、鸚鵡の舌は人間にそっくりで、よくしゃべるのはそのためか。しかし、言葉が分からない。おそらく漢語をしゃべっているためで、日本人にはさっぱり分からないということであろう(17)。中国で言葉を覚えた鸚鵡が「言語無し」というのは、まさに鳥のサヘヅリの意を汲み取ってもよいのではないだろうか。

③の胡人については、〔史料13〕以外に手がかりはないが、同じ北方民として蝦夷の例をあげておこう。「是に、神宮に献れる蝦夷等、昼夜喧り譁きて、出入礼無し。……未だ幾時を経ずして、悉に神山の樹を伐りて、隣里に叫び呼ひて、人民を脅す」（『日本書紀』景行五十一年八月壬子条）とあるように、蝦夷の言語が伊勢神宮や畿内（三輪山周辺）では「喧り譁きて」「叫び呼ひて」として、受け止められていた様子が窺える。

④の海人についても、「処処の海人、訕哤きて命に従はず。……則ち阿曇連の祖大浜宿禰を遣して、その訕哤を平ぐ。……諺に曰はく「佐麼阿摩《さばあま》」といふは、其れ是の縁なり」（『日本書紀』応神三年十一月条）とあるのが参照される。サバメク・サバアマというのも〔史料14〕の海人のサヘヅリと共通するところがあろう。

⑥の畿外人については、『日本書紀』崇神十年十月乙卯朔条に「群臣に詔して曰はく、『今反けりし者悉に誅に伏す。畿内には事無し。唯し海外の荒ぶる俗のみ、騒動くこと未だ止まず……』とのたまふ」として、畿内は無事であるのに対して、「海外」（畿外）は「騒動く」と位置付けられている。

畿外人のうち、主に東国人に関して、以下の史料がある。『今昔物語集』二十八―二には、東国の武士三人（源頼光の郎等）が都で女房の乗る牛車を借りて賀茂祭を見物したところ、三人とも車酔いになり、車の中で騒いでいる様子は、都の人たちにとって「東雁ノ鳴合タル様」だとある。これは鳥のサヘヅリと同じであろう。十一世紀初めの『拾遺集』七には「あづまにて　養はれたる　人の子は　したゞみてこそ　物は言ひけれ」（四一三）という歌がある。東国の子供は舌が曲がって物をいう、すなわち、なまっているとある。『今昔物語集』には「横ナバリ（レ）タル」とされた人たち――上野国の王藤大主（十九―十一）、平維茂の郎等（二十五―四）、平忠常の郎等（二十五―九）、源頼光の郎等（二十八―二）――はいずれも東国出身の武士たちであった。[18] さらには、〔史料16〕に関しては、『源氏物語』に大夫の監が「言葉ぞいとたみたりける」（玉鬘）、近江君が「言葉たみて……」（常夏）、常陸介も「ものうち言ふすこしたみたるやうにて…」（東屋）として、いずれも、言葉が「たむ」（訛る）とされていた。また、とくに大夫の監は手紙の文面までもがひどく訛っている（玉鬘）、常陸介の従者は「賤しき東国声したる者ども」ともあった[19]（東屋）。

ところで、サヘヅル（類義語も含めて）とされていた人々の中に、百済人・蝦夷人などが含まれていたことに留意したい。かかる人々の言語をサヘヅリとする背景に中華意識があったことが指摘されるからである。『礼記』王制篇には「中国夷蛮戎狄、皆安居・和味・宜服・利用・備器有り。五方の民、言語通ぜず、嗜欲同じからず。其の志を達し、其の欲を通ずるもの、東方を寄と曰ひ、南方を象と曰ひ、西方を狄鞮と曰ひ、北方を譯と曰ふ」とある。中国と周辺の四方の異民族にはそれぞれの住居・美味・衣服・用品・器具などが備わっている。しかも、中国と四方の民は互いに言語が異なり、好みも異なるので、その間に立って意志を通じ、欲望を達せしめる人が必要になる。これが通訳で、東方については寄といい、南方は象、西方は狄鞮、北方は譯という。

中国の周辺民族の言葉を鳥のサヘヅリとする点に関しては、『孟子』滕文公章句が手がかりになる。すなわち、孔子が死んで、許行という人が「今や南蛮鴃舌の人、先王の道を非とす」として孔子の道を非難しているとある。許行は南方の異民族の出身であるが、それを「南蛮鴃舌の人」とする。「鴃舌」とは百舌鳥の言葉、つまり、南方の野蛮人の鳥のサヘヅリだというのである。『後漢書』南蛮西南夷列伝論にも「緩耳雕脚の倫、獣居鳥語の類」として、南蛮西南夷とは耳を垂らしたり、足に入れ墨を入れたりする人々、獣のような穴居、鳥のような訳のわからぬ言葉を話す人々とあった。また、八世紀後半に東大寺かその周辺の寺院で撰述された『新訳華厳経』の音義書である『新譯華厳経音義私記』には「辺呪語呪古経云鬼神辺地語佐比豆利」として、「鬼神辺地語」をサヒツリと注している。辺地とは国土のはて、辺境のことであるので、そうしたところの言語はサヘヅリなのだというわけである。「南蛮鴃舌」「鳥語」と共通するところがあろう。

すでに指摘し尽されている感があるが、古代中国では中華と夷狄とを区別する世界観があった。中華（化内）とは天子の徳が及ぶ、高度な文化の地域であったのに対して、化外は中華の周辺民族の地域で、中華よりも文化的にも劣るとされる。化外には天子の王室を守る諸侯の国としての蕃国と、夷狄が配される。

このような中華―蕃国・夷狄の世界観を日本の律令国家も導入した。化外として、新羅や百済などを蕃国、蝦夷・隼人などを夷狄とするというのがそれであり、かかる化外の蕃国・夷狄の人々に対して、古代の諸史料にサヘヅリを使用した例が散見しているのは、日本の中華意識に由来するといってよいだろう。

しかし、問題は唐人に対しても、サヘヅリが出てくる点である。なぜ、中華の唐の言葉までがサヘヅリとされてしまうのか。これについては、二つの解決の道があろうかと思う。一つは十世紀以降、日本も唐を超えるという優越意識が台頭するという点に着眼する。[20] 九世紀中頃の唐の法難、九〇七年の唐の滅亡により、たとえば、中国は日本から国内で散逸した天台宗の経典を取り寄せたり、また、永延元年（九八七）には源信は九州に下向して、翌年正月に帰国する宋船に『往生要集』が宋に届くよう託している。[21] このような中国と日本との関係を軸に、唐も日本の蕃国の一つだという意識が芽生えていく。これにより、唐人に対してもサヘヅリを使用するようになったとみるのである。

もう一つは、律令国家の唐への意識の中にサヘヅリを位置づける見方である。日本が中華であれば、当然、唐は化外の蕃国になり、実際、それを窺わせる日本側の史料（賦役令外蕃還条）もある。しかし、これは対外的に唐に表明できるものではなく、遣唐使はあくまでも唐に対して朝貢するのであって、日本は唐の蕃国の一つであった。つまり、律令国家の唐に対する意識は矛盾したものが錯綜していたことになる。このうち、前者の日本中心主義の表明はあくまでも国内に限られ、唐に対して明らかにされることはついになかったようである。日本の律令国家は、内向きには日本中心、唐に対しては事大的立場と双方を使い分けていたものとみられている。とすれば、この内向きの日本中心の立場に唐人のサヘヅリを位置づけておくことも可能であろう。[22]

現段階のところ、唐人のサヘヅリが右のどちらによるのか、あるいは双方というべきか判断できない。いずれにしても、サヘヅリの言葉は唐も含めて律令国家の対外意識が反映しているという点では動かせないところではあるまいか。

ところで、もう一点、化内にも目を転ずると、東国を中心に畿外人に対してもサヘヅリが使用されていたという事実が認められる。この点について、遠山美都男氏は、海人語・飛驒方言・東国方言を一括して、律令制下で服属儀礼を伴う調の貢納を行う人々の言語が差別されたと指摘されている。[23]しかし、本稿では畿内と畿外との区別を重視したい。大津透氏は、「畿外は服属すべきもので、繰り返し服属儀礼が要求されるということは、結局、畿外は在地首長が自立していて彼らを通じてしか支配不可能な地、天皇支配の及んでいないまつろわぬ地である」[24]とし、また、『万葉集』においても、畿外は近江国であっても「天離る夷」（一―二十九）、すなわち、「中央の支配の及んでいない異国、まつろはぬもの」と述べられている。[25]かかる観点から、広く畿外の人々の言語もサヘヅリの範疇で捉えられていたのではないだろうか。

以上、本章で述べてきたところを整理すると、外国人や田舎者がサヘヅルという場合、古代日本で対象となった唐人・百済人・胡人（蝦夷）・畿外人については、律令国家の支配者層の国家意識に由来するとみられるということになろう。

五、『日本霊異記』と「自土」

最後に、これまで述べてきたナク・サヘヅル論を踏まえて、『日本霊異記』の関係説話に言及してみたい。『日本霊異記』においては、仏教への信仰を基点に、ナク・サヘヅルに新しい解釈がなされていることに注目したい。(26)

〔史料17〕行基大徳は、難波の江を堀り開かしめて船津を造り、法を説き人を化しき。道俗貴賤、集り会ひて法を聞きき。爾の時に、河内国若江郡川派の里に、一の女人有りき。子を携へて法会に参ゐ往き、法を聞く。其の子、哭き譴びて、法を聞かしめず。其の児は、年十余歳に至るまで、其の脚歩まず。哭き譴びて乳を飲み、物を噉ふこと間むこと無し。大徳告げて曰はく、「咄、彼の嬢人、其の汝が子を持ち出でて淵に捨てよ」といふ。衆人聞きて、当頭きて曰はく、「慈有る聖人、何の因縁を以てか、是く告ふこと有る」といふ。嬢は、子の慈に依りて棄てざりき。猶し抱き持ちて、法を説くを聞く。明くる日復来り、子を携へて法を聞く。子猶し囂しく哭き、聴衆囂しきに障へられて、法を聞くことを得ず。大徳、嘖びて言はく、「其の子を淵に投げよ」といふ。爾の母怪しびて、思ひ忍ぶること得ず、深き淵に擲ぐ。児、更に水の上に浮き出で、足を踏み手を攢り、目大きに瞻り暉て、慷慨みて曰はく、「惻きかな。今三年徴り食はむに」といふ。母怪しびて、更に会に入りて法を聞く。大徳問ひて言はく、「子を擲げ捨てつや」といふ。時に母答へて、具に上の事を陳ぶ。大徳告げて言はく、「汝、昔先の世に、彼が物を負ひて、償ひ納めぬが故に、今子の形に成りて、債を徴りて食ふなり。是れ昔の物主なり」といふ。……

（『日本霊異記』中―三十）

〔史料17〕は、河内国若江郡川派里で、十歳まで歩くことができない子供がナキわめき、法会に参加していた母親や聴衆を妨害した。行基は、母親には前世で負債があり、それを返さなかったために貸主が子供になって負債を取り立てていると判断して、母親に子供を淵に投げ捨てさせたという話。

この話の基底に〔史料1・2〕のナキ続けるスサノヲと同様の水神信仰があり、水神信仰に対する仏教の優位を説く説話と位置付けたのが守屋俊彦氏[27]であった。それに対して、丸山顕徳氏は、貸主が借り主の息子となって転生し、息子がさんざん財産を食いつぶすというのは、中国の討債鬼説話と一致することから、〔史料17〕には中国の民俗信仰が強く影響していることを主張された[28]。たしかに、当該譚に中国説話の影響を見出すことに異論はないが、一方、中国の討債鬼説話に殊更、ナクというファクターがないことも事実ではあろう[29]。ここにスサノヲ神話の系譜を辿ることも不可能ではあるまい。しかしながら、前述のように、スサノヲのナキ声は異界からのメッセージであり、様々の神業を発揮するものであったのに対して、〔史料17〕の子供のナキ声はそれとは明らかに一線を画し、やかましいナキ声の子供は、法会を邪魔するとして行基によって一方的に断罪され、淵に捨てられる存在であった。法会の場で発せられたナキ声について、行基によってスサノヲとは異なる、新しい意味付けがなされたことに注目しておきたい。

〔史料18〕昔、山背国に一自度有りき。姓名詳かならず。常に碁を作すを宗とせり。沙弥、白衣と倶に碁を作しき。時に乞者来りて、法花経品を読みて物を乞ひき。沙弥、聞きて軽み咲ひ呰り、故に己が口を俣して、音を訛ちて効び読む。白衣聞きて碁の条に恐りて、「畏し、恐ろし」と曰ふ。白衣は碁を作すに遍毎に勝ち、沙弥は遍毎に猶し負す。是に即坐に沙弥の口喎斜みて、薬をして治療せしむるに、終に直らず。……

〔史料19〕去にし天平年中、山背国相楽郡の部内に、一の白衣有りき。姓名詳かならず。同じ郡の高麗寺の僧栄常、常に法花経を誦持しき。彼の白衣、僧と其の寺に居て、暫の間碁を作しき。僧、碁の条に、「栄常師の碁の手ぞ」と言ふことを作す。遍毎に言ふ。白衣僧を呰り、故に己が口戻りて、効び言ひて曰はく、「栄常師の碁の手ぞ」といふ。是くの如く重ね重ね止まずして猶し効ぶ。爰に奄然に白衣の口喎斜みぬ。恐りて手を以て頤を押へ、寺を出でて去る。去る程遠くあらずして、身を挙げて地に躃れて、頓に命終しぬ。……

（『日本霊異記』上―十九）

〔史料20〕粟国名方郡埴の村に、一の女人在りき。忌部首なり。字は多夜須子と曰ひき。白壁の天皇のみ代に、是の女、法花を麻殖の菀山寺にして写し奉る。時に、麻殖郡の人忌部連板屋、彼の女人の過失を挙げ顕して、以て誹謗るが故に、即ち口喎斜み、面、後に戻りて、終に直らざりき。……

（『日本霊異記』下―二十）

〔史料18〕の話は、山背国の私度僧が法華経品を読む物乞いを馬鹿にして、わざと自分の口を曲げ、声を訛らせ、物乞いを真似て法華経品を唱えてみたところ、たちまち、私度僧の口はゆがみ、医者を呼んで治療させたが、治らなかったというもの。〔史料19〕は、山背国相楽郡高麗寺で、法華経を読んでいた僧栄常は、俗人と碁を打っていた。俗人は栄常をあざけって、わざと自分の口をゆがめて、栄常の言い方を真似た。これを繰り返したため、俗人の口がゆがみ、手で顎を押さえて寺を出ていったが、寺からさほど遠くないところで、地面に倒れ、たちまちに死んだという話。〔史料20〕では、粟国名方郡埴村の女人は麻殖郡の菀山寺で法華経を写した。その時、麻殖郡の人忌部連板屋がその女人の過去をあげて非難したところ、たちまちに口がゆがみ、顔がねじ曲がり、そのまま治らなくなったとある。

この三話には共通項がある。法華経品を読む乞食僧（〔史料18〕）、法華経を読む栄常（〔史料19〕）、法華経を書写した女（〔史料20〕）を、いずれも馬鹿にした人たちは口がゆがみ、訛る、それが治らなくなり、時には死に至ったという筋書きである。仏教を侮辱したものは口が歪み治らなくなってしまうのだというのは、前章の舌たむ（舌が曲がっている）という表現、さらにはサヘヅリと共通するところがあろう。

そもそも古代日本において、鳥のようにサヘヅル人たちとはいかなる存在であったか。それは唐人・百済人・蝦夷人であり、さらには畿外人で、彼らに対して、中華意識のもとで差別的に用いられた言葉であったことは指摘してきた通りである。それが『日本霊異記』では明らかに相違する。『日本霊異記』では仏教を迫害したもの、馬鹿にしたものはどのような場所でも、どのような人（個人）でも、その時点で急に口がゆがんでしまうのだという論理であり、そこには律令国家の支配論理はまったく見出せない。ここに『日本霊異記』独自の声の風景を読み解くことができるのではないだろうか。

〔史料21〕……禅師（永興―引用者注）怪しび往きて聞くに、実に有り。尋ね求めて見れば、一つの屍骨有りき。麻の縄を以て二つの足に繋ぎ、巌に懸かり身を投げて死せり。骨の側に水瓶有り。乃ち知りぬ、別れ去きし禅師なることを。永興見て、悲しび哭きて還る。然して三年歴て、山人告げて云はく、「経を読む音、常の如く止まず」といふ。永興復往きて、其の骨を取らむとして、髑髏を見れば、三年に至るも、其の舌腐ちず。宛然に生にして有り。……

（『日本霊異記』下―一）

〔史料22〕又吉野の金の峯に、一の禅師有りき。峯を往きて行道せり。禅師聞けば、往く前に音有り。法花経、金剛般若経を読みき。聞きて留り立ち、草の中を排し開きて見れば、一つの髑髏有り。久しきを歴て日に曝りたるも、其の舌爛れずして生ける者著く有りき。禅師、浄処に取り収め、髑髏に語りて言はく、「因縁を以ての故に、汝、我に値へり」といふ。便ち草を以て其の上を葺き覆ひ、共に往りて経を読み、六時に行道せり。禅師法花を読むに随ひ、髑髏も共に読むが故に、彼の舌を見れば、舌振動へり。是れも亦奇異しき事なり。

（『日本霊異記』下―一）

〔史料21〕では、紀伊国牟婁郡熊野村の永興禅師のもとにきた法華経を唱える僧が、一年後、永興と別れて、山中に入って行ったが、その後、山中では法華経を読む声が聞こえた。経を読む声はいつまでも止まず、五年半後、永興が遺骨を拾おうと髑髏を見ると、舌は腐っておらず、生きているままの状態であったとある。次の〔史料22〕は、『日本霊異記』では〔史料21〕とともに下巻第一縁としてあるが、吉野の金峯山中で修行する一人の僧が法華経、金剛般若経を読む声を聞いたので、草を押し分けてみると、一つの髑髏があった。久しい年月がたって、髑髏は日にさらされていたが、髑髏の舌は爛れ腐ることなく、生きているかのようであったという話。

右の二話のような髑髏誦経譚には、中国の仏教説話に類話がある。ただし、中国の事例は舌が朽ちないという舌根不懐譚に対して、日本には法華経読誦の執着があったという差違もあった。(30) もちろん、髑髏の中に舌だけが赤く残るというのはあり得ない。ここで問題としたいのは、〔史料18・19・20〕との対比である。もう一度、繰り返すと、〔史料18・19・20〕は僧侶や仏教信者を侮辱すると、たちどころに口が曲がり、場合によっては命を落とすという話であった。それに対して、〔史料21・22〕では、法華経を読むものは死んで髑髏になっても赤い舌が残り、いつまでも経を読むのだというのである。つまり、『日本霊異記』の髑髏誦経譚には、仏教を信仰しているものは髑髏になっても口はゆがむことはない、それは取りも直さずサヘヅルことはないという主張が込められていると読み解いてみたいのである。

〔史料23〕肥後国八代郡豊服の郷の人、豊服広公の妻懐任みて、宝亀の二年辛亥の冬の十一月十五日の寅の時に、一つの肉団を産み生しき。其の姿卵の如し。……八箇月経て、身俄に長大り、頭と頸と成り合ひ、人に異りて頤無し。身の長三尺五寸なり。生知り利口にして、自然に聡明なり。七歳より以前に、法華八十花厳を転読せり。黙然りて逗らず。終に出家を楽ひ、頭髪を剃除し、袈裟を著て、善を修し人を化す。人として信ぜずといふこと無かりき。其の音多く出て、聞く人哀びを為す。其の体人に異なり、閪無くして嫁ぐこと無し。唯し尿を出す竇有り。愚俗呰りて、号をば猴聖と曰ふ。時に託磨郡の国分寺の僧、又豊前国宇佐郡の矢羽田の大神寺の僧二人、彼の尼を嫌みて言はく、「汝は是れ外道なり」といひて、啁し呰りて嬲るに神人空より降り、桙を以て僧を棠かむとす。僧恐り叫びて終に死にき。……

（『日本霊異記』下―十九）

〔史料23〕は、肥後国八代郡豊服郷の豊服広公の妻が懐妊して肉塊を産んだ。それを山中の石の中に隠しておいたところ、七日後に肉塊から一人の女子が生まれた。八カ月を経て体も大きくなったが、頭と首がくっついて顎がない。生まれつき賢く、法華経・華厳経を読み、ついに出家を願い、頭髪を剃り、袈裟を着て、人々を教えさとした。「其の音多く出て、聞く人哀びを為す」とあるが、その体は人に異なり、陰部がなく、尿を出す穴しかない。人々は嘲笑して猴聖といったとある。

頭と首がくっついて、しかも、顎もない女子が出家する。しかしながら、彼女は声量が豊かで、聞く人が感動するというのはなぜだろうか。顎がないという身体では、まともに声を発することができるのかどうか。しかし、それでも修行者は立派に声を出すことができるのだという主張が当該譚にはあるのではないか。とすれば、先の髑髏になっても赤い舌が動くというのと、基本的な捉え方は同じとみられよう。

しかも、この話では、〔史料23〕の後に、国分寺と大神寺の僧が猴聖を嘲笑すると、神人が空から降りて来て、桙で僧たちを突こうとした。僧たちは恐れ叫んで、そのまま死んだとある。これは猴聖を馬鹿にしたものは、直ちに命を落とすという意に他ならない。

ところで、これまで取り扱ってきた『日本霊異記』説話の成立と関連するのが、九世紀前半に成立したとされる[31]『東大寺諷誦文稿』である。『東大寺諷誦文稿』は官大寺僧による、地方の「堂」での法会における説教の文例とみられ、『日本霊異記』の成立とも関わって、近年注目を集めている。[32]『東大寺諷誦文稿』の中に、如来の万能を説く一節として、「各々世界ニ於テ、正法ヲ講説スル者ハ、詞、无㝵解ナリ、謂ク、大唐、新羅、日本、波斯、混崘、天竺ノ人集マレハ、如来ハ一音ニ風俗ノ方言ニ随ヒテ聞カ令メタマフ、假令ヘハ此ノ當国ノ方言、毛人ノ方言、飛驒ノ方言、東国ノ方言、假令ヘハ飛驒ノ国ノ人ニ対ヒテハ而飛驒ノ国ノ詞ヲモチテ聞カ令メテ而説キタマフ云、譯語通事ノ如シ」とあった。この箇所は『日本霊異記』上―二十八に「道照」が新羅の山中で五百の虎に法華経を講じた際、役の優婆塞が「倭語」で質問をしたという話とも関係するところであろう。

『日本霊異記』では因果応報が貫かれた地域を「自土」[33]とするが、声に関する説話に限ってみても、法会を妨害するナキ声の子供は淵に投げ捨てられる、仏教を侮辱すると口がゆがむ、逆に法華経を読み続けたものは、髑髏になっても舌が赤い、顎がない人間でも立派に経典が読めるというのは、「自土」における因果応報の話の一部であった。しかし、それだけではない。『日本霊異記』の説話が、律令国家の支配論理とは異なり、仏教を崇拝するか否かを軸に人間の声に新しい意味付けをも提示していたことに注目すべきであろう。それは『日本霊異記』における「自土」の新しい声の風景の達成といえるのではないだろうか。そこには官大寺僧の都鄙間交通が重要な役割を果たしていたということであろう。

五、おわりに

本稿で考察してきたところをまとめると、以下の通りである。

1、神や鳥のナキ声は、異界からの声とみなされていた。また、時には人のナキ声も異界へ届くと観念されていた。したがって、古代の人々は、鳥のナキ声に耳を傾け、鳥語として、あるいは「聞きなし」として、異界からのメッセージを読み取ろうとしていたものとみられる。

2、ナクと同類のサヘヅルについて、とくに外国人や田舎者がサヘヅルという用例では、唐・百済・蝦夷・畿外などの人々がサヘヅル（類義語も含めて）というケースがあり、それは律令国家の支配者層の国家意識に由来するものとみられる。

3、『日本霊異記』では、1・2のナク・サヘヅルとはまったく異なる意味づけをした声の風景の説話が登場する。これは律令国家の支配論理とは異なるもので、人や地域とは関係なく、仏教を信仰していたか、逆に侮辱していたかという基準で生まれたもので、かかる背景には、因果応報の奇事を広く収集した官大寺僧の役割が大きかったといえよう。

注

（1）ナクには哭・鳴・泣・啼・涕といった漢字が宛てられているが、本稿では、史料での使用例を除いて、すべてナクという表記で統一した。

（2）マリー・シェーファー（鳥越けい子他訳）『世界の調律』（平凡社、二〇〇六年）。

（3）中川真『平安京　音の宇宙』（平凡社、一九九二年）、山岸美穂・山岸健『音の風景とは何か』（日本放送出版協会、一九九九年）など。

（4）鳥越他「生き物の声は何を語っているのか」（『サウンドスケープ』七、二〇〇五年）一頁における山口仲美氏の発言。

（5）小峯和明「〈声〉をめぐる断章」（『説話の声』新曜社、二〇〇〇年）二五三頁。

（6）ナクに関する先行研究は多い。本稿で参考とした主なものは、瀧川美穂「「ナク」」（『千葉大学語文論叢』二〇、一九九二年）、森朝男「スサノヲの泣哭」（『日本文学』四三―六、一九九四年）、渡辺正人「古事記の中の『音』風景」（『古事記年報』三七、一九九五年）、古橋信孝「泣く」（『雨夜の逢引』大修館書店、一九九六年）、山田永「泣くことの古代的意味」（『古事記スサノヲの研究』新典社、二〇〇一年）などである。

（7）和田萃「飛鳥・奈良時代の喪葬儀礼」（『日本古代の儀礼と祭祀・信仰』上、塙書房、一九九五年）一〇二頁。

（8）公冶長の話については、戸川芳郎「公冶長の解鳥語について」（『東洋文化』五七、一九七七年）、渋谷瑞江「公冶長故事考」（『北海道大学文学部紀要』四四―一、一九九五年）など参照。

（9）金文京「A little bird told me!」（『慶應義塾大学言語文化研究所紀要』二二、一九九〇年）。

（10）インド起源説としては、戸川、前掲注（8）一五五～一五六頁、渋谷、前掲注（8）八八頁も同じ。

（11）山口『ちんちん千鳥のなく声は』（大修館書店、一九八九年）一四～一七頁。

（12）山口、前掲注（11）八～一四頁。

（13）山口、前掲注（11）二八～二九頁。

（14）山口、前掲注（11）三三～三四頁。

（15）『青森県史資料編古代1』（青森県、二〇〇一年）四七頁。なお、『今昔物語集』（新編日本古典文学全集、新日本古典文学大系）の注では、北海道のこととしている。

（16）鯖売りの翁の話については、今野達「鯖の木の話」（『今野達説話文学論集』勉誠出版、二〇〇八年）参照。今野説では「鯖」は「生飯《さば》」であったと解されているが、本文中に引用した「佐麼阿摩」（『日本書紀』応神三年十一月条）の例との関連も無視できないように思う。

（17）『台記』の鸚鵡関係記事については、服部英雄「久安四年、有明海にきた孔雀」（『歴史を読み解く』青史出版、二〇〇三年）参照。

(18)『日本書紀』『豊後国風土記』『肥前国風土記』には、「訛」（「因りて、名けて浪速国とす。亦浪花と曰ふ。今、難波と謂ふは訛れるなり。〔訛、此をば與許奈磨蘆と云ふ。〕」〈『日本書紀』神武即位前紀戊午年二月丁未条〉）という例が散見している。『日本書紀』の「訛る」については、「文字とその字義が問題となり、そこでは「訛り」は「誤り」を指定するものであった。その点で現代人のいう「訛り」とは一線を画すべきものと思う」という指摘（山田直巳「『訛る』の始原」『異形の古代文学』新典社、一九九二年、五八頁）に従う。たとえば、イクハについて、「今的と謂ふは訛れるなり」（『日本書紀』景行十八年八月条）、「後の人、誤りて生葉の郡と号けけり」（『筑後国風土記』逸文）とあるのは、「訛」と「誤」が同義であることの証拠になる。

(19)「東」の枕詞「鶏が鳴く」（『万葉集』二―一九九など）については、東国人の言語が禽獣のナキ声として蔑視されていたとする説（大野晋『日本語の起源』岩波新書、一九五七年、五八～五九頁、遠山美都男「日本古代の民族と言語」『古代王権と大化改新』雄山閣出版、一九九九年、三三九～三四〇頁）がある。しかし、この枕詞に関しては、鶏がナク起きよ吾夫とする説（福田益和「枕詞『トリガナク』考」『長崎大学教養部紀要人文科学篇』二九―一、一九八八年）、鶏がナクあづ（鶏が時をつくるところ）とする説（近藤信義「鳥が鳴くあづま考」『音喩論』おうふう、一九九七年）などもある。

(20) 十世紀以降の中国に対する優越意識については、森公章『遣唐使の光芒』（角川書店、二〇一〇年）一五一～一五五頁・二五〇～二五一頁、榊原小葉子「『聖徳太子伝暦』にみえる中国観」（『東京大学史料編纂所研究紀要』一五、二〇〇五年）など参照。

(21) 小原仁『源信』（ミネルヴァ書房、二〇〇六年）一九九～二一五頁。

(22) 律令国家の日本中心的立場については、石井正敏『東アジア世界と古代の日本』（山川出版社、二〇〇三年）、東野治之『遣唐使』（岩波新書、二〇〇七年）三六～四九頁、森、前掲注（20）一一〇～一一六頁など参照。

(23) 遠山、前掲注（19）三三七～三四二頁。

(24) 大津透「律令国家と畿内」（『律令国家支配構造の研究』岩波書店、一九九三年）四九～五〇頁。

(25) 大津「万葉人の歴史空間」（前掲注（24）所収）八八頁。

(26)『日本霊異記』にはサヘヅルの類義語はあるが、サヘヅル（囀）という言い方そのものはない。

(27) 守屋俊彦「日本霊異記中巻第三十縁考」（『日本霊異記論』和泉書院、一九八五年）一〇四～一〇六頁。

(28) 丸山顕徳「討債鬼説話と食人鬼説話」（『日本霊異記説話の研究』桜楓社、一九九二年）一二二～一三一頁。

(29) 澤田瑞穂『修訂鬼趣談義』(平河出版社、一九九〇年)一五三〜一七五頁には、数多くの中国の討債鬼説話が紹介されているが、討債鬼がナキわめく例はあがっていない。討債鬼とナクとは別レベルの問題ではないだろうか。
(30) 広田哲通「説話のなりたち」(『中世仏教説話の研究』勉誠社、一九八七年)。
(31) 『東大寺諷誦文稿』の成立年代については、中田祝夫『改訂新版東大寺諷誦文稿の国語学的研究』(風間書房、一九七九年)一九二〜一九九頁、小林真由美「東大寺諷誦文稿の成立年代について」(『国語国文』六〇—九、一九九一年)参照。
(32) 鈴木景二「都鄙間交通と在地秩序」(『日本史研究』三七九、一九九四年)、藤本誠「『東大寺諷誦文稿』の史料的特質をめぐる諸問題」(『水門』二二、二〇一〇年)。なお、官大寺僧の中央—在地間の交通については、川﨑晃「古代北陸の宗教的諸相」(『古代学論究』慶應義塾大学出版会、二〇一二年)三一四〜三二一頁、川尻秋生「日本古代における在地仏教の特質」(『古代東国の考古学』慶友社、二〇〇五年)も参照。
(33) 『日本霊異記』の日本国(自土)が、古代貴族が組織した律令国家体制ではないことついては、河音能平「『国風文化』の歴史的位置」(『天神信仰と中世初期の文化・思想』文理閣、二〇一〇年、初出一九七〇年)、神野志隆光「『霊異記』と『三宝絵』をめぐって」(『国語と国文学』五〇—一〇、一九七三年)など参照。ただし、河音・神野志氏が、『日本霊異記』の自土意識は私度僧の活動を前提とするとされた点については、従い得ない。

古代村落の仏教受容とその背景

藤本　誠

はじめに

日本古代史研究においては、一九七〇～一九八〇年代以降の東日本の集落遺跡を中心とする考古学の発掘成果により、「村落内寺院」[1]・「村落寺院」[2]・「仏堂施設」[3]・「掘立柱仏堂」[4]などと呼称されている仏堂遺構の存在が明らかとなり[5]、それを受けた文献史学においても『日本霊異記』（以下、『霊異記』）・『東大寺諷誦文稿』（以下、『諷誦文稿』）などにみえる古代村落[6]の仏教施設である「堂」の研究が深められ[7]、考古学・文献史学の双方の成果から、七世紀段階から存在する「寺」に加えて、八世紀後半から九世紀には古代村落の仏教施設である「堂」が成立し、村落レベルにまで仏教が受容されていたことが明らかとなってきている。これまでの先行研究においては、八・九世紀の古代村落における仏教受容の史的背景として、国家による積極的な仏教政策の影響[8]、国分寺・初期寺院側の権益確保の方向性と集落内の仏教信仰に対する欲求の一致[9]、新たな村落共同体的諸関係の確認[10]、在地豪族層による農民の村落内部での結合強化[11]、富の蓄財を目指す豪族と農民との新たな精神的結合[12]などの諸側面が指摘されてきた。本稿ではこれまでの古代史研究の成果を踏まえた上で、「堂」の檀越である古代村落の有力者の性格と村落情勢の側面、また古代村落の「堂」の法会で語られていた仏教の内容から、当該期の村落における仏教受容の史的背景を考察していきたい。

一、八・九世紀の村落の有力者と村落情勢

本章では、これまでの古代史研究の成果を踏まえた上で、八・九世紀の村落の有力者の性格と村落情勢についてみていきたい。古代史研究においては、史料上にみえる「村」の性格について中国の制度との比較研究や日本の「村」史料から検討がなされていたが[13]、最近浅野啓介氏により、少なくとも八世紀後半以降においては国家的にも「村」が在地支配のための基礎的な単位となっており、「村」は共同性を有していた可能性があるとの見解が出されたことが注目される[14]。周知のごとく古代村落史研究においては、古くから古代村落共同体の性格についての研究がなされており、浅野説により「村」史料の検討からもその重要性が改めて確認されたものといえよう。

古代村落史研究においては、一九七〇年代から『令集解』儀制令春時祭田条「古記」及び「古記」所引の「一云」に基づいた議論がなされてきた[15]。以下に史料を掲出する（アルファベット・傍線は筆者。以下同じ）[16]。

春時祭田之日。A謂国郡郷里毎㆑村在㆓社神㆒。人夫集聚祭。若放㆓祈年祭㆒歟也。行㆓郷飲酒礼㆒。謂令㆘其郷家㆒備設㆖也。B一云。毎㆑村私置㆓社官㆒。名称㆓社首㆒。村内之人。縁㆓公私事㆒往㆓来他国㆒。令㆑輸㆓神幣㆒。C或毎㆑家量㆑状取㆓斂稲㆒。出挙取㆑利。預造㆓設酒㆒。祭田之日。設㆓備飲食㆒。并人別設㆑食。男女悉集。告㆓国家法㆒令㆑知訖。即以㆑歯居㆑坐。以㆓子弟等㆒充㆓膳部㆒。供㆓給飲食㆒。春秋二時祭也。此称㆓尊長養老之道㆒也。

本史料によれば、「古記」の成立した八世紀前半の天平年間には、「村」ごとに「社神」があり（傍線部A。以下、A。

以下同じ）、一云によれば、「私」に置かれた「社官」＝「社首」が存在し（B）、「社首」が村内の人の他国往来時には神幣を出させ、「毎家量状取斂稲」（C）ことによって毎年の春秋二時の祭を主催していたことがわかり、「社首」によって主導される村落共同体が存在したと考えられる。なおCからは、村落内の「家」に貧富の格差が生じていたことがわかるが、その状況を把握して稲を取斂する「社首」は村内においては突出した立場・地位にあったことがうかがえる。そのような「社首」の地位は、先行研究によれば、村落の開発を主導し「社」を建立したことに由来すると推測されているが、その様相を示す史料とされているのが著名な『常陸国風土記』行方郡条の箭括氏麻多智の開発伝承である。[17]

　古老の曰へらく、「石村玉穂宮大八洲馭天皇の世に、有る人、箭括氏麻多智といひき。郡より西の谷の葦原を墾闢きて新たに治りし田を献る。此の時に、夜刀神、相ひ群れ引率て、悉尽に到来り、左右に防障へて、耕佃ることなからしむ。〔俗云はく、「蛇を謂ひて夜刀神とす」といふ。〕〔其の形は蛇の身にして、頭に角あり。率引て難を免るる時に、見る人有らば、門を破滅し、子孫継がず。凡て、此の郡の側の郊原に甚多に住めり。〕是に、麻多智、大く怒の情を起こし、甲鎧を着被けて、自身ら仗を執り、打殺し駈逐ふ。A乃ち、山口に至り、標の梲を堺の堀に置て、夜刀神に告げて云はく、『此より上は神の地と為すことを聴しまつらむ。此より下は人の田と作すべし。今より後には、吾、神の祝と為りて、永代に敬ひ祭らむ。冀はくは、な祟りそ、な恨みそ』といふ。社を設けて初めて祭りき」といへり。B即ち、還、耕田一十町余を発して、麻多智が子孫、相ひ承けて祭を致し、今に至るまで絶えず。（後略）

本史料には箭括氏麻多智の主導による開発と「社」の創建伝承が記されているが（A）、最後に「即ち、還、耕田一十町余を発して、麻多智が子孫、相ひ承けて祭を致し、今に至るまで絶えず。」（B）と記されていることから、麻多智が土地を開発して「神祝」となり、その子孫が「神祝」を継承し村落祭祀を行うことこそが、その後も村落共同体を支配するための重要な位置をしめるものであったと推測されている。[18] また本史料から村落の開発が箭括氏麻多智という特定の人格に帰されていることがわかるため、研究史上、麻多智は村落首長として位置付けられている。[19]

以上、古代村落史研究の成果に学び、箭括氏麻多智の伝承に見られるような「社」の創建伝承（土地開発伝承）を背景に、八世紀前半の古代村落には「社首」が存在したことを確認した。このような「社首」の系譜をひく八世紀後半から九世紀前半にかけての古代村落の有力者及び該期の村落情勢を示す代表的な史料としては、『類聚三代格』延暦九年（七九〇）四月十六日太政官符があげられる。[20]

太政官符

応レ禁三断喫二田夫魚酒一事

右被二右大臣宣一称。奉レ勅。凡制二魚酒一之状。頻年行下已訖。如聞。頃者畿内国司不レ遵二格旨一。曽無二禁制一。因レ茲殷富之人多畜二魚酒一。既楽二産業之易一レ就。貧窮之輩僅辨二蔬食一。還憂二播殖之難一レ成。是以貧富共競竭二己家資一喫二彼田夫一。百姓之弊莫レ甚二於斯一。於レ事商量深乖二道理一。宜下仰二所由長官一厳加二捉搦一。専当人等親臨二郷邑一子細検察上。若有二違犯一者不レ論二蔭贖一随レ犯決罰。永為二恒例一。不レ得二阿容一。

延暦九年四月十六日

本官符についても多くの研究があるが、[21] 傍線部のように八世紀後半において官符に「殷富之人」と表現される有力者が在地に存在した事実は看過できない。

本官符について吉田晶氏は、「魚酒」による「雇傭」がなされていることから個別経営の自立を示すものとの見解を出されたが、[22] 吉田説に対して吉村武彦氏は、「農繁期における「雇傭」の報酬が魚酒に限定されていること、律令制国家が魚酒の支給に対し禁制を加えていることから、在地村落の内部においては共同体的関係が脈うっている」と、魚酒型労働における共同体的側面を重視すべきことを指摘された。[23]吉村説については義江彰夫氏[24]・矢野建一氏[25]の研究に継承され、特に「魚酒」の性格については、村落の祭田神事における耕種始め（営田）の共同労働と直会の宴の飲食に淵源を持ち、八・九世紀段階では「田夫」・「農人」を雇傭するための代価の意味をもつものと指摘され、現在においても通説的な位置を占めている。[26]近年大町健氏は、「殷富之人」とは村落首長と異なる存在ではなく、「村落首長の自己転回した姿」[27]とみるべきものと指摘されている。「魚酒」が村落祭祀に淵源を持つと推定されていることからすれば、「殷富之人」が「社首」を継承する村落首長的な性格を有するとされたことについては概ね首肯すべきであると考えられる。

当該期の魚酒史料としては、他に『日本後紀』弘仁二年（八一一）五月庚寅条もあるが、注目されるのは、近年発見された嘉祥年間（八四八～八五一）の年号をもつ石川県河北郡津幡町加茂遺跡出土加賀郡牓示札である。[28]本木簡は様々な議論があるが、[29]第二条の「一禁制田夫任意喫魚酒状」については、魚酒型労働が九世紀半ばにおいても展開していたことを示す史料とされている。[30]

しかしそれに加えて注目されるのは、第七条に「一可禁制里邑之内故喫酔酒及戯逸百姓状」とあり、またその後文の加賀国符に「百姓等恣事逸遊不耕作喫×〔酒カ〕魚殴乱為宗」と記されているように、日常的に酒や魚を喫い、「殴乱」などの行動をとる有力者が「里邑之内」に存在したことである。『霊異記』下一五には、諸楽京活目陵北之佐岐村に住む犬養宿禰真老という者が乞食の沙弥を迫害した後に、「明日辰時起、居朝床、彼鯉含口、取酒将飲。自口黒血返吐傾臥。如幻絶気、如寐命終」[31]とあるが、牓示札の内容と合わせて考えると、村落内において日常的な酒魚を喫することができる富裕者層が存在していた様相をうかがうことができよう。

村落における富裕者層と貧窮者層の階層分解が国家的にも問題となっていたことを示す史料としては、『貞観交替式』承和五年（八三八）八月廿九日太政官符「応雑徭均使事」がある。[32]

太政官符

応二雑徭均使一事

右検二案内一。去延暦十四年閏七月十四日　勅書称。依レ令。雑徭毎レ人均使。惣不レ得レ過二六十日一。如レ聞。京国之司。偏執二斯旨一。差科之限。必満二六十日一。A是以富強之家。輸二財物一以酬レ直。貧弱之輩役二身力一而赴レ事。貪濁之吏因而潤レ屋。中外之民於レ焉受レ弊。薄賦軽徭。豈斯之謂乎。自今以後。宜下以二卅日一為レ限。均使之法。一如中令条上。其無事之歳不二必満レ限者。今被二右大臣宣一称。奉レ勅。法令一出。天下遵行。如有二違越一。法設二科条一。如レ聞。諸国差科甚乖二均平一。B何則富強之民賂入二軽徭一。貧弱之徒還苦二重役一。或前年未レ役。後年更科。或不レ役二其身一。徴二斂傜分一。如レ此枉濫不レ可二勝言一。非二唯犯レ法蠹レ民。兼復傷レ化敗レ俗。此而不レ糺。何改二流弊一。宜三重下知厳加二捉搦一。仍須下計帳対勘之日察二其貧富強弱一。均平差科無上レ有二偏頗一。年役一点。不レ得二輙替一。若不レ悛二前過一。復有二後犯一。国司郡司科二違　勅罪一。牓二示村邑一令二民庶知一。

承和五年八月廿九日

承和五年（八三八）の太政官符に引かれる延暦十四年（七九五）閏七月十四日の勅書によれば、雑徭によって使役する場合に「富強之家」は「財物」を輸し、「貧窮之輩」は「身力」によって使役されている状況が存在し（A）、加えて本官符では「富強之民」は「賂」によって「軽徭」となり、「貧弱之徒」は「重役」に苦しんでいた現状が記されている（B）。浅野啓介氏は「須計帳対勘之日察其貧富強弱、均平差科無有偏頗。年役一点、不得輙替。……牓示村邑令民庶知。」の部分から、雑徭を人々に均しく課すために「貧富強弱」を調べてから使役すべきことを述べたものであり、それを民に周知するために村邑に牓示することが命令されている史料であることを指摘されている。[33]「村邑」における「貧富強弱」が国家的にも問題視されていたことがわかり、上記の諸史料からすれば、少なくとも八世紀後半から九世紀代にかけての村落には、富の蓄積の多寡による村落内部の貧富の格差の生じている状況が現出していたと考えられよう。

つぎに、上記の文献史料に加え、村落内の富の蓄積と関わる考古学的成果[34]についても確認しておきたい。先行研究によれば、畿内の集落遺跡では少なくとも七世紀後半には一般庶民でも竪穴住居に住むものがいなくなり掘立柱建物に居住するようになり、主屋一棟に対して、一～二棟の付属屋、倉庫一棟、井戸一基が一セットになった小グループが存在したことが確認され、東国の集落遺跡では畿内よりはやや遅れるが、八世紀後半には、掘立柱建物と倉・納屋・竪穴住居の組み合わせが成立し、竪穴住居一棟にはかまどがあり居住者のほとんどすべてが鉄製の農耕具を所有[35]していたことも指摘されている。注目されるのは、両地域において、富を象徴する倉の所有が確認されているほか、畿内・東国ともに集落内で貧富の格差が生じていたことも指摘されていることである。富に対する認識については、集落遺跡において多数の墨書土器が発掘されていることが重要である。集落遺跡の墨書土器には吉祥句が多いことが早くから指摘されているが、平川南氏は陸奥国から長野県に及ぶ東日本各地のうち、比較的出土量の豊富な二〇遺跡ほどを対象として分析しその傾向を指摘されている。[36]それによれば、使用されている文字の種類の総数は二〇五種あるが、そのうち二遺跡以上で共通する文字が八三種であり、さらに組合せの主流となる文字として十九文字を上げられ、①生産・集積（動詞的）……生・冨・得・加・来・集・合・立・足、②良好な状態（名詞）……吉・福・万・大・財・（力）、③天・地・人を意味する語……天・田・人、の三分類をされている。これらの墨書土器は、平川氏によって「一定の祭祀や儀礼行為等のさいに土器になかば記号として意識された文字を記す。いいかえれば、祭祀形態に付随した形で一定の字形、なかば記号化した文字が記載されたのではないだろうか[37]」と指摘されており、祭祀や儀礼行為で用いられた文字が吉祥句であることは、富の蓄積を願う観念が存在していた証左と見なすことができよう。

したがって、文献史学・考古学の成果からすれば、八・九世紀の村落は、その内部に富の多寡によって「殷富之人」・「富強之家」のような村落首長的性格を有し日常的に酒魚を喫することができる富裕者層と「貧窮之輩」のような貧窮者層に階層分解していたことが確認され、富を願う観念が生まれていたことが推定される。そのような村落情勢が国家的にも問題にされていることからすれば、社会問題化していたことも想定することができよう。

二、『東大寺諷誦文稿』・『日本霊異記』の「堂」の檀越

『東大寺諷誦文稿』は、平安初期の漢字片仮名交り文の史料として古くから国語学を中心に扱われてきた史料であり、中田祝夫氏による先駆的な総合的研究によると、成立年代については九世紀前半には成立していたこと、内容については南都の官大寺僧の用いた説法のための手控えであることが知られている[38]。日本古代史研究においては、鈴木景二氏が官大寺僧の都鄙間交通の様相や、在地社会の法会の具体相を示す史料であることを指摘されている[39]。筆者もまた以前に検討を加え、説法の手控えの作成過程にある史料であり、詳細な書き入れなどから法会に備えて官大寺僧が古代村落の「堂」の法会の実態を踏まえて様々な試行錯誤をした状況もうかがえる史料であることを指摘したことがある[40]。したがって、『諷誦文稿』からは古代村落の「堂」の法会で語られていた内容を窺知できるものと考えられる。

本章で検討を加える『諷誦文稿』にみえる「堂」の檀越の性格については以前論じたことがあるが[41]、重要な部分で

あるので改めて史料を掲出の上で確認し新たな知見も加えて考察していきたい。『諷誦文稿』の中で、法会の主催者を讃える次第と推定される「慰誘言」という次第の冒頭には、以下の記述がある。(42)

A今、此の堂は、〈里の名、某甲郷、此れ〉名を某と云ふ。何の故にそ某郷と云ふ。〈然る故の本縁〉。何の故にそ某堂と云ふ。〈然る故の本縁〉。B此の堂は大旦主の先祖〈本願〉建立したまふ。（二七八行）

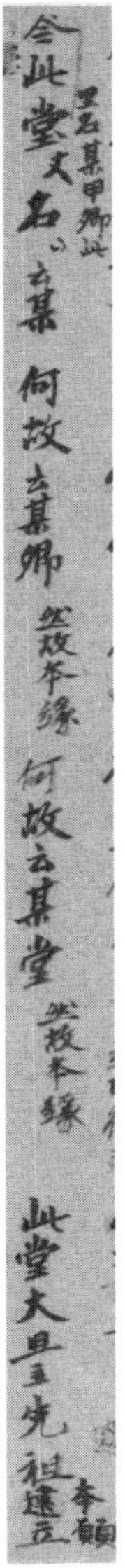

まずAからは、「此堂」への注記として「里の名、某甲郷、此れ」と書き入れられていることから、「堂」の名称には「里名」である「某甲郷」がつけられることが一般的であり、「堂」は古代村落の仏教施設名称であったことがわかる。つづけて、村落名称（某甲郷）の由来（本縁）と「堂」の名称（某堂）の由来（本縁）が合せて語られていたことから、両者が密接に関わるものとして認識されていたことがわかる。さらに「堂」が檀越の先祖によって建立されたことと、その「本願」も合わせて語られていたことが記されている（B）。したがって、「慰誘言」の冒頭において、「堂」の名称が語られ、その名に冠する村落の起源伝承（土地開発伝承）から説かれていたことは、前章にて述べた箭括氏麻多智の伝承と同様に檀越の氏による村落支配の根拠を示すものであったと考えられ、それが檀越の先祖による堂建立伝承と一体的に語られていることは、同時に村落における仏教受容を主導することの正統性をも主張する目的があったと考えられる。(43)つづいて「慰誘言」では、以下のような「堂」と立地する「郷」とその景観を讃える表現が記されている。

C堂も麗しく厳り、仏像も美しく造り奉る。D郷も㤿怜く、寺の所も吉し、井も清く水も清し、〈夏の〉樹影も㤿怜く、出居も吉し、経行も吉く、遠見も㤿怜し、駅路の大きなる道の辺にして物毎に便有り。云。若し山、

〈林、河〉の辺ならば、山、〈林、河〉に附きて、云。若し城の辺ならば城に附きて、云。（二七九行）

当該部分について筆者は、「堂」の法会において、檀越が「堂」を中心とした「郷」の景観を「遠見」し（D）、「堂」の立地や周辺の景物・景観を讃えるという内容が、導師によって語られていたことを示していること、また讃える表現において日本古代の国見・国讃め・宮讃めなどに用いられていた表現を取り込み、基層信仰に系譜を引く伝統的な儀礼と重層していたことが確認できることから、檀越の村落支配の正統性と関わる土地讃めの系譜を引く〈堂讃め〉が行われていたことを示す内容であると推定した。[44]

以上をまとめると、古代村落において仏教を受容することとは、檀越の氏を中心とする村落起源伝承（土地開発伝承）と堂建立伝承が一体的に再構築され、伝統的な儀礼を取り込んだ〈堂讃め〉と共に「堂」の法会の場で語られることによって、檀越の氏による村落支配と仏教受容の正統性が聴衆に認識されることにより成立するものであった。そのように考えられるとすれば、「堂」の造営主体の性格としては、伝統的な支配原理を基盤とする村落支配者としての側面が重要であると思われる。古代村落史研究においては、古代社会を首長制的な構造として捉える見方が有力であり、前章にて論じたように古代村落においても村落レベルの首長を想定する見解が提起されている。[45] また近年鈴木靖民氏は、日本の古代社会の首長は親族組織のなかで形成されたものではなく、土地の開発者・征服者であるという論理が先行して形成された首長にあたるものであることを指摘されている。[46] 上記のように『諷誦文稿』から析出される古代村落の「堂」の檀越は、先祖による村落起源伝承（土地開発伝承）を法会で語ることによって、古代村落における主導的地位・立場を喧伝しようとしたものと推測され、檀越の「先祖」という特定の人格によって村落が体現されていると想定するならば、村落首長制的性格を有する存在とすることができよう。しかしその一方で想起されるのは、かつて宮瀧交二氏により、古代村落の「堂」の造営主体は、「「富豪層」とみられる「一村程度の土豪」[47]」、「村落首長とは異なる「有力個別経営[48]」とする富を蓄積し富豪化した新興層を重視する見解が提起されていたことである[49]。これまで述べてきたように新たに台頭してきた存在であるかについては検討を要すると考えられるが、前章にて述べたように村落内における有力者の〝富豪化〟については看過できない問題であると思われる。

そこで「堂」の造営主体の〝富豪的〟側面について確認するために、『霊異記』の「堂」の造営主体についての記述をみてみたい。『霊異記』の「堂」の檀越には、「椋家長公」（上一〇）・「一富家長公」（中五）と、「椋」（倉）・「富」という財力をその名に冠した家号的呼称を有する事例が見られる。これについて義江明子氏は、「地の文の三例は「社会的地位の表示」として示されていること、「一富」・「椋」・「椅」は「富」の象徴としての意味を付与されている[50]」と指摘されている。中一五の「堂」の檀越とみられる高橋連東人の冒頭の説明文にも「大富饒財」とあり、「富」・「財」といった性格が強調されていることが指摘できる。これは前述のように、集落遺跡出土の墨書土器にも富を象徴する文字が見られ、富を願う観念が存在したと推測されることと同様の傾向であろう。また上記三例は、いずれも牛の所有主体でもあることが注意される。筆者は以前化牛説話の考察から、化牛説話の成立背景には身近に牛耕を行う景観が存在したことを推定したが[51]、かかる事実は彼らが牛耕を行うほどの治田を有していたことを示すものと考えられる[52]。おそらく「富」と表現される中には所有する田畠も含まれていたと考えられよう。加えて中三四の話では邸宅内に持仏堂を有する「一孤嬢」の父母の性格として、「多饒留財、数作屋倉、奉鋳観世音菩薩銅像一体、高二尺五寸」とある。「財」を示す表現と並んで銅の仏像の鋳造が記されていることは、仏像の鋳造自体が「屋倉」の所有などと並び「富」を示す象徴であったからであろう。

言うまでもなく「堂」の造営や仏像の造像には、「引率知識、勧請仏師。令造仏耳、鵜田里造堂」（中三九）、「其里有一道場。号曰弥気山室堂。其村人等、造私之堂故、以為字」・「率引知識、奉捻造畢。」（下一七）、「大伴連等、同心其里中作堂、為氏之寺。」（下二三）とあるように、仏教に関わる様々な作善は、多くの「知識」・「村人」・同族の協力によって初めて成し得ることであり、善行には財力が不可欠であったことがわかる。一方、『霊異記』上三一には、優婆塞が仏道修行をしながら「南无、銅銭万貫白米万石好女多徳施」と願っているように、仏教信仰により富を得られるとする観念があったことがうかがえる。また『霊異記』上三〇には、「凡布施米一升之報、得卅日之粮。布施衣服一具之報、得一年分衣服。令読経者、住東方金宮、後随願生天。造仏菩薩者、生西方无量寿浄土。放生之者、生北方无量寿浄土。一日斎食者、得十年之粮。」とあるように、布施をする財物の多寡や種類が往生の場所と関わる観念も形成されていたと考えられる。

以上、古代村落の「堂」の造営主体は、『諷誦文稿』にみられるような伝統的性格と『霊異記』から確認される富豪的性格を併せ持っていたことが想定される。かかる「堂」の造営主体の性格は、八世紀後半の史料に見られる「殷富之人」などの古代村落の有力者と共通する側面であると推測されるが、「堂」の造営主体と「社」や村落祭祀との関係についてはどのように考えるべきであろうか。そこで注目されるのが『諷誦文稿』の「慰誘言」に見られる以下の記述である。

仏、臂を延べて頭を摩でたまふ。【然れども人知らず。】神、形を蔭して加護したまふ。【然れども人見ず。】〈遠き〉人の為には天より降りませるが如く、近きひとの為には雲を抜きて、白日に現れたまふか如し。（二七二〜二七三行）

当該箇所からは、仏は檀越の臂を延ばして頭を摩で、神は形を隠して加護する存在として位置づけられている。仏が頭を摩でるとは、智顗の『妙法蓮華経文句』に「摩頭即授記也」[53]とあるように、仏が弟子に未来の成仏の保証を与えることであり、他の経典にも「摩頂授記」などと記されるものである。[54]かかる事実は檀越が仏によって成仏を保証された存在であることを示しているが、同時に「神」からも加護される存在と記されていることからすれば、ここには対立する神仏関係はなく、村落レベルにおいて仏と神が矛盾なく併存していた様相をうかがうことができる。『続日本後紀』天長十年(八三三)十二月癸未朔条にみえる「岡本堂」は、「是神戸百姓。奉為賀茂大神所建立也。」とあり、神を供養するために「堂」が建立されたことがわかる。(55)「岡本堂」についても村落における融和的な神仏関係を背景に成立したと考えられよう。『諷誦文稿』は檀越を讃える内容で一貫しているが、当該箇所においても檀越が仏と神の両者によって護られた存在であることを示しており、ここからおそらく「堂」の檀越は、「堂」を建立し法会を開催する一方で村落の「社」と村落祭祀をも管理していた有力者であったと考えられるのではなかろうか。そのように考えられるとすれば、八世紀後半の官符に「殷富之人」と表現された村落内の有力者が、「堂」の造営主体となっていた蓋然性が高いとみることができよう。ただし、「殷富之人」などと表現された村落内の富裕者層が、何故、仏教を受容をしたのかという重要な問題が残されている。

そこで、これまで見てきたような富裕者層と貧窮者層に階層分解が生じていた八世紀後半から九世紀の古代村落において、仏教がいかなる論理をもって受容されたのかについて、次章にて考察を試みたい。

三、『東大寺諷誦文稿』の仏教と貧富の論理

本章では、『諷誦文稿』において「貧」・「富」・「財」などの表現が集中的に見られる記述を手がかりとして、古代村落の「堂」の法会で語られていた貧富についての言説の論理について考察を加え、古代村落における仏教受容の背景を探っていきたい。

まず最初に、冒頭の「□言辞」という見出しのある部分を掲出する。「□言辞」は最終的には擦り消しにより抹消されているが、当初から見出しのあった四つのうちの一つである。近年小林真由美氏により、一～七行目までは、『過去現在因果経』・『涅槃経』・『法華玄義』などの内容を踏まえ仏の「感応」について述べ、「信心」を起こすべきであると勧める内容であることが指摘されているが(56)、掲出部分はそれにつづく内容である。

①「A**富めるか中に貧しきは、自ら招く所なり**、貴きか中に賤しきは〔自〕ら餝る〔所〕なり。朝々膝を抱へて念へとも、〈貧□も有るへし〉B□□（財）無からむ人は、福田に入りて財物を加ふべし。夕々頬を〔柯〕□へて嘆けとも〈嗟〔けと〕□（も）〉、都て□（益）も无し、□□□□□（淵に臨みて）魚を□（羨カ）まむよりは、退きて網を造かむには如かずと云ふかことし、C己か財無くは、隣の財を数へむ従りは、〔富〕の〔貪〕りに替へて、一の施を〔為る〕に如かず、**堪へざらむ人は、十六无尽蔵〈八万尓□物〉に一銭を入れよ**、〔无くは〕〈一銭无き人は〉〈〔无き〕者は〉、掌を合せよ、香无くは、菩（提）心を発せ、〈□□〉、供具〔无くは〕、三業の礼を翹けよ。供具を為ること□（無）くは、仏法僧を礼拝せよ。**【**身を以て礼せよ、口を以て讃せよ。意を以て念せよ**】**是を価無き珎と名づく。」（八～十二行）

Aでは、「富めるが中に貧しき」は「自らが招く所」とされ、「貴賤」と同様に貧富は前世からの因縁によるものとする考え方がうかがえる。山口敦史氏によれば、このような貧富の論理は『霊異記』にあり、『賢愚経』・『貧窮老公経』などの仏典や『冥報記』・「王梵志詩集」などの中国文献に基づくものであるという。そして『霊異記』の場合は「貧」の主体が全て女性であることから社会的な実態の反映ではなく、仏教的な理念を投影したものであると指摘されている(57)。しかしながら、仏教的な理念を投影していたとしても、『諷誦文稿』に見られるように実際の法会の場で貧富の論理が語られていたことは、『霊異記』説話が実際の法会の場との関わりが指摘されていることからしても(58)社会的実態と全く無関係に創作されたとは考え難い。『諷誦文稿』の記述は、八世紀末から九世紀前半における在地社会の仏教が、貧富の格差を正当化する論理を必要とし、法会の場で語られていたと考えるべきであろう。

Bでは、俗世界の「財物」がない場合であっても仏法に対する布施（福田）による功徳ができることを説いている。Cは「一銭」でも布施をせよ、「一銭」さえなければ、合掌や菩提心を発すること、また仏法僧を礼拝する行為自体が「価无き珎」となることを説くものであり、Bの具体的な内容である。①の内容をまとめると、貧富の格差を前世からの因縁としながらも、貧しいものであっても一銭の布施・合掌や三宝への礼拝などの易行によって仏教を信仰し功徳を積むことができることを述べたものであり、貧窮者を救済する内容であるといえよう。

注目されるのは、Cにみえる「十六无尽蔵」という表現である。これは、唐で信行によって開宗された三階教の「十六種無尽法」のことと推測される。既に三階教の主要経典である「明三階仏法　二巻」と「略明法界衆生根機浅深法　一巻」の二部の書名は、正倉院文書中にあることが指摘されており[59]、『諷誦文稿』の執筆者が三階教の知識を持っていたことが想定される。

「十六无尽蔵」については、伊藤尚徳氏によれば、信行本人が著した『信行遺文』と名づけられる伝道書簡に「十六種常楽我等一切法」とあり、信行の著作である『無尽蔵法略説』に「十六種無尽法」といわれていることが指摘され、その内容は、礼仏、転経、衆僧、離悪、十二頭陀、飲食、食器、衣服、房舎、床坐、燃燈燭、鐘鈴、香、柴炭、洗浴を施すことであり、信行はこうした布施の実践を日々不断に行うことを誓願としていたことがわかるとされている[60]。西本照真氏は、十六種の内容について、「単に教えを施す法施や、物を施す財施だけでなく、礼仏、転経、離悪、十二頭陀など、およそ仏教の実践に関係するすべての内容が含まれている点が重要である」と指摘し、「信行はあらゆる仏教的実践を布施行に集約させ、布施行を通して成仏へ突破する道を歩もうとしたのである」と指摘されている[61]。

ところが『諷誦文稿』においては、内容的には様々な形態の布施を説くものではなく「一銭」という金銭の布施について述べる文脈で記されている。つまり『諷誦文稿』の内容は三階教の教義自体に深く関わるものではなく、単に「銭」を布施するための象徴的表現として用いている。したがって、「十六无尽蔵」の表現の存在は『諷誦文稿』の執筆者が三階教の知識を有していたことを示すとしてもあくまで知識として用いたにすぎず、少なくとも直接的には三階教の思想が『諷誦文稿』を用いた説法では生かされていなかったことが指摘できよう。(62)

②「D／饒なる財、貴き勢は、日月と倶にもせず。艶しき顔、壮なる年は、奔る瀾従りも甚し。臂を雙へて宴し、定め无き家に遊ひ、袖を連ねて常无き庭に歌儛す。猛き力、盛なる謀は、日々に費え衰へぬ。桂の軀、蘭の形の、夜々に遷ひ改りぬ。【老病死を以て此の身を〈作ひ〉飾れはなり。富めりし門の反りて貧しく、尊くありし人家の、忽に賤しく成りては、先の代に造りし善の尽き失せぬれはなり。虚しき戸は荒れたる野に残り留り、孤ある魂は三途に馳せ、鉄の丸は口に向ふ。】E那落迦は尊きと卑しきとも簡はず。爐の火、鑊の湯は富めると貧しきとも別たず。鉄〈の〉丸、口に向ふときには、肝砕け腸絶えぬ。銅〈の〉柱、身に近つくときには、肉尽き、骨銷えぬ。或いは釼輪に轢されて号ひ叫ひ、或いは刀の山に串ぬかれて悶え迷ふ。此時に当りて、何れの親属か救ひ済はむ。孰れの知る人か来り問はむ〈云〉。千箱の蓄も、現在の生活の為に已そあれ。〈三途に持ち往く為にはあらず〉。故に某の経の名を申す。南无平等大会〈云〉。〈生々世々に頂戴し受持せむ〉。法華哥。呉〈哭?〉」(三一三〜三二一行)

②は「誓通用」という見出しが書き入れられた三〇四行から始まるまとまりで、全体として現世のむなしさや仏の存在に気づかず煩悩に捉われる衆生について、仏を誹謗したものは現世における尊卑貧富と関わらず地獄に堕ちることが記され、そのような衆生のために某経を読み、平等大会を催していることを述べた次第とみられる。Dには「饒

なる財、貴き勢は、日月と倶にもせず。」とあり、つづく「富めりし門の反りて貧しく、尊くありし人家の、忽に賤しく成りては」とあることと合わせて、「財」や「富」の多寡が「貴賤」と結びつけられているが、時がたてばなくなるものであることが記され、総じて俗世間は無常ではかないものであるという内容である。

ただし、「先の代に造りし善」が尽きると尊い家も賤しくなるという部分が挿入符により省略されていることが注意される。前述の「慰誘言」の内容によれば、「此の堂は大旦主の先祖〈本願〉建立したまふ。」（二七八行）とあるように、古代村落の「堂」の檀越が仏教受容を主導する正統性を「先祖」による「堂」の「建立」という善行に求めていたと推測されることからすれば、仏教的には本来「先代」は「先祖」とは無関係のはずであるが、「堂」の法会においては「先代」＝「先祖」の時と認識された結果、当該部分は法会にふさわしくない内容として当該箇所が省略された可能性が指摘できよう。

Ｅでは、地獄の責め苦は、現世における尊卑や貧富によって異なるものではなく親属にも救うことができないものであるとされ、「千箱の蓄」も「現在の生活の為」であり、地獄に持っていくことはできないことが説かれている。最後に「故に某の経の名を申す。南无平等大会〈云〉……法華哥」と記され、あらゆる人々の救済のために某経の名を申し、法会が催された旨が述べられたものとみられる。ここでは尊卑貧富の別なく地獄で苦しむことになることが強調され、堕地獄への恐怖を示しながら、現世における貧富の格差が仏教の教理の下では平等に扱われることを示すことによって相対化されているといえよう。

③云何にしてか人の身を得む。云何にしてか天人の身に生れむ。云何にしてか仏の金軀を得む。【三業の善といふは、心に念はく、経、仏を造り、道、椅を造り、路の側に井を造り、菓の樹等を飢ヱむと念ふ。是を意業の善と名つく。後に口を以て語るを口業の善と名つく。正に造るを身業の善と名つく。是は世間の功徳なり。其の報い

は、梵王と作り、〈天〉帝と作らむ〈云〉。作転〈云〉。粟散〈云〉。F大臣の家、**富貴の家は仏と作らず。**正に仏前に参りて、三帰〈の戒〉を受け、菩提心を発して以後に功徳を修す。是れ菩提を作る因なり。法を聞くいは、是れ人を造り、天身を造り、菩薩を造り、仏を造るそ】法を聞くに約きて三の品有り。【一には散り動きて談ひ咲ふを〈以て〉、且聞く、是れ下品の聞法なり。二には】一には下品の信を以て聞く、耳に入らず、心に入らず。二には中品の信を以て聞く。耳に聞けとも、心に入らず。三には上品の信を以て聞く。耳に入り心に入る。下品の聞法は人の身を得、中品〈の聞法〉は天に生れ、上品〈の聞法〉は仏と成る。〈以上云々〉。縦使ひ有る人の、〈罪を造りて地獄に入るべきに〉、一の功徳を造らは、〈第二の生には〉、地獄に入らずして人間に生れむ。G王種の家、**大きに富める家**も、昔修したまひし功徳の報を忘れ、反りて仏法を誹らは験无し。〈善悪の報は无しと誇らは〉、此に由りて己か福徳を損ひ、弟（第）三の生には地獄に入る。【故に仏の前に対ひて願を立てて言く、世々に罪を造る家に生れず。若し耶縁来るとも、故に我、罪を作らず〈云〉。聖の加被を蒙りて悪を作らず。若し耶縁来り合ふとも、悪しくあらぬことを造るは、都て応はず。恒に此れ天の守の為たまふ所なり〈云〉。〈願力の致す所なり〉。】H何そ人の貧富等を云はむ。」（三四二〜三四九行）

③の内容は、三三三行目からの経釈の部分とされ、まずどのようにしたら「人身」・「天人身」・「仏金軀」が得られるかについての問いが発せられる。つぎに、三業の善についての説明があり、心口身のそれぞれの業をすることによって、梵天・天帝への転生や粟散辺土に生まれる報があることについて記されている。つづくFで大臣の家や「富貴の家」が仏になるべきではないことが述べられ、仏前で三帰戒を受け菩提心を発して後に功徳を修することが菩提の因を作ることになるとする。その上で説法を聴聞することによって人身・天身・菩薩・仏への転生の因が得られることが説かれている。すなわち、様々な善行の内容や善行を行うべき順番を説明した後で、人界・天界・仏への転生に

は説法の聴聞の功徳が最も重要であるべきことを主張しているのであり、法会主催者である檀越の慈悲を示すことができるという意味でもまさしく法会の説法にふさわしい内容といえよう。

つづいて下品・中品・上品の聞法について説かれ、まず罪を造って地獄に入るべき人について、一つ功徳を造った場合には第二の生において人間界に転生することが記され、つぎに、Gでは「王種の家」や「大きに富める家」に転生したとしても、昔に行った功徳を忘れて仏法を誹謗した場合、第三の生では地獄に入ることが記されている。つづく部分は煩雑と考えられた為か挿入符によって省略されているが、地獄に入らないためには仏前で罪を造る家に生まれないように願を立てる必要があることが述べられている。最後にHでは王や富める家も地獄に入るのであるから、人の貧富等について言うべきではないことが強調されている。以上から、現世における王家・大臣・富貴家など身分・地位は昔の功徳の報であるが、現世で仏教的な罪を造れば地獄に堕ちる存在でもあるため、現世での貧富等は言うべきでないという主張がなされており、現世の貧富の格差を肯定しながらも堕地獄の恐怖を示しながら仏教の教理の下では平等に扱われることを示すことによって貧富の格差を相対化する内容であったことがわかる。

以上、九世紀前半に成立した『諷誦文稿』における「富」・「財」の言説を手がかりとして、古代村落の「堂」の法会で語られていた言説の論理について考察を加えた。

古代村落において「堂」の檀越にとっての仏教とは、第一に、自らの村落内における地位・立場が、「先世」・「昔」における「先祖」の「堂」建立などの善行の功徳による因果応報の結果であることを主張することにより、檀越の氏による村落支配を正当化するものであったこと、第二に、村落に存在した貧窮者層に対しては、仏教の因果の論理によって自らの立場を受け入れさせる一方で、仏教の教理の下での平等性を堕地獄への恐怖とともに示すことによって貧富の格差を相対化する論理を示すものであったこと、第三に、貧窮者層に対して、一銭の布施・合掌や三宝への礼拝などの易行によって仏教を信仰し功徳を積むことができることを伝え、法会の聴聞の場という易行による功徳を積む場を提供することによって檀越の慈悲を示し、彼等が檀越によって仏教的に救済される存在であることを知らしめるためのものであったことの三点を推測することができ、当該期の仏教が、村落内における階層分解を背景に、「堂」を建立した檀越の氏にとって自らの立場を強化し村落秩序を維持するための宗教的イデオロギーとして受容されていたことが推定されよう。

おわりに

以上、本稿にて論じたことの概略をまとめておきたい。第一章では、八世紀後半から九世紀における村落は、富の蓄積による階層分解が生じており、伝統的な村落首長的性格を有し「殷富之人」と表現される富裕者層と「貧窮之輩」と表現される貧窮者層が存在し、国家的にも問題となっていたことを論じ、第二章では、『諷誦文稿』における古代村落の「堂」の檀越が伝統的権威に基づく性格を有し、第一章で述べた村落首長的性格を有する富裕者層であったと位置づけられることを論じ、第三章では、「堂」の法会では、現世における村落内での地位・立場が「先の代における善」・「昔修したまへる功徳」の因縁であることが語られ、貧富の格差、とりわけ「堂」の檀越の氏の地位・立場を正当化する言説が語られていたこと、またその一方で仏教的教義によって現世における貧富の格差を相対化する論理が語られていたことを指摘した。

したがって、八・九世紀の村落における仏教受容の史的背景としては、第一に、それ以前から存在したと考えられる村落首長的性格を持つ有力者が、仏教を受容できるほどの富と財を蓄積し富豪化を遂げていたこと、第二に、富豪化した村落首長的性格を持つ有力者は、「堂」の法会の場において官大寺僧と彼等によって齎された仏教的言説を積極的に利用し、自らの村落支配と仏教受容の主導的立場の正統性を喧伝する一方で、村落内の貧窮者層を村落秩序に取り込む場としていたことが指摘できる。当該期の古代村落における仏教は、まさしく宗教的支配イデオロギーとして機能していたといえよう。

なお、『諷誦文稿』の七七～七九行には、「我、无始の生死従り来た、作す所の五逆十悪等、乃し謗法闡提の罪に至るまで、自作教他して随喜せられ、心を至して慚愧し、皆懺悔す。願はくは罪を除滅し永く起さずあらしめたまへ」という願文的な文言があり、仏法を誹る罪や、成仏する因をもたない者とされている「闡提」の罪についても「除滅」できるものと位置づけられている。当該部分が『集諸経礼懺儀』や『法苑珠林』所収の懺悔文、さらには『大通方広経』の懺悔思想の影響があることについては既に述べたことがある。(63) このような言説が古代村落の「堂」の法会で語られた背景としては、当該期の古代村落の支配者層が受容した仏教が、村落支配や村落秩序の維持のための手段としての側面をもち、法会の聴衆である「村里道俗」は周く檀越によって仏教的に救済される立場であることを示す必要があったからではないかと想像されるが、この点については機会を改めて論じることとしたい。

以上、本稿では、古代村落史研究の成果に導かれながら古代村落における仏教受容の史的背景について論じた。史料的制約もあり論じ残した点は少なくないが、大方のご叱正を賜れば幸いである。

注

（1） 須田勉「平安初期における村落内寺院の存在形態」（『古代探叢Ⅱ』早稲田大学出版会、一九八五年）。

（2）須田勉「古代村落寺院とその信仰」（国士舘大学考古学会編『古代の信仰と社会』六一書房、二〇〇六年）。
（3）池田敏宏「仏堂施設における瓦塔出土状況について（素描）―土浦市・根鹿北遺跡出土瓦塔をめぐって―」（『土浦市立博物館紀要』第九号、一九九九年）。
（4）窪田大介氏は、古代陸奥国の仏堂遺構について、関東の「村落内寺院」とは成立背景の異なるものとして「掘立柱仏堂」と呼称されている（同氏「九世紀陸奥国における掘立柱仏堂の展開」『古代東北仏教史研究』〈佛教大学研究叢書〉、法藏館、二〇一一年）が、村落レベルにおける仏教の受容拠点という意味では「村落内寺院」などと同様であると筆者は考える。
（5）前掲注（1）・（2）須田論文、前掲注（3）池田論文、前掲注（4）窪田論文のほか、その他の主な研究としては、笹生衛『神仏と村景観の考古学』（弘文堂、二〇〇五年）、同『日本古代の祭祀考古学』（吉川弘文館、二〇一二年）のほか、富永樹之「「村落内寺院」の展開（上、中、下）」（『神奈川考古』第三〇～三二号、一九九四～一九九六年）。出越茂和「古代石川における山と里の寺」（『杉野屋専光寺遺跡』一九九八年）。林健亮「灯明皿型土器から見た仏教関係遺跡」（『出雲古代史研究』第一〇号、二〇〇〇年）。木村衡『古代民衆寺院史への視点』（岩田書院、二〇〇四年）など多数。論文集や図録については、（財）千葉県文化財センター『研究紀要』第十九集（一九九八年）。奈良文化財研究所編『在地社会と仏教』（二〇〇六年）。前掲注（2）国士舘大学考古学会編『古代の信仰と社会』。上高津貝塚ふるさと歴史の広場『仏のすまう空間―古代霞ヶ浦の仏教信仰―』（一九九八年）。しもつけ風土記の丘資料館『仏堂のある風景』（一九九九年）。上高津貝塚ふるさと歴史の広場『神の寺、山の寺、里の寺―古代仏教信仰の広がり―』（二〇一〇年）など。
（6）宮瀧交二「古代村落の「堂」―『日本霊異記』に見る「堂」の再検討」（『塔影』本郷高等学校紀要、第二二号、一九八九年）〈A論文〉。同「日本古代の村落と開発」（『歴史学研究』第六三八号、一九九二年）〈B論文〉、同「日本古代の民衆と「村堂」」（野田嶺志編『村のなかの古代史』岩田書院、二〇〇〇年）〈C論文〉。鈴木景二「都鄙間交通と在地秩序―奈良・平安初期の仏教を素材として―」（『日本史研究』第三七九号、一九九四年）。拙稿「日本古代の「堂」と仏教―『東大寺諷誦文稿』の「慰誘言」を中心として―」（山口敦史編『聖典と注釈―仏典注釈から見る古代―』武蔵野書院、二〇一一年）〈A論文〉、同「日本古代の「堂」と村落の仏教」（『日本歴史』第七七七号、二〇一三年）〈B論文〉など。
（7）「古代村落」については「村落」・「村」と同義で「村落共同体の省略形」であり、「一般に社会科学の範疇では、世界史の発展段階のうえで原始共同体が解体し奴隷制社会（古代社会）がつくられる時期に、それまでの血縁的結合による氏族共同体に代わって登場した、独立性の強い村落共同体構成員が地縁的に結合した共同体を指すもの」（阿部猛・義江明子・槇道雄・相曽貴志編『日本古代史研究事典』東京堂出版、一九九五年。「古代の村落―奈良～平安初期」の項・宮瀧交二氏執筆、二〇六頁）とする見解に従いたい。
（8）前掲注（6）宮瀧A～C論文。
（9）前掲注（5）笹生氏著書。
（10）前掲注（6）宮瀧A～C論文。
（11）前掲注（1）須田論文。
（12）前掲注（2）須田論文。
（13）石母田正『日本の古代国家』（岩波書店、一九七一年）。吉田孝「律令時代の氏族・家族・集落」（『律令国家と古代の社会』岩波書店、一九八三年）。小林昌二「「村」と村首・村長」（『日本古代の村落と農民支配』塙書房、二〇〇〇年）。関和彦『風土記と古代社会』塙書房、一九八四年）。鬼頭清明「郷・村・集落」（『国立歴史民俗博物館研究報告』第二二集、一九八九年）。平川南「古代における里と村」（『律令国郡制の実像』下、吉川弘文館、二〇一四年）など。
（14）浅野啓介「日本古代における村の性格」（『史学雑誌』第一二三篇第六号、二〇一四年）。
（15）義江彰夫「律令制下の村落祭祀と公出挙制」（『歴史学研究』第三八〇号、一九七二年）。同「儀制令春時祭田条の一考察」（井上光貞博士還暦記念会編『古代史論叢』中、吉川弘文館、一九七八年）。沼田武彦「古代村落祭祀の史的位置」（『論究日本古代史』学生社、一九七九年）。吉田晶『日本古代村落史序説』（塙書房、一九八〇年）。前掲注（13）関氏著書。同「村落首長の実像と村落支配」（『日本古代社会生活史の研究』校倉書房、一九九四年。初出は、一九九一年）。大町健「古代村落と村落首長」（『日本古代の国家と在地首長制』校倉書房、一九八七年）など。
（16）『新訂増補　国史大系』第二十四巻。
（17）史料は、沖森卓也・佐藤信・矢嶋泉編著『常陸国風土記』（山川出版社、二〇〇七年）による。
（18）前掲注（15）大町論文。
（19）前掲注（15）吉田晶氏著書。前掲注（15）大町論文。
（20）『新訂増補　国史大系』第二十五巻。
（21）荒木敏夫「古代国家と民間祭祀」（『歴史学研究』第五六〇号、一九八六年）など。
（22）前掲注（15）吉田晶氏著書。
（23）吉村武彦「初期庄園の耕営と労働力編成―東大寺領越中・越前庄園から―」（『日本古代の社会と国家』岩波書店、一九九六年。初出は、一九七四年）三二四頁～三二五頁。

(24) 前掲注(15)義江論文。
(25) 矢野建一「律令国家と村落祭祀」(菊地康明編『律令制祭祀論考』塙書房、一九九一年)。
(26) なお義江明子氏は、『霊異記』中五の「一富家長公」の主催する殺牛祭祀も同様のものと位置づけられている(同氏「祭祀と経営」『日本古代の祭祀と女性』吉川弘文館、一九九六年)。
(27) 峰岸純夫「序説　日本中世社会の構造と国家」(『大系日本国家史』2　中世、東京大学出版会、一九七五年)。大町健「富豪「層」論」(『日本歴史』第七〇〇号、二〇〇六年)四一頁。
(28) (財)石川県埋蔵文化財センター編『発見!古代のお触れ書き　石川県加茂遺跡出土加賀郡牓示札』(大修館書店、二〇〇一年)。引用史料は、本書による。
(29) 前掲注(28)編書。湯川善一「石川県津幡町加茂遺跡出土の加賀郡牓示札とその意義」(『日本歴史』第六五四年、二〇〇二年)。鈴木景二「加賀郡牓示札と在地社会」(『歴史評論』第六四三号、二〇〇三年)。金田章裕「加茂遺跡(石川県津幡町)出土「加賀郡牓示札」—古代の郡・郷・村—」(『古代・中世遺跡と歴史地理学』吉川弘文館、二〇一一年。初出は、二〇〇四年)。前掲注(13)平川論文。
(30) 前掲注(28)編書。義江明子「「田夫」「百姓」と里刀自—加賀郡牓示札における魚酒型労働の理解をめぐって—」(『日本古代女性史論』吉川弘文館、二〇〇七年)。
(31) 史料については、中田祝夫校注・訳『日本霊異記』(〈新編日本古典文学全集一〇〉、小学館、一九九五年)に依拠した。以下、同じ。
(32) 『新訂増補　国史大系』第二十六巻。
(33) 前掲注(14)浅野論文、四九頁。
(34) 鬼頭清明『古代の村』(〈古代日本を発掘する6〉、岩波書店、一九八五年)。原明芳『奈良時代からつづく信濃の村　吉田川西遺跡』(新泉社、二〇一〇年)など。以下の内容についても、上記文献による。
(35) 近年の成果として、小田和利氏により、北九州においても集落類型にかかわらず鉄器の所有率が高いことが指摘されている(同氏「集落と鉄器—北部九州を中心として—」奈良文化財研究所編『第十四回古代官衙・集落研究会報告書　官衙・集落と鉄』、二〇一一年)。
(36) 平川南「墨書土器とその字形」(『墨書土器の研究』吉川弘文館、二〇〇〇年。初出は、一九九一年)二六一〜二六六頁。
(37) 前掲注(36)平川論文、三一六頁。

(38) 中田祝夫『東大寺諷誦文稿の国語学的研究』（風間書房、一九六九年）。小林真由美「東大寺諷誦文稿の成立年代」（『国語国文』第六十巻第九号、一九九一年）。

(39) 前掲注（6）鈴木論文。

(40) 拙稿「『東大寺諷誦文稿』の史料的特質をめぐる諸問題―書き入れを中心として―」（『水門』第二二号、二〇一〇年）。同「『東大寺諷誦文稿』の成立過程―前半部を中心として―」（『水門』第二三号、二〇一一年）。

(41) 前掲注（6）拙稿A。

(42) 史料については、築島裕編『東大寺諷誦文稿總索引』〈古典籍索引叢書八〉、汲古書院、二〇〇一年）に依拠したが、同書のコロタイプ版の影印に基づき修正した箇所がある。なお、／は合点、〈 〉は書き入れ、斜体は墨消しによる見セ消チ、[字]などの囲み文字は囲みによる削除、【 】は挿入符により省略された箇所、□は上記編著によって文字の存在が推定される部分、（ ）は上記編著によって推定された文字、〔 〕は上記編著によって「抹消、擦消等により判読の困難であるが、推測して判読を試みた部分」、をそれぞれ示す。太字は筆者による。

(43) 前掲注（6）拙稿A、二四一～二五〇頁。

(44) 前掲注（6）拙稿A。二五〇～二七八頁。

(45) 前掲注（15）吉田晶氏著書。前掲注（15）大町論文。

(46) 鈴木靖民「日本古代史における首長制社会論の試み」（『倭国史の展開と東アジア』岩波書店、二〇一二年）三二一～三二二頁。

(47) 前掲注（6）宮瀧A論文。

(48) 前掲注（6）宮瀧B・C論文。

(49) 八世紀後半から九世紀にかけて在地において富豪化し、新たに台頭してきた有力者を表す術語として、一九五〇年代から一九六〇年代にかけて戸田芳実氏により提起された「富豪層」概念があり（戸田芳実「平安初期の国衙と富豪層」『日本領主制成立史の研究』岩波書店、一九六七年。初出は、一九五八年。同「中世成立期の所有と経営について」『日本領主制成立史の研究』岩波書店、一九六七年。初出は、一九五九年）。古代村落史の議論においても、前述のように宮瀧交二氏は村落首長と対立する存在としての「富豪層」という位置づけをされていた。しかし、近年、森公章氏や市大樹氏によって、「富豪層」と言われる人々は様々な階層を含んでいるため特定の社会的階層を示す術語としてはふさわしくないことが指摘されており（森公章「九世紀の郡司とその動向」『古代郡司制度の研究』吉川弘文館、二〇〇〇年。市大樹「九世紀畿内地域の富豪層と院宮王臣家・諸司」『ヒストリア』第一六三号、一九九九年)、本稿においては〝富豪化〟として捉えていきたい。

(50) 義江明子「〝子の物をぬすむ話〟再考―『日本霊異記』上巻一〇話の「倉下」と「家長公」―」(『帝京史学』第二一号、二〇〇九年)一八～二二頁。

(51) 拙稿「『日本霊異記』の史料的特質と可能性―化牛説話を中心として―」(『歴史評論』第六六八号、二〇〇五年)。

(52) 鬼頭清明氏は、各地で馬の骨や馬鍬が出土していることから、「少なくとも、牛馬が耕作に使われていた可能性を、一概に否定することはできない」と指摘されている(前掲注(34)鬼頭氏著書、一三一頁)。

(53) 『大正新修大蔵経』第三十四巻。

(54) 例えば、唐・実叉難陀訳『地蔵菩薩本願経』、唐・善無畏訳『慈氏菩薩略修愈誐念誦法』、唐・智通訳『観自在菩薩随心呪経』などにもみえる。

(55) 当該条については、前掲注(6)拙稿Bを参照。

(56) 小林真由美「水の中の月―『東大寺諷誦文稿』における天台教学の受容について―」(『成城国文学論集』第三十五輯、二〇一三年)。

(57) 山口敦史「『日本霊異記』の「貧窮」について」(『日本霊異記と東アジアの仏教』笠間書院、二〇一三年。初出は、一九九八年)。

(58) 中村史『日本霊異記と唱導』(三弥井書房、一九九五年)。前掲注(6)鈴木論文。前掲注(40)拙稿など。

(59) 矢吹慶輝『三階教之研究』(岩波書店、一九二七年)。同「三階教と日本仏教」(『宗教学論集』三省堂、一九三〇年)。

(60) 伊藤尚徳「大乗の理念と社会的実践」(『蓮華寺佛教研究所紀要』第七号、二〇一四年)一〇六～一〇七頁。

(61) 西本照真『三階教の研究』(春秋社、一九九八年)五二頁。

(62) なお、吉田靖雄氏によって行基の活動や(同氏「行基と三階教の関係」『日本古代の菩薩と民衆』吉川弘文館、一九八八年。初出は、一九八一年。同氏「行基と菩薩思想」『日本古代の菩薩と民衆』吉川弘文館、一九八八年。初出は、一九八二年)、『霊異記』の編者景戒に影響も与えたことが推測されている(同氏「『日本霊異記』と三階教の関係」『日本古代の菩薩と民衆』吉川弘文館、一九八八年。初出は、一九八二年)。

(63) 前掲注(40)拙稿。

平安京都市民の存在形態——道々細工を中心として——

久米　舞子

はじめに

『新猿楽記』は、藤原明衡によって十一世紀半ばに著された。猿楽を見物する右衛門尉一家に仮託して、かの一家が網羅するあらゆる「所能」を数えあげる。そのなかに覡女である四御許の夫について、次のようにある。

四御許者覡女也。……尋二其夫一、則右馬寮史生、七条以南保長也。姓金集名百成、鍛冶鋳物師并銀金細工也。一佩・小刀・太刀・伏突・鉾・剣・髪剃・矢尻、鍔如二寒氷一、様似二茅葉一。或鐙・銜・鎰・鋸・鉇・釿・鐇・鎌・斧・鋤・鍬・釘・鋑・錐・鑷・鋏・金物等〈已上造物〉、或鍋・鑵・釜・鍑・鼎・鉢・鋺・熨斗・鏡・水瓶・花瓶・閼伽器・匳・火舎・錫杖・錫鈸・香炉・独鈷・三鈷・五鈷・鈴・大鐘・金鼓等〈已上鋳物〉上手也。進二退鉄一動同二揚州莫邪一、練二沸銅一応疑二呉山百練一乎。

金集百成は、右馬寮史生にして七条以南の保長であり、鍛冶鋳物師ならびに銀金細工すなわち金工の職人である。

馬寮とは、朝廷で用いられる馬の飼養や支給を担当する官司であり、その史生は雑任として事務にあたる下級官人である。また四保一坊の京保を領域として、治安維持や道橋保全にあたるのが保長である。平安京における保長の制度は、『類聚三代格』貞観四年（八六二）三月十五日付太政官符において整えられた。親王及公卿職事三位以上の家司、無品親王の六位別当、散位三位以下五位以上の事業から、さらに同昌泰二年（八九九）六月四日付太政官符では諸院諸司の六位院司官人を加え、これを任命するよう定められた。むろん、彼が上手とする造物と鋳物のリストを見れば、彼の主たる職能が鍛冶鋳物師ならびに銀金細工であることに疑いはない。しかしながら、彼が右馬寮史生にして七条以南の保長であり、鍛冶鋳物師ならびに銀金細工であることは、いかにして並立するのであろうか。本稿は、多様な顔をもつ彼を導き手として、平安京に住む都市民の実態の究明を試みる。

平安時代における手工業の研究においては、浅香年木氏の体系的な理解が長く参照されてきた。浅香氏の理解は、九世紀の官司整理を通して「官営工房の再編成と解体」が進み、「有力な王臣社寺勢力ごとに、手工業生産が分割的に領有される傾向があらわれる」。木工寮・修理職といった官営工房所属の工匠がもつ「優位性」は、十一〜十二世紀にも強固に残存するものの、工匠集団は王臣寺社勢力に依存しつつ手工業者としての自立を深めていく(1)、というものである。律令国家が管理する手工業生産を担ったのは、主として「天皇の家産機構」であるとするのが、古尾谷知浩氏である。古尾谷氏は、摂関期には「手工業の個別家産への分散、手工業者の自立」が生じつつも、「天皇の下に人的資源が集められ、個別家産はこれを利用するという構造になっていた」とする。院政期にも「依然として手工業者は天皇・太上天皇側に確保されており、彼らが摂関家などの需要に応じる際には、手工業者自身が原材料を調達し、対価を得て製品を供給」するとし、「両者は対抗関係にあるとともに、相互依存の関係にもあった(2)」とした。浅香氏が提起した「官（公）から私へ」の実態は問われるべきであろう。しかし古尾谷氏は、天皇の家産制的手工業が果たした役割を強調するあまり、手工業者そのもののあり方に対する意識が充分とはいい難い。

本稿が主たる分析対象とするのは、「道々細工」と称される職人である。十二世紀までの史料にあらわれる彼らは、平安京において活動し、木工や金工によって調度品などの比較的小規模な生産を担う。(3)「道々細工」という語は、九条家本『延喜式』巻三十裏文書にみえる寛弘七年（一〇一〇）二月三十日付衛門府粮料下用注文（『平安遺文』四五五）に「依二宣旨一道々細工神宝運衛士四人料」として初見する。告井幸男氏によれば『道』という言葉自体は古くから見え、「九世紀以降に」紀伝・明経・明法・算の「四道が成立」し、「一一世紀には四道以外の分野及び職能人などへも『道』の概念は及」んだ。(4)そして「芸能・道と『職人』とが不可分の関係にある」(5)と論じたのが網野善彦氏である。道々細工は、官司に仕える技術官人として史料に姿をあらわす。また貴族や院に仕え、あるいはその依頼を受けて、調度の製作を行う職人である。さらに平安京に居住する彼らは、都市民の一員でもある。道々細工の立場から、官司はどうみえるのか、貴族や院はどうみえるのか、そして都市民としての彼らはいかなる存在であったのか。本稿は、平安京における道々細工の存在形態を問うものである。

一、官司に属する道々細工

道々細工は、その技能をもって朝廷に仕えるため、都城に集められ官司に編成された。平安京で活動する彼らは、そもそも官司に属する技術官人として上京し、定着した人々であったと考えられる。

技術官人としての道々細工を擁する官司に、内匠寮、作物所がある。内匠寮は中務省被管の令外官として、神亀五年（七二八）に設置され、(6)朝廷で用いられる調度の製作や、儀式における設営をその職掌とする。(7)『類聚三代格』四、大同四年（八〇九）八月二十八日付太政官符によれば、内匠寮に属する「雑工」の構成は、長上工二三人（絵師・細

工・金銀工・玉石帯工・銅鐵・鋳工・造丹・屏風・漆塗・木工・轆轤・埝）、番上工一〇〇人（絵工・細工・金銀工・玉石帯工・銅鐵工・鋳工・造丹工・造屏風工・革筥工・黒葛筥・柳箱工）を数えた。

内匠寮のように多数の下級官人を抱える官司は、京内に官衙町を有し、そこが彼らの宿所になったと考えられる。村井康彦氏は、官衙町を「諸寮司の雑任官人の町」と定義し、「特定の官衙の町であり、そこはその官衙の官人の居区であった」[8]と述べる。これに対し北村優季氏は、九世紀の史料にみえる官衙町は官司によって特定される「町」ではなく、「職種ごとに設定された宿所」であるとする。そして摂関期には、官衙町は宿所としての機能を停止し「諸司領（官衙領）へ転化」[9]する、と述べた。

官衙町の存在は、発掘調査からも裏づけられる。山中章氏は、長岡京の発掘成果から、「宿所町」と「諸官衙に配される現業機関としての官衙町」[10]とを見出した。また清水みき氏は、やはり長岡京期前後の考古学資料の検討から、八世紀末に官衙町を含む「宮外官衙」の成立起源があること、また「実務に関わる官衙町の周辺に、舎人・衛士らの宿所町が置かれたと思われる」[11]とする。『拾芥抄』西京図の尊経閣文庫本と天理図書館本には、右京二条四坊八・九町に「内匠町」の記載がある。内匠寮の官衙町であった可能性が考えられるが、主だった官衙町が集まる宮城周辺からはずれていることが留意される。しかしながら、内匠寮の技術官人もまた京内の一地域に居住する場を与えられ、集住したと考えられよう。

内匠寮の職掌は、十世紀以降、銅製品や木製品の製作に限定されていく。さらに『山槐記』元暦元年（一一八四）八月二十二日戊寅条によれば「近代内匠寮皆為㆓銅細工㆒、彫木事不㆑得㆓其骨㆒」、十二世紀後半には内匠寮に所属するのは銅細工ばかりとなり、木製品の製作は不可能となっていた。内匠寮の機能が縮小した要因は、作物所や絵所の独立にあるとされる。[12]

作物所は、承和七年（八四〇）以前に内匠寮の雑工を割いて分立した。[13] その職掌は朝廷で用いられる調度の製作や、儀式における設営を担うことにあり、内匠寮のそれに重なる。[14] 作物所には、冶師（『続日本後紀』承和十五年〈八四八〉三月五日甲子条）、工部（『権記』長保二年〈一〇〇〇〉四月七日庚寅条）、彫物工（『左経記』長和五年〈一〇一六〉五月十六日己未条）、木工・鍛冶・漆工・木道工・漆工道（漆道工カ）（『大間成文抄』四、所々奏）、螺鈿道工（同七、所々奏）の所属を確認できる。

内裏月華門外の南側にある「進物所西」（『西宮記』臨時五、所々事）に、作物所は所在した。『続日本後紀』承和十五年（八四八）三月五日甲子条には「是日、永安門西廊有㆑火。……初是作物所冶師行㆑火之所㆑延也」とあり、冶師が火を出して永安門西廊に火事があったことが知られ、ここが工房としての機能をもっていたことがわかる。[15] なお作物所の官衙町は、平安京内に確認できない。

また作物所の道々細工は、その工房に留まらず、各々の行事に応じて設けられる行事所に出向き、製作を行った。『左経記』長和五年（一〇一六）五月十六日己未条は、後一条天皇の大嘗祭に用いられる悠紀・主基の印製作について記す。「先㆑是作物所預皇太后宮大属丸部宿禰兼善率㆓彫物工等㆒候㆓行事所㆒、臨㆓午二点㆒有㆑召着座。〈兼善着㆓客座㆒、工等着㆓西廂㆒。主基方作物所預内蔵允宇治良明雖㆓参次㆒、申㆑障不㆓着座㆒。但工等同候㆑座、各彫㆓作印等㆒〉」。作物所預の丸部兼善・宇治良明に率いられた彫物工は、悠紀方・主基方に分かれ、「官東庁」（同四月二十八日辛丑条）すなわち太政官東庁に設けられた行事所に参入しその西廂に着座して、印の製作にあたった。[16] 同二十二日乙丑条には「大嘗会行事所以㆓午二点㆒始㆓印政㆒。……右少弁相共、率㆓官掌以上㆒、向㆓侍従所㆒、分㆓取絵師并細工等㆒。座席如㆑常。先日絵所并作物所等預ヲ召着㆓史座末㆒、令㆑申㆓道々細工・絵師等名㆒、令㆓史書㆒㆑之」とあり、絵師や道々細工の名は絵所預や作物所預を通じて把握され書き留められていたようであり、この名簿は「道々細工文」（同二十三日丙寅条）と称された。

なお『菅家文草』七の「左相撲司標所記」（五二七）にみえる、元慶六年（八八二）の相撲節会のための標屋における標の製作においても「内裏作物所預播磨少目佐伯宮興、勒二細工等交名一進レ庁」とあり、作物所の細工はやはり交名によって左相撲司に把握されている。

『左経記』寛仁元年（一〇一七）十一月三十日甲子条は、季御読経で諸神に奉納する仏舎利の容器となる銀壺、それを入れる多宝塔の製作を記録する。「早旦参二着侍従厨家庁一。是来月廿一日、五畿七道諸神為レ被レ奉二仏舎利一、今日於二此所一、為レ令下始作中可レ入二舎利一銀壺并可レ入レ壺厚朴木多宝塔等上、参着也。……兼又作物所□散位良明率二工等一候レ座。巳剋始レ作二塔一基一、無二酒肴等儲一」。作物所預の宇治良明に率いられた工たちは、美福門東脇にある侍従厨に参入して座に着き、ここを作業場として製作にあたった。

石清水八幡社・賀茂社への行幸に先立つ神宝の製作もまた、「大膳職」に設けられた行事所において行われた。『中右記』嘉保二年（一〇九五）二月二十六日壬辰条には「於二南庇一敷二清薦一、木道細工信行令レ作二始木一。是石清水・賀茂神宝錦蓋手各一」とあり、南廂に清薦を敷いて作業場が設けられ、木道細工信行のもとで各神社の神宝の担当者が製作に当たった。

嘉保二年（一〇九五）は、伊勢神宮の式年遷宮の年でもあった。『中右記』同六月十五日己卯条には「申時許、遷宮行事史盛忠、召二具官掌・史生・道々細工一、来二家中一。為レ取二神殿金物寸法一、明日所レ申二遣伊勢国一也。使史生中臣則貞、細工四人、史部二人、明旦遂下向。七月朔日以前仰下可二帰参一之由上了。旧府案絵様等所二副下一也」とあり、神殿金物寸法を計るため、四人の道々細工を含む使が伊勢へと派遣され、[17]七月一日の行事所始までの帰京を求められた。同七月一日甲午条によれば、行事所は「神祇官西院北庁屋」に仮板敷を敷いて設けられた。そして「次召二作物所預二人延忠・清近一〈二人冠表衣、先給二清衣料疋絹一懸レ肩也〉、令レ候レ座〈北面、与二弁座一対座□也〉。敷二清薦一置二木一枝一、仰二延忠一令レ作二始太神宮御桙一也。先例也」、作物所預の秦延忠・上野清近が召され、清鷹が敷かれて神宝の製作が始まった。製作期間は二ヶ月余り続き、同九月六日戊戌条に「已及二申剋一。神宝金物等皆悉勘納了。仍給レ禄レ於二道々細工并女工所及女官等一」とあって、神宝金物が勘納され、道々細工らは禄を得た。この神宝製作には「数十人細工」が関わったという。神宝使は翌日、伊勢へ派遣された。同九月七日己亥条には「路頭次第、先左右衛士四人〈着二赤衣一、取二白杖一〉前行、次左右京職官人二人相分騎馬相共、次神宝一行、御唐櫃等〈両面覆為レ先〉、神宝雑荷凡八十余荷也。次神祇伯行事史以下道々細工長等騎馬扈従、経二大宮并二条大路一至二河原一」とあり、その路頭次第は、衛士四人を先頭に、騎馬の京職官人が二人、神宝使の一行に神宝雑荷が納められた八十余りの荷が続き、神祇伯や行事史以下、道々細工長[18]が騎馬にて扈従し、大宮大路や二条大路を経由して、鴨河原まで神宝使を送ったという。

『大間成文抄』四、所々奏からは、作物所に所属する道々細工の昇進ルートを確認することができる。

　作物所

請下殊蒙二天恩一、因レ准二先例一、以二漆工道正六位上多治宿禰友方一、拝上二任諸国〈丹波〉大掾一状

右得二友方款状一偁、謹検二案内一、当所工等、以レ挙レ奏毎年任二諸国大掾一、承前不易之例也。爰友方出仕之後、卅余年于茲、至二大少公事色々御物一、敢不レ致二懈怠一。望請二天恩一、因レ准二先例一、以二友方一被レ拝二任件掾一、将レ励二奇肱之後輩一矣。仍勒二在状一、謹請二処分一。

　嘉保三年正月廿七日（尻付略）

作物所の道々細工には、諸国大掾への毎年の任官枠が充てられていた[19]。ここにみえる多治宿禰友方は、「漆工道」（漆道工）としての年労により丹波大掾に任じられている。また『大間成文抄』四、所々奏には、作物所の道々細工から諸国目に任官した例として、天暦八年（九五四）に丹波権大目となった飛鳥戸造時持、天元三年（九八〇）に備中権

少目となった辛人宿禰公直、天元五年（九八二）に作物所木工から若狭権目となった壬生公公忠、永観元年（九八三）に作物所鍛治から遠江大目となった磯部有本、永観二年（九八四）に作物所漆工から但馬権大目となった飛鳥戸造貞連、長徳二年（九九六）に但馬権少目となった三上真直を挙げる。内竪所の内竪にして、作物所に「木道工」として三十年にわたり出仕する丸部宿禰信方も、この任官枠の対象となり、寛治六年（一〇九二）正月二十三日付の作物所奏により越後少掾に任じられた。

『大間成文抄』七、所々奏には、成功によってさらに昇進を重ねた道々細工の申文もまた収められる。

　作物所螺鈿道工前伊予掾正六位上秦宿禰忠辰誠惶誠恐謹言

　請乙特蒙二天恩一、任二宣旨一、依下調二進賀茂祭料鞍十五具一功上、被甲レ拝二任内蔵寮属欠一状

　身労廿五个年

　調進唐鞍

　……

右忠辰謹検二案内一、去寛弘三年三月三日蒙二宣旨一、以二私物一造二進賀茂祭料唐鞍等一先了。即其宣旨偁、依二件成功一可レ被レ加二任内蔵寮属一由、甄録載レ前。因レ茲毎レ有二除目一雖レ経二上奏一、空送二年月一未レ関二其官一。而間有二彼寮属欠一、幸当二其仁一。望請特蒙二天恩一、依二不日之成功一、被レ拝二任件寮属欠一、将レ知二奉公之貴一、忠辰誠惶誠恐謹言。

　　寛弘五年十月十八日　作物所螺鈿道工前伊予掾正六位上秦宿禰忠辰

秦忠辰は作物所の螺鈿道工であり、前伊予掾である。寛弘三年（一〇〇六）に賀茂祭料の鞍を私物によって造進し、この成功による内蔵寮属への任官を求めた。彼は寛弘五年（一〇〇八）に内蔵権少属に補任されている。

作物所には、諸国目（のちに掾）への任官枠が毎年充てられており、道々細工は年労により、これに与ることがで

きた。さらに成功によって、諸司属に任官する道が開かれていた。しかしながら、秦忠辰が伊予掾から作物所の螺鈿道工に復したように、彼らに求められたのは道々細工としての技能であった。そのため諸国目（掾）に補任されても、任地に赴くことなく、平安京において道々細工としての活動を継続したと考える。(20)

朝廷に仕える道々細工は、調度の製作を担う内匠寮や作物所といった官司に所属するばかりではなかった。『小右記』万寿元年（一〇二四）十二月十二日丙寅条には「銀鍛冶左兵衛府安高」、『本朝世紀』康和五年（一一〇三）九月十日甲午条には「銅鍛冶隼人令史坂上忠清」とある。『山槐記』元暦元年（一一八四）八月二十二日戊寅条には、後鳥羽天皇の大嘗会の「定二絵師并雑工事一」として、悠紀・主基行事所の絵所・細工所に配された絵師や雑工の交名「雑工注文」が記載される。「道々細工文」（『左経記』長和五年〈一〇一六〉五月二十三日丙寅条）と同様のものであろう。悠紀の細工所に配された道々細工のなかには、「木道」に「安芸介中原安俊」、「漆工」に「右衛門少志源良直」、「蒔絵工」に「右衛門少志紀助正」、「金物」に「武蔵介《ママ》紀清則」、「鏡工」に「武蔵介《ママ》葛原貞利」、「鋳物師」に「西市令史大春日守正」(21)、「打物」に「右京少属中原清永」がみえる。主基の細工所には、「漆工」に「右衛門少志中原永盛」、「螺鈿工」に「右兵衛府生源茂直」、「鏡工」に「左馬属大原助友」、「鋳師」に「東市令史春日守正」が確認される。彼らが帯する官職は、諸国介、衛門府・市司・京職・馬寮の主典、兵衛府生と多岐にわたる。彼らは内匠寮や作物所といった官司に属さないが、朝廷に道々細工として把握されその技能を発揮することを求められた。(22)

『類聚符宣抄』十にみえる天暦七年（九五三）六月十六日付宣旨からも、そのような細工のあり方を確認しておきたい。

左馬史生矢集春生
右馬史生内則忠

右中納言源高明卿宣、件人等、作二仕中宮御賀物一之間、宜下令レ直二作物所一、及除二寮直日一之外、准二見仕一給中上日上者。

天暦七年六月十六日　少外記文武並〈奉〉

中宮藤原穏子の御賀の調度製作のため、作物所に充てられたのは、馬寮の史生である矢集春生・内則忠であった。彼らは細工の技能をもつ人物であった。『新猿楽記』の鍛冶鋳物師ならびに銀金細工である金集百成もまた、右馬寮史生であったことを指摘しておきたい。

二、貴族や院と道々細工

道々細工の製作の場は、官司に限られない。朝廷はもちろん、貴族や院にとっても、日常生活や行事、儀式を行うために道々細工の技能は欠かせないものであり、彼らを必要に応じて召し寄せたり、家に抱えたりすることが求められた。

貴族たちは、内匠寮や作物所といった官司を通じて、そこに属する道々細工に製作を依頼することができた[23]。『権記』長保四年（一〇〇二）十月三日甲子条には「早朝淑光朝臣持二来成字印文一。即差二茂方一遣二内匠属服時方許一、家印未レ鋳」とあり[24]、藤原行成は参議に任じられる際に、内匠属の服時に依頼して家印を鋳させた。印の鋳造は内匠寮の細工が担当したと考えられる。書杖の製作もまた、内匠寮を通じて行われた。『平定家朝臣記』康平三年（一〇六〇）七月八日甲午条に「書杖可二造進一之由、去五日被レ仰二内匠頭兼行一、了給二料物一云々」とあり、『兵範記』保元二年（一一五七）八月九日戊寅条には「書杖事、召二内匠寮年預一、下下知可二造進一由上、即召二支度一、令レ下二行用途物一」とある。

書杖の製作は内匠頭の源兼行や内匠寮年預の行友を通じて依頼され、料物が支払われた。

『小右記』寛弘二年（一〇〇五）正月二十五日甲戌条には「釼石突落。仍令二作物所預有信造一レ之。今日持来。給レ禄〈大褂随レ有〉」とある。藤原実資は釼から落ちた石突の修復を作物所預の内蔵有信に命じた。有信はこれを作物所に持ち帰り、所属する細工に修復させたと考えられる。実資は、有信に対し禄を給した。『小右記』寛仁二年（一〇一八）十二月七日乙未条では「良明宿禰捧二来捧物料香炉一、賜レ禄〈山吹綿袙・大褂等〉。前日給二料銀廿五両一所レ令レ打也」、実資は宇治良明に料銀を与えて、藤原道長が催す法華八講に献じる香炉を製作させた。宇治良明は作物所預であり、彼は作物所の道々細工にその製作を命じたのであろう。ここでも実資は、香炉の納入に対して禄を給している。十二世紀前半に成立した『執政所抄』四月、御賀茂詣事には「今月、召二作物所者一、始二神宝一畢」とある。摂関家は賀茂社に奉る神宝を、作物所の者を召して製作させた。

貴族は、内匠寮や作物所といった官司に、必要とする調度の製作を依頼する。内匠属や年預、作物所預といった実務官人がこの依頼を受け、彼らはそれぞれの官司にこれを持ち帰り、道々細工に製作を行わせたと考えられる。これに対し、貴族は禄を給した。

『御堂関白記』寛弘六年（一〇〇九）九月二十日辛未条には「宮定二御産間雑事一、庁同レ之、召二道々工一、仰下可二奉仕一事等上、女方賜レ絹」とある。藤原道長は一条天皇の中宮であり自分の娘である彰子の出産に際し、必要な調度の製作を道々工を召して行わせた。後一条天皇の中宮で、やはり藤原道長の娘である威子の御産の場合も、『左経記』万寿三年（一〇二六）八月七日庚辰条に「左頭中将〈公成〉承二関白殿仰一、宮御調度等可二調始一之由召二仰道々工等一云々」とあり、藤原頼通は蔵人頭の藤原公成に命じ、道々工に召し仰せて調度を製作させた。なお同十月十九日辛卯条によれば、威子の御産調度を持ち参入したのは「蔵人式部丞経任」であった。

九世紀末に成立した『竹取物語』には、くらもちの皇子が玉の枝を鍛冶工匠に製作させる場面が描かれる。

かねて、事みな仰たりければ、その時ひとつの宝なりける鍛冶工匠六人を召しとりて、たはやすく人寄り来まじき家をつくりて、かまどを三重にしこめて、工匠らを入給つゝ、御子もおなじ所にこもり給て、知らせ給たるかぎり十六そを、かみにくとをあけて、玉の枝をつくり給ふ。……かゝる程に、おのこども六人、つらねて庭に出きたり。一人の男、文挟に文をはさみて申。「作物所の工匠、漢部内麻呂申さく、玉の木を作りつかうまつりし事、五穀を断ちて千余日に力を尽くしたること、少なからず。しかるに、禄いまだ給はらず。これを給て、家子に給せん」と言ひて、捧げたり。

くらもちの皇子が召し寄せた鍛冶工匠には、作物所[25]に所属する漢部内麻呂が含まれていた。彼は皇子が設けた家で、家子を率いて製作を行い、これに対し禄を得ることを求めた。

道々細工と貴族との関係は、内匠寮や作物所といった官司を介したものばかりではない。『小右記』寛和元年（九八五）二月七日壬午条によれば「召二銀鍛冶延正一、令レ打二銀器一」、藤原実資は銀鍛冶の延正を召して銀器を打たせた。実資は、同治安三年（一〇二三）四月二十三日丙辰条でも「召二銀鍛冶等一令レ打二小女銀器等一、於レ前令レ打」、銀鍛冶を召し、娘千古のための銀器を面前で打たせている。同万寿元年（一〇二四）十二月十二日丙寅条には「銀鍛冶左兵衛府安高給レ禄〈絹二疋・手作布五端〉、菊武〈一疋・三端〉。件二人一日令レ給二小米一。良明宿禰給二三疋一、時々来口入者也、仍殊所レ給。小女銀器一具并大提〈一斗納〉中提〈五升納〉」とある。千古の著裳における銀器の製作を担ったのは、銀鍛冶の安高と菊武である。彼らの禄には差がみられ、製作作業において役割の序列があったことをうかがわせる。この製作に口入した宇治良明にも、禄が給された。良明は作物所預であり、安高・菊武が作物所と関係をもった可能性が考えられる。また安高は左兵衛府に属しつつ、道々細工としての技能をもつ人物であった。なお千古の著裳には銀器の他にも多くの調度が製作された。同十三日丁卯条には「今日小女著裳之日、仍巳時立レ帳、亦羅二列唐匣并雑具等一。道々工等給二疋絹・手作布等一」とあり、唐匣や雑具を製作した道々細工が禄を得た。また菊武については、同長元四年（一〇三一）三月十九日丙寅条にも「従二十一日一召二銀工菊武一、令レ打二提・銚等一。今日打畢。給二絹一疋一」とある。菊武はここでも実資の依頼を受けて銀器を打ち、禄を得ており、彼が銀工として実資と継続的な関係をもったことがうかがえる。

『小右記』寛仁二年（一〇一八）十二月三十日戊午条には「入夜銅鍛冶伴延助持二来車金物一、即令レ打、給二疋絹一」とあり、藤原実資は銅鍛冶の伴延助に車の金物を打たせて報酬を与えた。また同治安元年（一〇二一）七月十九日壬辰条に「簾工二人給二絹各一疋・手作布各一端一」とあるのは、実資が簾工二人に簾の製作を依頼し、報酬を与えたのであろう。同治安三年（一〇二三）六月十七日己酉条には「蒔塗三人給レ禄〈一人絹三疋、今二人各二疋〉。唐櫛笥・櫛筥一雙・硯筥等蒔了。自余物依レ無レ金不レ能レ令レ蒔、仍亦給レ禄了。厨子二階并雑具等皆入二螺鈿一了」とあり、実資の依頼により蒔塗三人が蒔絵を施し、あるいは螺鈿が入れられ、彼らに禄が給された。この蒔塗三人にも禄に差がみられ、彼らの役割に序列が存在したことをうかがわせる。同長元二年（一〇二九）八月二十六日壬子条に「両納言相二議小女事一。……召二木道工・車造・錦織手等一令レ仰レ之」とある。千古と藤原兼頼との婚儀のため、木道工・車造・錦織手を召すよう命じたものである。同四年（一〇三一）七月十九日甲子条には「巳時取二寄新造輦車一、作工道慶法師相副来。令レ給二疋絹一」とある。実資は輦車の新造を作工の道慶法師に依頼し、自ら納品に来た彼に報酬を与えた。

『左経記』長元七年（一〇三四）十月十日丙寅条によれば、藤原頼通は細工に依頼して筑紫より献じられた赤木から倭琴を作らせた。「新作赤木倭琴今日初装束〈散位宣頼朝臣所二勤仕一〉。……即細工等賜レ禄。件赤木在二筑志一、前日所レ献也。其勢依二今琴尺寸一、於二御前一所レ被レ作也」。新作の赤木倭琴は、頼通の御前で製作され、細工にはその場で禄が給された。

このように、道々細工は貴族からの依頼を受けて製作を行い、禄を得ることがあった。彼らのなかには内匠寮や作物所などの官司に関係をもつ者がいたと考えられる。しかし道々細工は、貴族に直接召されて依頼を受け、その製作に対して禄を得た。また複数の道々細工による製作には、禄の差から序列がうかがわれ、彼らの共同作業には主導的・補助的といった役割の分担があったと考えられる。

道々細工のなかには、特定の貴族や院に仕えて「固定的な関係」[26]を築く者がいた。『小右記』万寿四年（一〇二七）六月二日辛未条には「小一条院雑人五人乱二入家工豊武宅一〈西町〉。捕搦将レ度二家北門一之間、厩舎人・牛童等拘二留件豊武一。々々引離逃二入家中一、尋問之処豊武出去者。院人并家牛童抜刀〈云々〉。件事先日院有二仰事一」とあり、藤原実資の家工である豊武と、小一条院敦明親王に仕える雑人とがトラブルを起こした。豊武の住居は小野宮邸の西町にあり、同三日壬申条には「小一条院被レ尋之豊武妻尋搦令レ候也」とあることから、ここに妻と共に居住したと考えられる。

また『小右記』万寿二年（一〇二五）十一月三十日戊申条には「亥時許有下入二中門北腋縁下一者上、男等執二続松一追出、逃走二入中宮大夫家一、即捕出召二検非違使左衛門尉顕輔一下給。於二獄所一拷訊、両致下切二壊北廊戸内一盗上二取雑物一承伏了。是漆工公忠従者紀為頼者」とある。小野宮邸で雑物を盗み取り、中宮大夫の藤原斉信邸へ逃走して捕らえられたのは、漆工公忠の従者である紀為頼であった。ここにみえる漆工公忠は、同長元四年（一〇三一）三月八日乙卯条に「御馬一疋遣二大蔵卿許一。以二彼従者漆工公忠一為レ使」とあり、大蔵卿である藤原通任の従者である。彼は同正月一日己酉条にも「絹三疋給下満二平緒一者上〈致光〉、絹一疋給二漆工公忠一」とみえ、実資のもとで漆工として製作を行い、報酬を得ることがあった。彼が通任の従者であることは、実資の製作依頼を受けることを妨げなかったとみられる。

摂関家や院の邸宅には、御倉町と呼ばれる収納施設が設けられた。御倉町は、十一世紀以降に東三条殿や土御門殿などの摂関家の邸宅にみえ、十二世紀には院の邸宅にも付設される。また十二世紀になって御倉町は、細工所としての機能をもつようになった。[27]

『殿暦』嘉承二年(一一〇七)八月二十三日丙子条に「今日用二網代車一〈無文網代、無二物見一、簾如レ常〉。雖二然無文青革押レ之、尻カヒ如レ常。件車中宮大進実親車〈を〉暫借也。仰二細工所一令二調進一也」とあるのは、藤原忠実が網代車の製作を、東三条殿の細工所に命じたことを意味するのであろう。『兵範記』保元二年(一一五七)七月五日戊辰条は、東三条殿の設えを記すなかで「東三条殿儀。……南庇西第二間敷二繧繝縁畳二枚一〈東西行〉、其上供二東京錦茵一為二晝御座一〈件帖茵等、本家儲レ之。御倉町所二新調一也〉」とし、東京錦茵が御倉町で新調されたことがわかる。同八月九日戊寅条には「簡、政所造レ之寸法如二殿下簡一、次渡二御倉町一令レ塗レ漆」とあって、藤原基実の太上大臣就任にあたり新造された侍所簡は、東三条殿の御倉町において漆を塗られた。同八月十九日戊子条には「新造簡今夜始レ用レ之、……去九日仰二細工所一、今日令二造出一也」とあり、ここで御倉町は細工所と称されている。[28] 御倉町の細工所は、摂関家や院が必要とする調度の製作を担う機関であった。

御倉町の細工所に、道々細工はいかに関わったのか。『兵範記』久安五年(一一四九)十月七日乙卯条には「早旦入道殿渡二御東小松殿一覧二寝殿便宜一、若君元服御装束料也。召二御冠師清成一賜二若君御寸法一、即仰二御倉町一、任二御冠師申状一、可レ令レ造二冠形一之由下知了。件形以二桐木一造レ之、件木兼日召二丹波御庄一、侍台盤二脚〈寸法如レ常〉、名簿櫃一合〈寸法在レ別〉、雑色所食床二脚、依二今日吉日一同作二始之一」とあり、藤原師長の元服に際して冠師の清成が召され[29]た。彼は師長の寸法をもとに申状を提出し、これに従って御倉町が桐木で冠形の製作にあたった。冠師は、御倉町が作る冠形を土台に、布製の冠の製作を行うのであろう。ここで冠師と御倉町は製作工程を分担しており、清成は御倉町に所属する冠師ではなかったと考える。なおこのとき御倉町では、侍台盤や名簿櫃、雑色所食床の製作も同時に行われた。『執政所抄』六月、祇園御幣神馬事には「但御鏡三面奉御之時、鋳物師五人召二御倉町一、各其身潔斎、占二東三条殿北馬場道一、掃除敷レ砂、引二廻注連一、尋二召清浄銅一鋳レ之。令レ琢二瑩之一。浄衣布五段給レ之。饗出納等勤レ之」とある。鋳物師五人は御倉町に潔斎のため召され、東三条殿の北馬場道を作業場として銅鏡の鋳造を行い、報酬を得た。『兵範記』仁平二年二月巻紙背文書（『平安遺文』二六一四）には、次のような文書が伝えられる。

［　　］御倉町絵仏師等解申進二高陽院御庁一裁定□

請下殊蒙二鴻恩一、且任二傍例一、且依レ為二御倉町仏師一新［　　］御願雑絵等進上書之状

右仏師等、勤二検案内一、為二御倉町絵仏師一、経二年序一之間［　　］其公事一事無二懈怠一勤仕、然者如レ此新御願御造立［　　］御作手絵師等承事、進レ書事先例也。何人謂［　　］乎。望請、任二解状旨一、早被二御下知一者。晝夜之［　　］不空、弥御宮公事尽二忠節一乎。注二事状一、以解。

久安三年六月廿三日　僧［　　］

僧兼勝

僧慶順

藤原泰子の領する御倉町に所属する絵仏師が、御願寺造立に際しその絵師として採用されるよう高陽院庁に願い出たものである。御倉町の絵仏師は、そこに所属しながら御倉町を離れて製作を行うことがあった。

ここで十世紀後半に成立した『うつほ物語』吹上上にみえる、神南備種松の邸宅の描写を取り上げる。「かくて、名のある限りは仏師をはじめて、鋳物師、絵師、作物所の人、金銀の鍛冶などを、所々に多く据ゑて、世にありとあるものの色を、ありがたく清らかに調じ設くること限りなし」。絵指示には「これ、作物所。細工三十人ばかり居て、

沈、蘇枋、紫檀らして、破子、折敷、机なども色々に作る。轆轤師ども居て、御器ども、同じものしてひく。机立て物食ふ。盤据ゑて酒飲みなどす。これは鋳物師の所。男ども集まり、たたら踏み、もののこかた鋳などす。白銀、黄金、白鑞など沸かして、旅籠、透箱、破子、海、山、亀、月、色を尽くしてしいだす。ここにもみな物食へり。ここは鍛冶屋。白銀、黄金の鍛冶二十人ばかり居て、よろづの物、馬、人、折櫃など作る」とある。神南備種松は、紀伊国牟婁郡の長者という設定であるが、この邸宅は種松の娘と天皇のあいだに生まれた源涼のために設けられたものであり、貴族の邸宅を反映するとみてよいであろう。そこには作物所・鋳物師の所・鍛冶屋が設けられ、仏師・鋳物師・絵師・作物所の人・金銀の鍛冶が所属したという。

『中右記』永久二年（一一一四）四〜十二月条には、道々細工が加害者もしくは被害者として記録された事件が、十一件にわたり記録される。この時期、藤原宗忠は検非違使別当を務めており、そのほとんどが摂関家もしくは白河院に仕える道々細工が事件に関与したため、その処分を主家に仰いだものだ。

『中右記』永久二年（一一一四）六月朔日甲辰条には、「資清申、法橋明舜、下法師将レ参。依レ打レ人給二右政所一了」とある。人を打擲したとして、法橋明舜が下法師を検非違使庁に進めた。同六月三日丙午条に「資清来云、一日法橋明俊所レ進之下法師、為二院仏師一由所レ申也。早内々可レ奏レ院之由諷諫了」、そして同六月四日丁未条には「資清来云、昨日参二鳥羽殿一、彼明舜法橋下法師、称二院細工交名中一之条、全不レ知二件旨一。先依二承伏一、給二右政所一之由、以二宗実一令レ奏之処、仰云、明舜弟子、更不レ注二申交名之事一也」とあり、この下法師は白河院に仕える院仏師であり、院細工交名中であると称した。院に所属する細工は、交名によって把握されていたと考えられる。また『中右記』永久二年（一一一四）六月二十四日丁卯条には「今朝所二来訴一之院細工憂事、付二盛道一奏。仰云、称二院細工一者、先可レ申レ院也。早訴二申使庁一、甚狼藉也。全不レ可二沙汰一者」とある。検非違使庁に訴え出た院細工は、院の所属を名乗る以上、先に

『中右記』永久二年（1114）４～12月　道々細工の加害・被害事件

1	4/3 戊午	殿下細工	刃傷の犯人として捕らえられる
2	4/11 丙辰	院薄師	七条での刃傷の下手人である
	4/14 己未	院細工	被害を受けたのは祇園神人であり、犯人は院細工のもとにいる
	4/18 癸亥	院細工	稲荷祭での刃傷の犯人は、院細工宅に隠れている
3	4/13 戊午	院薄師・殿下細工	二条京極辺で引剝ぎの疑いがある
	4/14 己未		引剝ぎの被害を受けたのは法勝寺所司の下女である
4	4/15 庚申	殿下細工	殿下細工の馬が日吉神人に盗まれる
5	4/21 丙寅	殿下細工	藤原顕季の西京領の田作人改定をめぐり濫行がある
	4/22 丁卯	院細工	西京における下人の闘乱で刃傷が起きる
	4/23 戊辰		西京で濫行した雑人を政所に給う
6	5/2 丙子		強盗の犯人として法師が捕らえられる
	5/3 丁丑	殿下薄師	法師は殿下薄師である
	5/8 壬午	殿下薄師	殿下薄師を免じる
7	6/1 甲辰		人を打擲したとして、法橋明舜が下法師を進る
	6/3 丙午	院仏師	下法師は院仏師を称す
	6/4 丁未	（院細工）	下法師は院細工の交名中であると称す
8	7/2 乙亥		強盗の犯人が承伏せず
	7/4 丁丑	院細工	強盗の犯人は院細工である
	7/12 乙酉	院細工弟子男	日向守有貞宅に入った強盗は院細工の弟子の男である
	7/13 丙戌	院細工男	日向守宅に入ったのは院細工の男であり、日向宅辺に隠れている
	7/18 辛卯	院細工男	院細工の男を勘問するが、詞を反す
9	7/24 丁酉	銅鍛冶二人	伊勢遷宮行事所で金漆が滅し、犯人の疑いがある
	7/25 戊戌	銅細工	銅細工の勘問を行う
10	10/5 丙午	殿下細工	殿下細工が殺害される
11	12/7 戊申	院檜物細工	院檜物細工が刃傷される
	12/8 己酉	院檜物細工	院檜物細工と闘乱を起こした者を将来する

院へ訴えるべきであり、この訴えは狼藉として取り上げられなかった。

殿下細工・院細工などの名称があらわれるのは、十二世紀以降のことである。こうした名称の成立は、摂関家や院とそこに所属する道々細工とのあいだに、主従関係が結ばれていたことを示していよう。道々細工にとってそれは、身分の保障としても機能したと考えられる。

道々細工を呼び寄せ、調度の製作を依頼する行為は「召」と表現される。この「召す」「召仕う」という言葉について、桜井英治氏は「中世の職人と使用者との基本的関係が主従関係であった」ことに言及する。その主従関係とは「職人側が去就の自由を留保[30]」するものであった。「都市工人の所属性と流動性」に注目する櫛木謙周氏もまた、院政期に「権門に対する手工業者の

『従属』が大きく進展したことともに、もう一つの側面としてそれがより流動的な『雇傭』関係を排除するものではないこと、むしろ権門への所属身分が流動性を保証する面がある」(31)と述べた。その流動性は、道々細工としての技能の外へと広がっている。

三、都市民としての道々細工

官司に属する道々細工、そして貴族や院のもとで製作を行う道々細工は、また同時に平安京の都市民としての顔をもつ。都市民としての彼らはいかなる存在であったのか。次にみるのは『中外抄』下、九における藤原頼長の語りである。

仰せて云はく、件の事は、二条殿の御記に見えたるなり。七条の細工を召して雑事を問はれし時、件の細工の申して云はく、我は童なりし時、みめよしとて、御堂の召して、童随身に仕へしめ御しけるなりと。而るに、入道殿に申したるところ、知らざる由仰せられしなり。さりとも、大二条殿の僻事を書かしめ御さむやは。

七条の細工は、幼少のころ見目よしとして藤原道長に召され、童随身として仕えたという。彼は後年、道長に細工として召されこれを語った。道長は記憶していなかったようだが、二条殿すなわち道長の息子である藤原教通の日記にみえるこの出来事には信憑性がある、と頼長は語る。摂関家は、彼のような細工を召し製作の依頼をすることがあった。

『今昔物語集』巻二十第六によれば、仁照という阿闍梨が東山の仏眼寺に居住した。「七条辺ニ有ケル薄打ツ者ノ妻ノ女ノ、年三十余四十許也ケルガ、此ノ阿闍梨ノ房ニ来タリ」とある。仁照のもとにやってきた女は、七条辺に住まう薄打の妻として設定されている。『宇治拾遺物語』巻一ノ五では「七条町に江冠者が家の、おほ東にある鋳物師が妻」が間男する。鋳物師は七条町の東に、妻と共に暮らすとされる。『宇治拾遺物語』巻二ノ四で描かれるのは、やはり七条の薄打である。「今は昔、七条に薄打あり。御嶽詣しけり。参りて、かなくずれをゆいて見れば、誠の金のやうにてありけり。うれしく思ひて、件の金を取て、袖につゝみて、家に帰ぬ。……これを薄に打つに、七八千枚に打ちつ」。薄打は、七条の家に作業場をもっていた。説話集には、七条に住まう道々細工の姿を複数確認できる。七条は道々細工の集住する地域であると[32]認知されていたゆえであろう。

平安京の左京七条における道々細工の居住は、十世紀末まで遡って確認することができる。東寺百合文書へ、天元二年（九七九）十月二日・正暦四年（九九三）六月二十日付七条令解（『平安遺文』三一四・三五六）に加署する「左京七条一坊三保刀禰」のなかに「内匠長上代御春」すなわち内匠寮の長上工代である御春がみえる。

『新猿楽記』にみえる金集百成は、右馬寮史生にして七条以南保長、そして鍛冶鋳物師ならびに銀金細工であった。ただし保長については、『西宮記』臨時六、外衛佐事にみえる応和三年（九六三）九月二十二日の記載を最後に史料から姿を消すため、『新猿楽記』が著された十一世紀半ばにはその実質を失っていたとみられる。そのため「『七条已南保長』とは、実際は『保刀禰』ではなかったろうか[33]」とする見解がある。保刀禰は、保長の機能を継承する「保の代表者」「有力者[34]」であり、「下級官人層を母体」として「周辺の住民を監理・統率するとともに、近隣の貴族や官司と結びつき、また京職や検非違使に協力」した[35]。すなわち金集百成は、道々細工にして下級官人であり、地域社会の有力者として想定されている。

右京七条にあたる西七条もまた、道々細工の居住を確認できる地域である。『中右記』嘉保二年（一〇九五）六月二十五日己丑条には「参㆓両院㆒之次、付㆓蔵人為賢㆒、令㆑申㆑事。大原刀禰等為㆓両院下部㆒、不㆑随㆓行事所召炭㆒。又西七条刀禰等同為二下部一、不レ進二行事所召針事一。仰云、重注二所課并交名一可二申上一者」とあって、西七条刀禰が白河院・郁芳門院の下部という権威を楯に伊勢神宮の遷宮行事所からの課役「召針」を対捍する。西七条刀禰は、針生産のような金工に携わる道々細工であり、白河院・郁芳門院に仕えた。

十四世紀前半に成立した『松崎天神縁起』には、承保二年（一〇七五）頃のこととして、西七条に銅細工が住まい、妻と娘二人と暮らしたとする。「白河院の御時、承保二季の頃、西七条にいと貧しき銅細工ありけり。女子二人を持ちたりけり。姉は十四、妹は十二許りの程に、その母重く患ひて、懇ろに夫に申しける様、穴賢、この子供の在り付かむ程、人語らひ等し給ふなと、返す〱諫め契りて、其の身罷りにけり」。絵巻には、銅細工の住居の内に作業場が描かれる。

七条には、稲荷祭という祭りがある。葛野郡に鎮座する稲荷神の神輿が京中へ神幸し、七条の都市民は旅所においてそれを迎え還す。稲荷祭は、朝廷の祭祀ではなく七条の都市民によって主催される産土の祭りであった[36]。『中右記』嘉保二年（一〇九五）四月十四日己卯条にみえるのは、この稲荷祭のために伊勢神宮の遷宮行事所への奉仕を懈怠した道々細工の姿である。「参二行事所一、催二明日行幸事一。今日稲荷祭也。仍道々細工頗有二懈怠一」。彼らは、七条に住まう道々細工であったと考えられる。

稲荷祭の旅所は梅小路猪熊（八条坊門猪熊）と七条油小路に常設され、神主が補任された。旅所神主については、『明月記』嘉禄二年（一二二六）二月二十五日庚戌条に記載がある。「稲荷旅所神主〈本是自二本社一補レ之〉七条村民之所レ補云々。自二忠綱時一為二細工所沙汰一補レ之〈一度〉、以レ之為レ例、自二後院細工所一補レ之。左相府之時、耽二任料一毎年改レ之〈或一年二人補レ之云々〉」。稲荷旅所の神主補任は、本来「七条村民」によってなされていたが、藤原忠綱が後鳥羽院の細工所別当であった際の例が参照されて、後院細工所がそれを代わって担うことになった。七条は道々細工の集住する地域である。彼らが後鳥羽院の細工所に所属したために、旅所神主の補任は「七条村民」から彼らを統括する後院細工所へと変遷したと考えられる。

永久二年（一一一四）の稲荷祭が催行されたのは、四月十日乙卯であった。『中右記』同日条には、「又行㆓向七条㆒稲荷祭間、辻々可㆓固衛㆒者」とあり、検非違使別当である藤原宗忠は、神輿の渡る七条大路の辻々で固衛を命じた。この稲荷祭で、院薄師が刃傷事件を起こす。同十一日丙辰条には「入夜説兼来云、七条刃傷下手人院薄師也。暫可㆑待㆑仰由仰了」とある。同十四日己未条には「資清来申云、祇園神人被㆓刃傷㆒犯人、在㆓院細工許㆒。早内々可㆑奏由仰了」、さらに同十八日癸亥条には「資清又云、稲荷祭刃傷人之犯人、隠㆓院細工宅㆒之由奏之処、仰云、可㆑尋㆓沙汰㆒者。任㆓仰旨㆒可㆓沙汰㆒由下知了」とあり、祇園神人を刃傷した犯人は、院細工宅に匿われているという。同じ白河院に仕える道々細工のあいだには、そのような連帯が結ばれていたとみてよい。[37] 彼らはまた、稲荷祭を主催する七条の都市民であったのではないか。

『中右記』永久二年（一一一四）四月二十一日丙寅条には、「大弐西京領田作人改定之間、濫行出来。有㆓刃傷輩㆒。小童一人将㆑参、是殿下細工者。則可㆑申㆓殿下㆒由仰了。帰来云、過㆓明日㆒可㆑被㆑仰者」とある。大宰大弐の藤原顕季の西京領で、その田作人を改定するにあたり、濫行が発生した。西京とは、右京一・二条にあたる地域を示す名称である。[38] 刃傷に及んだ小童は、摂関家に仕える殿下細工であった。同二十二日丁卯条には「昨日西京下人有㆓闘乱事㆒、下人数多互刃傷。是大弐領田作人、従㆓本所㆒改定之間出来也。件輩或院細工、或関白家膳夫等也」とあり、闘乱を起こした下人たちは白河院に仕える院細工や藤原忠実の関白家膳夫であるという。ここにみえる道々細工は、白河院や摂関家に仕えながら、藤原顕季の西京領を耕作する田作人でもあったのだ。

道々細工は七条や西七条に集住し、彼らのなかから保刀禰あるいは刀禰が立ち、地域社会の有力者として都市民をたばねた。七条・西七条では、十世紀末から十一世紀初めにかけて、都市民が京の郊外から旅所に神を迎え還す稲荷祭や松尾の祭りを成立させる。そのような祭りを主催できるだけの地域社会の形成を成し遂げたのが、七条・西七条の都市民であった。(39) 彼らにそれを可能とさせたのは、同じ摂関家や院に仕える道々細工、さらには同じ生業を営む道々細工のあいだに結ばれた紐帯のためではなかったか。また彼ら道々細工は、官司に属し、あるいは貴族や院と主従関係を結んで、調度の製作を担うのみに留まらず、貴族の京内所領において耕作を請け負う田作人としての一面を持ち合わせていたことに、留意しておきたい。

おわりに

平安京に居住する道々細工は、内匠寮や作物所といった官司に属する技術官人として、都城に集められた。彼らの宿所となったのは官衙町やその周辺と考えられるが、その設置がない場合にもまとまった居住の場を与えられて、一地域に集まり住んだものと考えられる。こうした技術官人は、官司の工房や行事所に出仕し、調度の製作にあたった。行事所に出仕する道々細工は実務官人に率いられ、交名によって把握された。また作物所に属する道々細工には、諸国掾や目、さらに諸司属への昇進の道が開かれていた。道々細工の技能をもつ下級官人は、内匠寮や作物所にとどまらず、多岐にわたる官司に所属した。朝廷は彼らを個別に把握し、必要に応じて召し寄せその技能を求めた。

貴族たちは、内匠寮や作物所の実務官人を通じて、道々細工を擁する官司に調度の製作を依頼することができた。道々細工とのつながりをもつ貴族は、直接彼らを召し寄せ製作を依頼し、禄を給した。また貴族の家工や従者となって仕え、製作を担う道々細工もあった。そうしたなか、十二世紀になって、摂関家や院は邸宅に付設された御倉町を細工所とし、作業場を備えてそこに道々細工を所属させた。また十二世紀には殿下細工や院細工と称される道々細工があらわれ、その主従関係が明確化されて彼らの身分の保障としても機能した。

こうした道々細工たちが集住したのが、七条や西七条であった。彼らはそこに家族と共に住まい、作業場を設ける住居も存在したとみられる。都市民としての道々細工は、保刀禰・刀禰といった代表者を輩出して、平安京のなかでも他の地域に先駆けて地域社会を形成し、稲荷祭や松尾の祭りを主催する主体となった。

『新猿楽記』にみえる金集百成は、右馬寮史生にして七条以南の保長であり、鍛冶鋳物師ならびに銀金細工である。技能に長けた道々細工であることは、官司の下級官人たることを排除せず、彼らは都市民の代表者・有力者を輩出する層を形成する。道々細工はその技能を生業の中心に据えながらも、自らの住まう地域社会の維持・運営にたずさわり、さらには京内において田作人となり耕作を担うなど、多様な顔をもつ都市民として存在したと考えられる。

注

（1）浅香年木「平安期の都市における手工業生産」（『日本古代手工業史の研究』法政大学出版局、一九七一年。初出一九六三、六四、六九年）。
（2）古尾谷知浩「家産的手工業の歴史的展開」（『文献史料・物質資料と古代史研究』塙書房、二〇一〇年）三〇二〜三一二頁。
（3）『新猿楽記』には、「細工幷木道長者」である「三郎主」もまた登場する。
（4）告井幸男「摂関・院政期における官人社会」（『日本史研究』五三五、二〇〇七年）二四頁。
（5）網野善彦「『職人』について」（『日本中世の非農業民と天皇』岩波書店、一九八四年）五四〇頁。
（6）『続日本紀』神亀五年（七二八）八月甲午条、『類聚三代格』四、同七月二十一日付勅。
（7）芳之内圭a「平安時代の内匠寮」（『日本古代の内裏運営機構』塙書房、二〇一三年。初出二〇〇七年）。奈良時代の内匠寮については、中西康裕「内匠寮考」（『ヒストリア』九八、一九八三年）、仁藤敦史「内匠寮の成立とその性格」（『古代王権と官僚制』臨川書店、二〇〇〇年。初出一九八五年）、芳之内圭b「奈良時代の内匠寮」（芳之内前掲注（7）書、初出二〇〇五年）、十川陽一「内匠寮について」（『日本古代の国家と造営事業』吉川弘文館、二〇一二年。初出二〇〇八年）がある。

（8）村井康彦「官衙町の形成と変質」（『古代国家解体過程の研究』岩波書店、一九六五年）一八三〜一八四頁。

（9）北村優季「京中支配の諸相」（『平安京』吉川弘文館、一九九五年。初出一九八五年）一〇八〜一〇九頁。

（10）山中章「初期平安京の造営と構造」（『古代文化』四六―一、一九九四年）二二頁。同「宮内官衙と宮外諸司」（『古代都城制研究集会第二回報告集』一九九七年）にも指摘がある。

（11）清水みき「長岡京の宮外官衙と初期平安京」（『古代文化』四九―一一、一九九七年）二八頁。

（12）芳之内前掲注（7）a論文、一二四頁。

（13）作物所は『西宮記』三、御灌仏事にみえる承和七年（八四〇）四月八日の記載を初見とする。また同八、所々事には、作物所の項に「熟食、同二画所・内豎一」とみえ、絵所には「有二熟食一、本内匠寮雑工也」とあることから、作物所もまた内匠寮の雑工を割いて分立したことがわかる。なお内豎所には「有二熟食一」とのみある。

（14）芳之内圭「平安時代の作物所」（芳之内前掲注（7）書、初出二〇〇四年）、同「平安時代の宮中作物所の職掌」（芳之内前掲注（7）書、初出二〇〇六年）。

（15）『権記』長保二年（一〇〇〇）四月七日庚寅条は、豊楽院の招俊堂での落雷による火災の発生を伝える。右衛門陣にて出火を確認した藤原行成は、「作所工部」すなわち作物所の工部に、現場に向かうよう命じた。蔵人頭であった行成は、作物所別当（『権記』長徳元年〈九九五〉九月十七日庚申条）を兼任していた。行成が作物所の工部に現場への急行を命じることができたのは、彼らが内裏進物所西の作物所に出仕していたためであろう。

（16）『儀式』二には、大嘗会において行事所に設けられる所の一つに「細工所〈隷二画并繍所一〉」があり、「雑工」がここに配されるとある。『兵範記』仁安三年（一一六八）七月十一日庚午条には、高倉天皇の大嘗会における行事所雑事として「女工所、細工所、出納所、絵所、已上屋々可二造立一由、牒二送卜食国一了」とあり、細工所には屋が設けられ、ここが作業場になったと考えられる。

（17）『左経記』寛仁三年（一〇一九）九月五日戊午条には「今日依二遷宮使立一、諸司廃務〈使神祇伯・令史・卜部一人・史生・官掌等云々。又内匠寮・作物所等雑工・術工等下向云々〉」とあり、十一世紀前半には、遷宮使に作物所だけでなく内匠寮の雑工・術工が含まれていた。

（18）道々細工長と同じく「長」呼称をもつ技術官人として、木工寮の「工長」（『類聚国史』弘仁十年〈八一九〉十一月十七日辛卯条など）、織部司の「織手長」（九条家本『延喜式』巻一裏文書、正暦二年〈九九一〉正月十四日付織部織手長葛井某問状〈『平安遺文』三四五〉）がある。工長については、「指導的な技術官人である長上工と一般雑工である番上工の中間に付加された」階層（浅香年木前掲注（1）論文、二〇五頁）、「木工・木工長上の下にあって実際に工人を監督し、考に預かる身分」（櫛木謙周「律令制下の技術労働力編成」〈『日本古代労働力編成の研究』塙書房、一九九六年。初出一九八九年〉二九七頁）とされる。道々細工長もまた、このような「長」に連なる中間層であると考える。なお長屋王家木簡には「鋳物処」の「長」（『平城京木簡二』一九五〇号）、「鏤盤所」の「長」（同一九五一号）がみえる。櫛木謙周「首都における手工業の展開」（『官営工房研究会会報』六、一九九九年）は、長屋王家木簡の「鋳造関係の部署」に「労働力の組み合わせの非常に発達した形が見られる」とし、「補助労働力」における「長、工人、帳内、雇人というような系列」（七頁）について指摘する。

(19) 尾上陽介「年官制度の本質」（『史観』一四五、二〇〇一年）は、広義の「年官」という言葉には、諸司に充てられた「毎年の任官枠」（一〇頁）という意味があり、「作物所も『年官』を充てられていた」（一六頁）と指摘する。

(20) 櫛木謙周氏は、「員外国司や権任国司への任官」は「俸禄を得させるなどの名誉官的なものであろう」（櫛木前掲注（18）論文、二七二頁）という。また渡辺滋「揚名国司論」（『史学雑誌』一二三—一、二〇一四年）は、「正式な除目で任用国司の肩書を得たにもかかわらず、任地に赴任せず本拠地で現業に勤しみ続ける人物を揚名国司と称した」（六九頁）とする。

(21) 『魚魯愚鈔』文書標目には、銅鍛冶から西市令史への任官を求める葛原貞季の寛治七年（一〇九三）十月十七日付の申文が収められる。そこには「為二銅鍛冶之者一依二功労一被レ拝二任諸司之二分一承前之例也」とあり、銅鍛冶は功労により諸司二分に任じられる例であった。

(22) 高橋周「平安前期の衛府と三寮考人」（『延喜式研究』二四、二〇〇八年）は、内匠・木工寮の長上工以下の考人が近衛に任用されることに着目し、その契機が五月五日節における「的の作成から、騎射までを衛府内にて完結させる」（五九頁）ことにあり、また「衛府舎人として儀礼に資することに重要な意味があった」（六〇頁）と論じる。技術官人を擁さないはずの官司に属する道々細工もまた、同様の契機を経て補任された可能性が考えられよう。

(23) 奈良時代、官司に所属する細工は貴族のもとに派遣され、製作を行ったことが指摘されている。正倉院文書からは「貴族の下に工匠が充てられるばあい、その貴族の専属という形をとらず、あくまで官衙（造東大寺司が多い）に属する者が一時的に派遣されている」（櫛木謙周・栄原永遠男「技術と政治」〈『技術の社会史』一、有斐閣、一九八二年〉一一四頁）。長屋王家木簡には、品部・雑戸に当たるような人々が「一時的に王家に滞在して仕事を行っていた」（寺崎保広「古代都市論」〈『岩波講座日本通史五』古代四、岩波書店、一九九五年〉二四七頁）。「他から派遣されてきた者、政府その他の工房などとの両属の形をとる者も存在した可能性が高い」（櫛木謙周「長屋王家の消費と流通経済」〈『国立歴史民俗博物館研究報告』九二、二〇〇二年〉一七頁）。

(24) 内匠寮による公印の鋳造については、仁藤敦史「公印鋳造幹治の変遷について」（『国立歴史民俗博物館研究報告』七九、一九九九年）を参照。

(25)『竹取物語』の諸本には「くもんつかさ」、「つくもところ」、「くもんつかさ」に「つくもところィ」とするものが見られる（『竹取物語本文集成』勉誠出版、二〇〇八年。一五三頁）。ここでは新日本古典文学大系『竹取物語　伊勢物語』（岩波書店、一九九七年）に依拠した。

(26) 櫛木前掲注（23）論文、一三頁。

(27) 村井前掲注（8）論文、北村優季「御倉町の成立と展開」（北村前掲注（9）書、初出一九八九、九〇、九一年）。なお平安京右京五条一坊六町から、「細工所」と記された木簡が出土している（『木簡研究』二二、二〇〇〇年）。

(28)『兵範記』仁平四年（一一五四）六月十二日甲午条には、平信範が「高陽院納殿并御蔵町〈細工所也〉別当」を解任されたとある。御倉町は細工所とも称された。北村優季氏によれば、「土御門殿・正親町殿と称され、高倉西土御門北に位置していた」高陽院すなわち藤原泰子の御所の一郭に、この御倉町もまた設けられていたという（北村前掲注（29）論文、二〇二頁）。

(29)『魚魯愚鈔』文書標目には、「諸有ㇾ労輩」として「御冠師」がみえる。

(30) 桜井英治「中世職人の経営独占とその解体」（『日本中世の経済構造』岩波書店、一九九六年）三六・四二頁。

(31) 櫛木謙周「都市手工業者形成論ノート」（『日本社会の史的構造　古代・中世』思文閣出版、一九九七年）二三七頁。

(32) 七条大路に面する左京八条三坊九町の発掘調査では、平安後期から鎌倉時代にかけて「七条大路・室町小路に面して小規模な建物が建ち並び、奥側を井戸、物資の貯蔵、廃棄物の処理に使用した状態が復元できる」。「出土遺物の中には製品の素材と考えられる金属塊、坩堝・取瓶・鋳型などが多く含まれ」「鋳造生産をはじめとする手工業が活発に行われていたことが推定」される（京都市埋蔵文化財研究所『平安京左京八条三坊九町跡』二〇一〇年。四九・五二頁）。東接する同十六町でも、平安後期には建物が建てられ「鎌倉時代から室町時代にかけては」「町屋として発展したと思われる」。「特に鋳造にかかわるような遺構、遺物が比較的多く見られ」「鋳造にたずさわった職人が住んでいた可能性が高い」（同『平成二年度京都市埋蔵文化財調査概要』一九九四年。四七頁）。

(33) 五味文彦「使庁の構成と幕府」（『歴史学研究』三九二、一九七三年）三頁。

(34) 北村前掲注(9)論文、一四九～一五〇頁。
(35) 市川理恵「京職の末端支配とその変遷」(『古代日本の京職と京戸』吉川弘文館、二〇〇九年。初出二〇〇三年)一〇六頁。
(36) 久米舞子「稲荷祭と平安京七条の都市民」(『史学』八二―一・二、二〇一三年)。
(37) 『中右記』永久二年(一一一四)四月十三日戊午条によれば、「法勝寺所司下女」(同十四日己未条)が二条京極辺で被害を受けた引剝ぎの犯人は「一人院薄師、一人殿下細工」であった。それぞれ白河院、藤原忠実と奉仕先は異なるものの、道々細工のつながりを示すものであろう。
(38) 久米舞子「平安京『西京』の形成」(『古代文化』六四―三、二〇一二年)。
(39) 久米舞子「松尾の祭りと西七条の共同性」(『日本歴史』七四二、二〇一〇年)、久米前掲注(36)論文。

執筆者紹介

山下紘嗣（やました　ひろつぐ）　一九八三年生れ。慶應義塾大学文学部・商学部非常勤講師。

十川陽一（そがわ　よういち）　一九八〇年生れ。山形大学人文学部准教授。

長谷山彰（はせやま　あきら）　一九五二年生れ。慶應義塾大学文学部教授。

藤森健太郎（ふじもり　けんたろう）　一九六四年生れ。群馬大学教育学部教授。

中野高行（なかの　たかゆき）　一九六〇年生れ。東京農業大学第三高等学校教諭。

川﨑　晃（かわさき　あきら）　一九四七年生れ。早稲田大学文学学術院非常勤講師。

湯浅吉美（ゆあさ　よしみ）　一九五七年生れ。埼玉学園大学人間学部教授。

加藤順一（かとう　じゅんいち）　一九六三年生れ。尚美学園大学総合政策学部教授。

松田　浩（まつだ　ひろし）　一九七二年生れ。フェリス女学院大学文学部教授。

三宅和朗（みやけ　かずお）　一九五〇年生れ。慶應義塾大学文学部教授。

藤本　誠（ふじもと　まこと）　一九七六年生れ。大東文化大学外国語学部非常勤講師。

久米舞子（くめ　まいこ）　一九八二年生れ。国際日本文化研究センター技術補佐員。

法制と社会の古代史

2015年5月30日　初版第1刷発行

編　者――――三田古代史研究会
発行者――――坂上　弘
発行所――――慶應義塾大学出版会株式会社
〒108-8346　東京都港区三田2-19-30
TEL〔編集部〕03-3451-0931
〔営業部〕03-3451-3584〈ご注文〉
〔　〃　〕03-3451-6926
FAX〔営業部〕03-3451-3122
振替　00190-8-155497
http://www.keio-up.co.jp/
装　丁――――保田　薫
印刷・製本――萩原印刷株式会社
カバー印刷――株式会社太平印刷社

Printed in Japan　ISBN 978-4-7664-2230-6

古代学論究

古代日本の漢字文化と仏教

川﨑晃 著

漢字・漢文の伝達によって成立していた東アジアの国際関係において、古代日本は中国や朝鮮諸国とどのような関係を切り結んだのか。その実態を、文献だけではなく、墓誌、鉄剣銘などに刻まれた文字資料を読み解き、実証的に明らかにする。

A5判／上製／400頁
ISBN 978-4-7664-1953-5
◎8,500円　2012年8月刊行

◆主要目次◆

表示価格は刊行時の本体価格（税別）です。